U0890444

"十四五"职业教育国家规划教材
高职高专"十四五"公共课规划教材

应用统计与Excel运用

第四版

胡晓晖　张文喜　◎　主　编

上海财经大学出版社

图书在版编目(CIP)数据

应用统计与Excel运用/胡晓晖,张文喜主编.—4版.—上海:上海财经大学出版社,2023.8

(高职高专"十四五"公共课规划教材)

ISBN 978-7-5642-4162-9/F·4162

Ⅰ.①应… Ⅱ.①胡… ②张… Ⅲ.①应用统计学-高等职业教育-教材 ②表处理软件-应用-统计分析-高等职业教育-教材 ③Excel Ⅳ.①C8②C819

中国国家版本馆CIP数据核字(2023)第064167号

□ 责任编辑 邱 仿
□ 封面设计 贺加贝

应用统计与Excel运用
(第四版)

胡晓晖 张文喜 主编

上海财经大学出版社出版发行
(上海市中山北一路369号 邮编200083)
网 址:http://www.sufep.com
电子邮箱:webmaster@sufep.com
全国新华书店经销
上海华业装璜印刷厂有限公司印刷装订
2023年8月第4版 2025年11月第7次印刷

787mm×1092mm 1/16 15印张 384千字
印数:62 001—67 000 定价:49.00元

前言

随着我国市场经济体系的发展和完善，统计信息日趋丰富，统计认识客观规律的作用日益增强，统计手段和统计信息在社会经济生活中的地位和作用日益重要。统计的基本理论和方法已成为从事社会、经济、管理和科学研究等人才必须具备的基本知识。只有具备了统计素质，才能及时获取所需统计信息，并深入分析研究，深刻认识和科学揭示社会经济现象发展的规律，才能为科学决策提供依据。因此，统计学是高职院校财经类、管理类各专业的核心课与必修课。

本教材是"以能力为本位"的新型统计学教材，紧紧围绕学生"统计职业能力的形成"这一主线，将统计岗位所需要的统计知识和实务相融合，力图体现职业型人才培养的要求，通过课内任务教学与课外实战演练的融合，体现侧重能力培养的课程改革思路，体现教师从主导者向引导者角色转变的要求，体现学生参与性学习、自主性学习的思想。

按照统计工作岗位的知识及能力要求，全书共分为课程导入、统计资料搜集、统计数据整理、静态指标描述分析、动态指标描述分析、统计指数分析、抽样调查与参数估计、相关与回归分析八个项目，每个项目由不同的任务构成。本教材主要具有如下特点：

1. 教材体系合理，力求选择在实践中用得较多的统计分析方法，去掉了一些理论性太强而在社会经济实践中运用不多的部分。

2. 尽量以通俗易懂的语言讲述统计学中较深奥的数学知识，通过图表的方式将比较深奥抽象的理论问题简单化，在每个重要的环节都设置适量例题。

3. 突出理论联系实际特点。以现实生活的实际应用为案例，让学生感到统计能"学而有用、学而能用、学而会用"，给人"统计就在我们身边"的亲切感，提高学生的学习兴趣。本书通过任务导入引出要讲授的内容和需要解决的问题。

4. 强调实训环节，对重要的统计方法均配有实例具体阐述。在每个项目后的实训材料中，结合 Excel 软件在统计中的应用，并配合数据进行实例演示，教材具有很强的针对性、应用性和实践性，符合高校培养高技能应用型人才的目标。

本书可作为高职高专院校及成人高校财经类、管理类专业的教学用书，也可作为各级管理人员及社会经济工作者的参考用书。

本书由上海科学技术职业技术学院胡晓晖、张文喜担任主编。其中课程导入、统计资料搜集、统计数据整理、统计指数分析、抽样调查与参数估计内容由胡晓晖编写，静态指标描述分析、动态指标描述分析、相关与回归分析内容由张文喜编写，全书结构体系及统编定稿由胡晓晖完成。

在编写本书的过程中，笔者参考并吸收了许多统计学教材和统计学研究成果的精华，特向著作者表示感谢。高职高专统计学教材还在不断发展与改进，我们也在不断修订，在前三版基础上，本次修订主要集中在三个方面：一是将相关的学习资源体现在教材中，增加 PPT 课件、实训视频、实训数据资料，以二维码的形式插入教材对应项目，更加方便教与学；二是增加思政目标，并将其与知识目标、能力目标相结合；三是更新和重组案例及数据资料，更好地适应教学的科学性和实践性的要求。尽管是第三次修订，但不当、疏漏之处仍难免，敬请同仁及广大读者批评指正。

本书的修订得到了上海财经大学出版社李成军编辑的大力支持，在此表示衷心感谢。

教材相关资料可在 http://www.scst.edu.cn/yytj 中查询，也可致电或 E-mail 联系李成军编辑（电话：021－65904706；E-mail：littlelcj2@163.com）索取。

编　者

2023 年 2 月

目录

课程导入

知识目标

- 了解统计与统计活动
- 了解统计应用的领域
- 了解统计分析工具 Excel
- 重点掌握统计学中的基本概念

能力目标

- 培养应用统计基本理论思想的能力
- 能根据统计研究目的正确设计总体、总体单位、标志、指标

思政目标

- 激发学生的爱国情怀
- 养成独立思考的学习习惯

重点难点

- 统计学的含义、性质与特点
- 统计学中几个重要的基本概念

任务引入

统计是什么？我们是否接触过？提起统计大家会想到什么？在正式介绍统计学之前，我们先举一个统计学应用的实例。

新时代中国经济历史性跃升

党的十八大以来的十年，是党和国家事业发展中极不寻常、极不平凡的十年。具体到经济领域，表现如何？

国家统计局近日发布报告显示，2013 年至 2021 年，中国 GDP（国内生产总值）年均增长 6.6%，居世界主要经济体前列，远高于 2.6%的同期世界平均增速和 3.7%的发展中经济体平均增速。2021 年，中国 GDP 达到 114 万亿元，占世界经济总量的比重达到 18.5%，较十年前提高 7.2 个百分点；人均 GDP 增至 1.25 万美元，接近高收入国家门槛；对外贸易总额 6.9 万亿美元，较十年前增长 56.8%……

新时代十年是中国经济实力又迈上一个大台阶的十年，中国稳居世界第二大经济体和第一大贸易国，中国经济对世界经济增长的平均贡献率超过 30%，位居全球第一，是世界经济增长的最大引擎。

资料来源：丁戈隆东，《为世界经济增长贡献更多正能量》（节选），http://views.ce.cn/

view/ent/202210/11/t20221011_38153811.shtml。

看了上面的资料，你能说出什么是统计吗？你能否体会到统计已是人们在社会经济生活中必不可少的工具，是人们认识世界、探索现象数量差异的本质及其规律的方法，是人们进行明智决策的一门艺术？随着人类社会进入信息时代，统计作为一种方法和工具变得越来越重要。

任务一　认识统计与统计学

一、统计的含义

统计与人类社会活动密切相关，在人们的最初认识中，“统计”就是“计数”。小至一个家庭、个人，大至一家企业、国家都有计数的任务，一个月的收入、一年的利润都是我们经常关心的问题，这些数据就是统计的成果。世界各国都有各自的官方统计，负责对人口、资源、环境和社会经济活动等各方面进行“计数”，并将这些数据资料以公共产品的方式定期公布，往往命名为“统计年鉴”。

在日常生活中，人们对于“统计”常常有不同的用法。例如每年高考结束后要“统计”考生的总分，这是将其作为一种工作来看待。了解股票的交易状况要看有关成交额和股票指数“统计”，这时又是将其作为数据来运用。我们正在学习的“统计”，则是指一门学科，即统计学。

总之，统计是人们认识客观世界总体数量变动关系和变动规律的活动的总称。它包含三种含义：

1. 统计工作

统计工作即统计实践，是对社会经济现象客观存在的现实数量方面进行搜集、整理和分析预测等活动的总称。一个完整的统计工作过程一般包括统计设计、统计调查、统计整理、统计分析等环节。

统计工作是“统计”一词最基本的含义，是人们对客观事物的数量表现、数量关系和数量变化进行描述和分析的一种计量活动。例如，银行的计划统计科每月编制项目报表，这个过程就是统计工作。又如，我国人口普查时要经过方案设计、入户登记、数据汇总、分析总结和资料公布等一系列过程，这些都是统计工作。在我国，各级政府机构基本上都有统计部门，如统计局，它们的职能主要就是从事统计数据的搜集、整理和分析工作。

2. 统计资料

统计资料（统计信息），是统计工作过程中所取得的各项数字资料和与之相关的其他实际资料的总称。例如：

（1）我国制造业增加值从 2012 年的 16.98 万亿元增加到 2021 年的 31.4 万亿元，占全球比重从 22.5%提高到近 30%，连续 12 年保持世界第一制造大国地位。

（2）十年来，我国科技投入力度空前。全社会研发经费支出从 2012 年的 1 万亿元增长到 2021 年的 2.8 万亿元，居世界第二位。

这些由文字和数字共同组成的数字化的信息就是统计资料，是统计提供数据信息的基本表现形式，是统计工作的直接成果。

统计资料包括原始资料和整理后的资料(即次级资料)。例如,企业各车间的统计台账、人口普查时初次登记的资料都是原始资料,而统计公报、调查分析报告等现实和历史资料就是次级资料。统计资料的表现形式有统计表、统计图、统计分析报告、统计公报和统计年鉴等。

随着信息技术的发展与网络的普及,统计资料的公布不再仅仅是纸质资料了,大量电子版的数据可以方便地从各国官方统计网站上获得,大部分是免费的。我国统计资料的发布途径越来越规范,官方的统计数据通过《中国统计年鉴》、中华人民共和国统计局网站以及各省、市、地区的统计年鉴和官方统计局网站发布,一般都会同时提供纸质和电子版两种形式。

3. 统计学

统计学是系统论述统计理论和方法的科学,是长期统计工作实践的经验总结和理论概括。其中,应用纯逻辑推理方法研究抽象的随机现象的数量规律性的科学称为理论统计学,而应用统计方法研究各领域客观现象的数量规律性的科学称为应用统计学。社会经济统计学则是关于国民经济和社会现象数量方面的调查、整理和分析的原理、原则和方式方法的科学,按其性质它属于应用统计学。

统计的三种含义之间具有密切的联系。

首先,统计工作和统计资料是统计活动与统计成果的关系。一方面,统计资料的需求支配统计工作的局面;另一方面,统计工作的好坏又直接影响统计资料的数量和质量。

其次,统计工作与统计学是统计实践与统计理论的关系。一方面,统计学来源于统计实践,只有当统计工作发展到一定程度,才可能形成独立的统计学;另一方面,统计工作的发展又需要统计理论的指导,统计科学研究大大促进了统计工作水平的提高,统计工作的现代化与统计科学的进步是分不开的。总之,三者中最基本的是统计工作,没有统计工作就不会有统计资料,没有丰富的统计实践经验就不会产生统计学。

◎情景思考

请思考:下列资料中“统计”一词的含义是什么?

(1)小王是学统计的。

(2)他已搞了几十年统计了。

(3)据统计,今年一季度物价指数出现负增长。

(4)请找统计登记一下。

(5)请统计一下今天的销售量。

◎资料卡片

统计实践史

人类的统计实践是随着计数活动而产生的。因此,对统计实践发展的历史可追溯到人类社会初期的打绳结、画道道计数,这可算是最初的统计。而统计实践的真正萌芽是在古代奴隶社会。当时的统治阶级为了治理国家的需要,常常进行征税、征兵和服劳役等统治活动,因此有了了解社会基本情况的需要。我国早在公元前 21 世纪的夏朝,就有了人口与土地数字的记载,当时全国分为九州,人口 1 355 万人。古埃及、古希腊、古罗马的历史中,也有类似的记载。

古代埃及在公元前3000年已经有人口和居民财产统计，古希腊据说公元前600年就进行过人口普查，古罗马在公元前400年建立了人口普查和经常性人口出生、死亡登记制度。这些就是原始形态的统计。

进入封建社会后，随着人类社会生产的发展，统计的范围逐渐由人口、土地发展到社会经济生活的各个方面。但由于自给自足的自然经济占主导地位，生产力低下，经济落后，长期的封建生产关系阻碍了社会生产力的发展，相应地也阻碍了统计实践的发展。统计实践的广泛发展始于资本主义社会。17世纪以来，资本主义国家由于工、商、农、贸、交通的发展，统计实践从国家管理领域扩展到社会经济活动的许多领域。从18世纪起，各资本主义国家都先后设立专门的统计机关，搜集各方面统计资料，定期或不定期举行人口、工业、农业、贸易、交通等项调查，出版统计刊物，建立国际统计组织，召开国际统计会议。

二、统计活动内容

统计是一项高度集体性的工作，围绕预定的统计目的，需要每一环节紧密衔接。某一单位或个人只从事某一环节的工作，但对全过程有至关重要的影响。统计活动过程如图0—1所示。

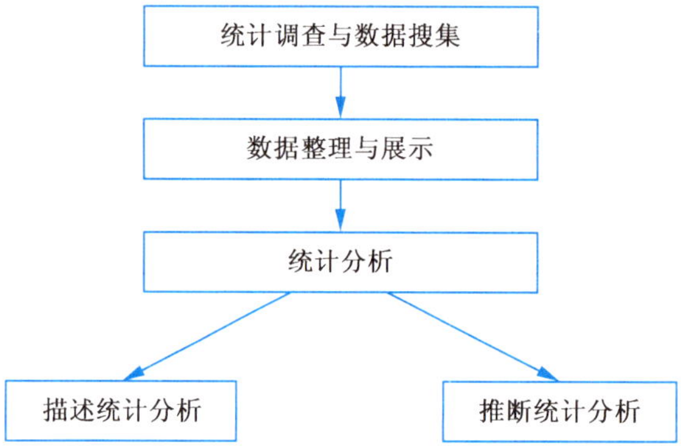

图0—1 统计活动过程

一般而言，统计活动主要围绕以下内容展开。

（一）数据搜集

数据搜集是统计的基础阶段。只有有了相应的统计资料，才能通过一定的统计方法和技术对数据进行整理、显示和分析，从而为决策提供依据。统计数据的搜集一般通过调查方式实现，如2018年度中国电信用户满意度测评调查，通过CATI（计算机辅助电话调查）及线上测评方式搜集覆盖全国31个省（自治区、直辖市）客户综合满意度及对重点业务满意度的数据。

（二）数据整理

通过调查搜集的统计数据只能反映总体中各单位的具体情况，还不能显示出总体的综合信息，所以需要对统计资料进行一定的整理。例如，对数据按照一定标准进行筛选、分组或排序等，以适合统计分析的需要。

（三）数据展示

整理统计数据后，统计资料会以一定的形式显示出来。统计图和统计表就是统计资料最常用的表达形式。这些表达形式将统计数据呈现得更直观、更生动。例如，对客户满意度的调查数据，就可以按非常满意、满意、比较满意、不满意、非常不满意这五个标准分组，并以直方图的形式表现出来。

（四）数据分析

统计数据的分析过程，就是对经汇总后的统计资料，运用一定的统计方法计算各项指标，揭示数据特征和规律的过程。它是统计研究中的决定性环节。常用的统计方法包括指标分析、趋势分析、回归分析等，这将在以后项目中详细说明。

三、统计学的学科分类

从研究的层次和方法来看，统计学可分为：

（一）理论统计学和应用统计学

理论统计学（又称数理统计学）是以抽象的数量为研究对象，研究一般的搜集数据、整理数据和分析数据方法的统计学；即把研究对象一般化、抽象化，以数学中的概率论为基础，从纯理论的角度对统计方法加以推导论证，其中心内容是以归纳方法研究随机变量的一般规律。例如，统计分布理论、统计估计与假设检验理论、相关与回归分析、方差分析、时间序列分析、随机过程理论等都属于理论统计学。不论是对自然现象，还是对社会现象，这些方法都是适用的。因此，理论统计学的特点是“计量不计质”，它具有通用方法论的性质。

应用统计学是以各个不同领域的具体数量为对象，研究如何应用统计理论和方法解决实际问题的统计学。所谓应用，既包括一般统计方法的应用，又包括各自领域实质性科学理论的应用。应用统计学从所研究的领域或专门问题出发，视研究对象的性质采用适当的指标体系和统计方法，以解决实际研究的问题。

（二）描述统计学和推断统计学

描述统计学是指对采集的数据进行登记、审核、整理、归类，在此基础上进一步计算出各种能反映总体数量特征的综合指标，并用图表的形式表示经过归纳分析而得到的各种有用的统计信息。描述统计学是统计研究的基础，它为统计推断、统计咨询、统计决策提供必要的事实依据。描述统计学也是对客观事物认识的不断深化过程。它通过对分散无序的原始资料的整理归纳，运用分组法和综合指标法得到现象总体的数量特征，揭露客观事物内在数量规律性，达到认识的目的。

【统计实例 0－1】 某企业委托咨询公司调查电冰箱消费者对广告宣传途径的效果评价。该咨询公司为此进行数据搜集、整理、描述，具体显示如下：

您觉得哪种类型的广告宣传效果最好。（仅选一项）

1. 电视　2. 网络　3. 杂志　4. 报纸　5. 路牌　6. 宣传页

广告类型	人数（人）	比例	频率（%）
电视	112	0.560	56
网络	51	0.255	25.5
杂志	9	0.045	4.5
报纸	10	0.050	5.0
路牌	2	0.010	1.0
宣传页	16	0.080	8.0

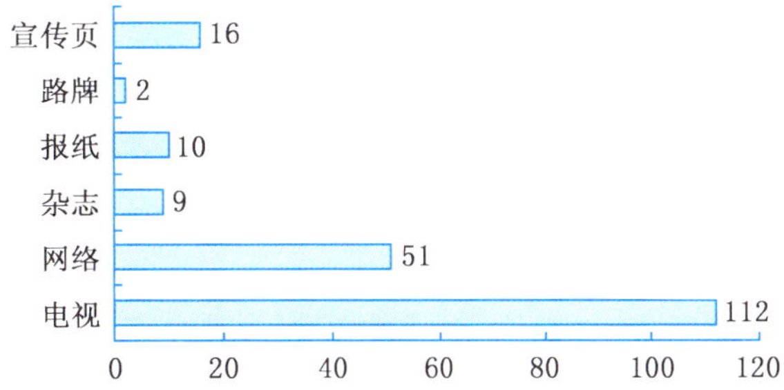

推断统计是在对样本数据进行描述的基础上，利用一定的方法根据样本数据估计或检验总体的数量特征。在进行统计研究时，常常存在这种情况：由于各种原因，我们只掌握部分单位的数据或有限单位的数据，而我们所关心的是整个总体的数量特征。这时，我们就需要运用推断统计学。

【统计实例 0—2】 电视网通过雇用某市场研究组织或其他机构对电视观众进行抽样调查来不断监控电视节目受欢迎的程度。这些节目收视率可用来确定广告费用以及停办不受欢迎的节目。

一个由 1 000 名会计专业四年制大学毕业生组成的随机样本表明，其平均月起薪为 3 200 元，因此我们估计所有四年制大学会计专业毕业生的平均月起薪约为 3 200 元。

统计学学科分类如图 0—2 所示。

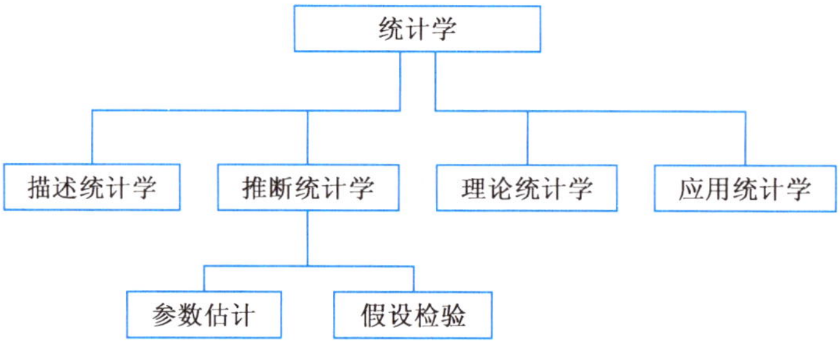

图 0—2 统计学学科分类

◎情景思考

某市场调查公司抽取了一个由 1 960 名消费者构成的样本，这些消费者品尝了由康师傅食品公司新开发的名为“蜂蜜姜茶”的茶饮料。在被抽取的 1 960 人中，1 176 人表示如果该产品上市，他们将购买。

(1)市场调查公司就总体对“蜂蜜姜茶”的喜好程度将向康师傅食品公司做出怎样的报告?

(2)这是描述统计还是推断统计的例子？为什么?

◎资料卡片

统计学说史

17 世纪中叶，英国威廉·配第的《政治算术》一书的问世，标志着古典政治经济学的诞生，也标志着统计学的诞生。统计学从诞生开始，许多人从不同的角度，以不同的态度认识研究有关统计理论，逐渐形成不同的统计学派，它们同时共存、互相影响、互相争论。在各学派的争论中又产生新的学派。在统计学的发展史上，比较主要的学派有政治算术学派、记述学派、数理统计学派和社会经济统计学派。300 多年来，统计学就是在这种争论中逐步得到发展、充实和完善的。

任务二　了解统计学的应用领域

现代人类的生活与统计活动密不可分，统计信息正成为人们了解世界变化的重要来源。购房者根据房产数据的变化决定出手的时机；投资者根据换手率或指数决定是否继续投资；政府机构根据国民经济统计数据（如 CPI）决定是否干预市场；企业管理层根据财务数据和销售数据等调整企业经营决策；自然科学家通过各种观测数据揭示自然现象……统计的应用领域可以用图 0—3 简单列示。

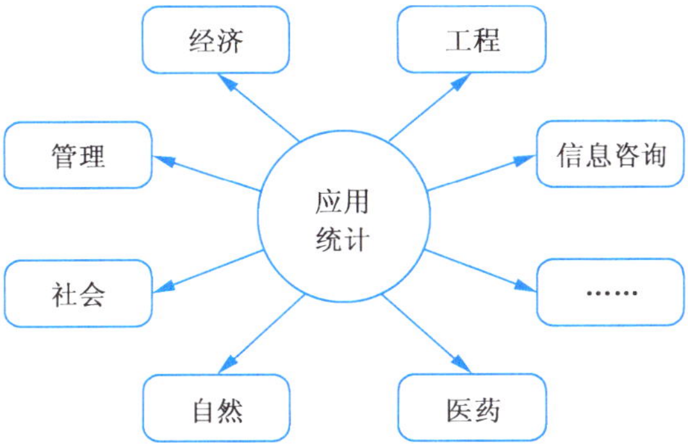

图 0—3　统计的应用领域

一、统计学在市场营销中的应用

对企业而言，新产品能成功推向市场的概率是比较低的，这涉及所设计产品是否被广大消费者所接受、新产品定价是否在市场可接受的范围、新产品的宣传推广是否做到位等一系列问题。所以很多企业在推出新产品前都会进行市场调查，然后分析调查结果，以决定新产品策略。

【统计实例 0—3】 国际上广泛流行的结合统计学的顾客满意度指数模型可以较好地分析顾客满意程度；市场营销中如何用因子分析与聚类分析方法细分市场，以及用主成分的统计特性寻找企业产品与竞争厂商相似产品价格的近似线性关系，并以此作为定价依据。

二、统计学在金融中的应用

金融中很多数字的核算需要统计学基础，还有很多模型的建立也要用到统计学基础。在投资领域，分析师要利用各种各样的统计信息指导投资。例如，证券分析师在推荐“买入”或“卖出”某只股票前，会对这只股票做多方面的评估。他们搜集该上市公司过去的销售额数据，并估计未来的盈利。在做出推荐前，还需要考虑其他一些因素，比如市场对该公司产品的具体需求、竞争力以及新的联合管理合同的效力等。

三、统计学在生产中的应用

生产型企业都会实行产品质量控制，以确保产品质量达到标准，这就需要借助统计技术。

【统计实例 0—4】 (由于钻的磨损、机器的振动和其他因素)自动钻并不总是钻出直径为 1.3 厘米的洞。细小的误差是允许的，但如果洞太小或太大，生产是有缺陷的，该产品就不能被使用。质量保证部门承担着使用统计抽样技术来不断监控生产的任务。

四、统计学在会计中的应用

会计师事务所在对其客户进行审计时要使用统计抽样程序。例如，假设一个事务所想确定列示在客户资产负债表上的应收账款金额是否真实地反映了应收账款的实际金额。通常应收账款的数量是如此之大，以致查看和验证每一账户将花费大量的时间和费用。在这种情况下，一般的做法是：审计人员从账户中选择一个子集作为样本，在查看样本账户的准确性后，得出有关列示在客户资产负债表上的应收账款金额是否可以接受的结论。

五、统计学在宏观经济中的应用

人们经常要求政府发布对目前的经济状况的统计结果并预测未来的经济走向。通常政府会进行大量的调查以了解消费者信心，并展望未来 12 个月与生产和销售有关的管理情况。每月编制诸如消费者价格指数等指数用于评估通货膨胀。百货商店销售额、住房开工数、货币周转额、工业生产量等信息仅仅是构成推测基础的上百项因素中的几项而已。这些评估被银行用来确定最佳放款利率，并用于决定货币储备的控制界限。

◎情景思考

未来无论选择什么性质的工作，你都会发现自己面临着决策，请思考你需要搜集哪些信息来帮助你做决策，你采用何种方法归纳总结信息。

任务三 了解统计学的基本分析方法

统计学作为一门方法论科学，具有自己完善的方法体系。统计研究的具体方法有很多，这将在后续课程中介绍，而从大的方面看，其基本研究方法有以下几种。

一、大量观察法

这是统计活动过程中搜集数据资料阶段(即统计调查阶段)的基本方法，即要对所研究现象总体中的足够多数的个体进行观察和研究，以期认识具有规律性的总体数量特征。大量观察法的数理依据是大数定律。大数定律是指虽然每个个体受偶然因素的影响作用不同而在数量上存有差异，但对总体而言可以相互抵消而呈现出稳定的规律性，因此只有对足够多数的个体进行观察，观察值的综合结果才会趋向稳定，建立在大量观察法基础上的数据资料才会给出一般的结论。统计学的各种调查方法都属于大量观察法。

二、统计分组法

由于所研究现象本身的复杂性、差异性及多层次性，需要我们对所研究现象进行分组或分类研究，以期在同质的基础上探求不同组或类之间的差异性。统计分组在整个统计活动过程中都占有重要地位，在统计调查阶段可通过统计分组法搜集不同类的资料，并可使抽样调查的样本代表性得以提高（即分层抽样方式）；在统计整理阶段可以通过统计分组法使各种数据资料得到分门别类地加工处理和储存，并为编制分布数列提供基础；在统计分析阶段则可以通过统计分组法划分现象类型、研究总体内在结构、比较不同类或组之间的差异（显著性检验）和分析不同变量之间的相关关系。统计学中的统计分组法有传统分组法、判别分析法和聚类分析法等。

三、综合指标法

统计研究现象在数量方面的特征是通过统计综合指标来反映的。所谓综合指标，是指用来从总体上反映所研究现象数量特征和数量关系的范畴及其数值，常见的有总量指标、相对指标、平均指标和标志变异指标等。综合指标法在统计学，尤其是在社会经济统计学中占有十分重要的地位，是描述统计学的核心内容。如何最真实、客观地记录、描述和反映所研究现象的数量特征和数量关系，是统计指标理论研究的一大课题。

四、统计模型法

在以统计指标来反映所研究现象的数量特征的同时，我们还经常需要对相关现象之间的数量变动关系进行定量研究，以了解某一（些）现象数量变动与另一（些）现象数量变动之间的关系及变动的影响程度。在研究这种数量变动关系时，需要根据具体的研究对象和一定的假定条件，用合适的数学方程来进行模拟，这种方法就称为统计模型法。

五、统计推断法

在统计认识活动中，我们所观察的往往只是所研究现象总体中的一部分单位，掌握的只是具有随机性的样本观察数据，而认识总体数量特征是统计研究的目的，这就需要根据概率论和样本分布理论，运用参数估计或假设检验的方法，由样本观测数据来推断总体数量特征。这种由样本来推断总体的方法就称统计推断法。统计推断法已在统计研究的许多领域中得到应用，除了最常见的总体指标推断法外，统计模型参数的估计和检验、统计预测中原时间序列的估计和检验等也都属于统计推断的范畴，都存在着误差和置信度的问题。在实践中这是一种有效又经济的方法，其应用范围很广泛，发展很快，统计推断法已成为现代统计学的基本方法。

◎案例分析

眼镜质量

上海电视台某年对市内眼镜店的配镜质量进行调查。调查方法：由同一记者以顾客身份在 8 家眼镜店先后配相同材料的眼镜各一副，编号密封后交市质量监督局检验。整个过程由上海市公证处予以公证。

检查结果：大明、三院验配中心合格，其余 6 家不合格。

你的反应：

认为检验过程不一定严密公正，不相信这个检查结果。

认为这个结果相当权威，以后只到合格的那两家店去配镜。

认为这个结果具有偶然性，只能起参考作用。

结果是否具有必然性：

每家店只配一种材质，其他材质如何？

每种材质只配一副，多配几副又如何？

每家店只抽查一次，多抽查几次又会怎样？

每家店给记者配镜的是一个人，其他人水平又如何？

记者去各家店配镜时的环境是否相同？

统计学的解释：

要从整体的角度来观察评价事物，个别情况不能成为对总体进行判断的依据；

样本容量对推断结果有影响；

样本所反映的差异要经过显著性检验。

任务四　掌握统计学的基本概念

统计学是一门科学，在研究时，常应用到许多概念，明确这些概念的含义对学习这门科学是很重要的。

一、统计总体与总体单位

（一）统计总体（简称总体、母体）

1. 定义

所谓统计总体，就是根据一定的目的，确定所要研究的事物的全体，它是由客观存在的、具有某种共同性质的许多个别事物构成的整体。例如，我们要研究全国城镇居民的收支情况，就要以全国城镇居民作为一个总体。成千上万户不同的城镇居民家庭可以结合在一起构成总体，这是因为它们具有共同的性质，即它们都是我国的城镇居民，都有一定的收入和支出，都要消费一定的商品和服务。有了这个总体，我们就可以研究全国城镇居民的各种数量特征，如人均收入、人均消费等。

2. 总体的分类

根据构成总体的单位数是否有限，总体分为有限总体和无限总体。

（1）有限总体，是指构成总体的个体数量是有限的。例如，统计某一时点某企业的在册人数或成品库存量是有限总体。再如，全国人口普查，尽管其包含的单位数量很大，但仍然是有限总体。

（2）无限总体，是指构成总体的个体数量是无限的，或无法统计数量的准确值（个体不可数，或不可知）。例如，统计了解今年小麦的长势情况，“小麦”总体是由无限多的“麦穗”个体构成。再如，要检验某种新工艺是否真正能够改善产品性能的问题。由于该新工艺有可能一直延续下去，利用该工艺制造的产品包括已经生产和将要生产的产品，其数量难以具体确定，因此属于无限总体。

(二)总体单位(简称单位、个体)

总体单位是指组成总体的各个单位(或元素)，是各项统计数字的原始承担者。根据研究目的的不同，单位可以是人、物、机构等实物单位，也可以是一种现象或活动过程等非实物单位。

总体由总体单位构成，要认识总体必须从总体单位开始，总体是统计认识的对象。

下面举四个实例说明如何确定统计总体和总体单位(如表 0—1 所示)。

表 0—1 统计总体和总体单位

研究目的	统计总体	总体单位
城镇居民户的生活状况	所有城镇居民户	每一城镇居民户
城镇居民低收入户的生活状况	城镇居民低收入户	每一城镇居民低收入户
某市工业生产情况	该市所有的工业企业	每一个工业企业
某市工业生产设备情况	该市所有的工业企业生产设备	每一台工业企业生产设备

分析以上四个例子可归纳出统计总体必须同时具备三个特征：

(1)同质性。总体的同质性是指总体中的所有个体都具有某种共同的性质。这是确定统计总体的基本标准，是根据统计的研究目的而定的。研究目的不同，则所确定的总体也不同，其同质性的意义也随之变化。例如，研究城镇居民户的生活状况，所有城镇居民户就构成了统计总体，凡是城镇居民户都是同质的。如果研究的是城镇居民低收入户的生活状况，那么，城镇居民低收入户构成了统计总体，城镇居民低收入户都是同质的，而城镇居民中高收入户就是非同质的。

(2)大量性。统计对总体数量特征的研究，其目的是探索、揭示现象的规律，而现象的规律只有通过大量观察才能显示出来。因此，统计总体应该由足够数量的同质性单位构成。

统计个体的数量多少，影响统计研究结果的准确性，每个个体的特征是多方面的，个体的数量过少，会造成统计结果的偏差，只有在大量的个体事物中，才能获得较准确的变化规律性。例如，统计某市 5 年的工业企业经营状况，如果只统计“国有企业”，而遗漏了“集体”“个体”“股份制”等很多其他类型的企业，那么其统计的结果肯定不能代表该市工业企业的经营状况。

(3)差异性。总体中的每个单位，除了具有某种或某些共同的性质外，还具有各自不同的质和量的差异。统计研究的对象是总体数量，目的是掌握其规律性，并应用于个体的实践，如果各个体间没有差异，统计就没有研究的意义了。

(三)总体和单位的关系

总体和单位的关系可以概括为以下两个方面：

(1)全体和个体(整体和局部)的关系。单位包含在总体之中，单位属于总体，它只不过是总体中的一个分子。

(2)总体和单位具有相对性，随着研究目的的不同，可相互转化。同一个研究对象，在一种情况下是总体，在另一种情况下则可能成了总体单位。

下面举两个实例说明统计总体和总体单位的关系(如表 0—2 所示)。

表 0—2 统计总体和总体单位的关系

研究目的	统计总体	总体单位
某校各班上课出勤情况	全校所有的班级	各个班
某班上课出勤情况	该班的全体学生	该班的每个学生

当原来的单位转化为现在的总体时，原来的总体无须考虑；反过来，当原来的总体转化为现在的单位时，原来的单位更加不必考虑。因此，总体与单位之间的转化是单方向的转化，绝不是同时相互转化的。

◎情景思考

讨论：如果统计研究的目的是了解全县中小学学生学习负担情况，试指出总体与总体单位。若目的变为全市各县中小学学生学习负担情况，请指出总体与总体单位。

二、标志和指标

（一）标志

1. 标志的概念

标志(characteristic)是说明单位特征或属性的名称。标志的具体表现称为标志值。它是统计调查中的调查项目。例如，人有男、女特征之别，可给这个特征取个名称，叫“性别”（品质标志）。人又有 20 岁、25 岁、30 岁之别，可给这个特征取个名称，叫“年龄”（变量）。“性别”和“年龄”就叫“标志”。而男、女和 20 岁、25 岁、30 岁叫标志表现。所以，标志不等于标志表现。

◎温馨提醒

注意：标志与标志表现的区别。

2. 标志的分类

（1）按表现形式（即标志表现能否用数量表示）分为品质标志和数量标志。

①品质标志。它是表明事物“质”的特性的标志，表明属性特征，用文字、符号或代码表示，不可量化（只有名称、没有数值）。如文化程度、籍贯、民族等。

②数量标志。它是表明事物“量”的特性的标志，表明数量特征，用数值表示，可以量化（既有名称，又有数值）。如身高、体重、工资等。

◎情景思考

讨论：有人说：“要了解 40 个学生的学习情况，以成绩作为标志，它属于数量标志。”他的说法对吗？

（2）按变动与否分为不变标志和可变标志。

①不变标志（又称固定标志）。它是指在同一总体各单位的表现都相同的标志，如人口普查中的“国籍”。不变标志又分为不变品质标志和不变数量标志（通常称为常量或参数），它们是划分总体的依据，构成同质性。

②可变标志(又称变动标志或变异)。它是指在同一总体各单位的表现不尽相同的标志,如人口普查中的性别、民族、年龄等。可变标志又分为可变品质标志(品质变异)和可变数量标志(数量变异或变量)。可变标志决定总体的差异性,它是统计分组的依据。

归纳:总体单位和标志的关系是依附的关系。单位是标志的载体,是标志的承担者。统计研究是从登记标志开始,通过对标志的综合来反映总体的数量特征,因此标志是统计研究的起点。

在统计工作中,首先要明确总体和单位,再根据研究的目的提出各种不同的标志,然后对标志在总体单位上的具体变异进行登记、汇总,得出说明总体的各种数字资料,就是统计指标。例如,研究我国上市公司情况的统计工作如图 0—4 所示。

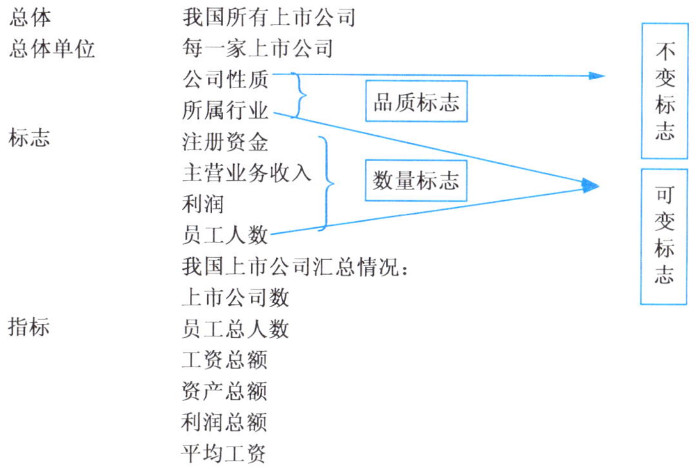

图 0—4　我国上市公司情况

(二)指标

1. 指标的概念

指标是说明总体数量特征的概念及其综合数值,故又称综合指标,它有定性和定量认识作用。

【统计实例 0—5】 数据显示,2022 年上海市生产总值(GDP)44 652.80 亿元,比上年下降 0.2%。其中,第一产业增加值 96.95 亿元,下降 3.5%;第二产业增加值 11 458.43 亿元,下降 1.6%;第三产业增加值 33 097.42 亿元,增长 0.3%。第三产业增加值占地区生产总值的比重为 74.1%。

总体是指标的载体,是指标的承担者。指标是统计认识的工具,是统计学中最重要的基本概念,在统计中,指标占有中心地位,许多统计方法都是围绕指标而产生的。

2. 指标的构成要素

指标的构成要素有指标名称(反映了现象的质的规定性)、指标数值(反映了现象的量的规定性)、计量单位、计量方法、时间状态、空间范围,六者缺一不可;其中前两者是最基本的,后两者体现为一定的条件。指标的构成要素如图 0—5 所示。

3. 指标的特性

(1)数量性。指标都可用数值表示。像上层建筑、法律、生产关系等不具有可量性,不能称为指标,没有无数量的指标。

(2)综合性。对总体数量特征的综合说明,是由个体数量综合而来的。

(3)具体性。总体在具体时间、地点、条件下的数量特征，即统计指标“质的规定性”。

时间限制	空间限制	计算方法 指标名称	具体数值	计量单位
2022年年末	上海	常住人口	2 489	万人

图 0—5 指标的构成要素

例如，“常住人口”指标解释为：住本地(乡、镇、街道)，户口在本地；住本地半年以上，户口在外地；住本地不满半年，离开户口登记地半年以上；住本地，户口待定；原住本地，现在国外工作或学习。

4. 指标的分类

(1)数量指标(总量指标)。它是指反映总体绝对规模和水平，体现事物广度的外延指标。它用绝对数形式表现，具有实物货币计量单位，说明总体总量和标志总量，由数量标志汇总而成。其大小取决于总体单位数目的多少及其标志水平的高低。如全国人口总数、高等院校数、国内生产总值等。

(2)质量指标(分析指标)。它是指反映总体相对程度，体现事物深度的内涵指标。它用相对数或平均数形式表现，其计量单位为无名数或复名数，说明总体内部数量关系和状况，是数量指标的派生指标。如人均国内生产总值、职工平均工资、产品合格率等。

一个总体可以不止一个指标，它们分别从不同角度反映总体的数量特征。

◎温馨提醒

品质标志与质量指标、数量标志与数量指标有对应关系吗？

注意：要把数量和质量指标这对概念与品质、数量标志区分开来。

(三)指标和标志的关系

1. 两者的主要区别

(1)反映对象不同。标志是说明总体单位特征的，它反映的范围很小；指标是说明总体特征的，它反映的范围很大。

(2)表示方法不同。所有指标全能用数量表示，一定是可量化的。标志表现不一定能用数量表示(不一定是可量的)，如品质标志的表现就不是数量的，只有数量标志的表现才能量化。

2. 两者的联系

(1)汇总关系。许多指标的数值是由总体各单位某种数量标志的标志值汇总而得出来的(没有数量标志就没有统计指标)，如全县的粮食总产量是由各乡粮食产量汇总的结果，全班的总成绩是各个同学成绩的总和。

(2)变换关系。数量标志与指标之间存在着变换关系，随着研究的目的和范围的不同而相互转化。随着统计目的的改变，如果原来的总体单位变成了统计总体，与之相对应的数量标志就成了统计指标。

◎情景思考

你知道什么是中国式现代化吗？如果从现代化推动力、现代化质量和社会公平三个方面设计中国式现代化的评价指标是否科学全面呢？

三、变异与变量

（一）变异

变异是标志在各总体单位具体表现的差异。如性别标志表现为男、女等。这种差别称为变异。变异是统计的前提，有变异才有统计的必要，没有变异就不需要统计。

如果各总体单位在性质方面存在差异，则称为属性变异；如果各总体单位在数量方面存在差异，则称为数量变异。例如，在一个由不同民族、不同年龄的学生组成的总体中，由于民族不同产生的差异称为属性变异，由于年龄不同而产生的差异称为数量变异。

（二）变量

1. 概念

变量是指可变的数量标志，只是名称。变量的具体数值表现即变量值或标志值。例如，年龄是变量，其变量值是16岁、17岁、18岁等；身高是变量，其变量值是160厘米、170厘米、180厘米等。

2. 变量的分类

（1）按变量值是否连续，可分为连续型变量和离散型变量。

数值连续不断变化而难以整数断开的变量是连续变量（在整数间可插入小数的），如人的年龄、身高、体重等价值量（要用测量或计算的方法取得）。

数值可以整数断开的称离散变量（只能取整的），如特定范围的人口数、汽车数量、企业数量等（只能用计数的方法取得）。

◎温馨提醒

注意：有些变量实质是连续变量，但习惯上常取整数，这种变量可当作离散型变量来看待，如年龄、考试成绩等。

（2）按所受因素影响，变量又可分为确定性变量和随机变量。

确定性变量是指受确定性因素影响的变量。确定性因素指明确的、可解释的、人为的或者受人控制的因素。例如，总收入－总成本费用＝企业利润。随机变量是指受随机因素影响的变量。随机因素指不确定的、偶然的、非人为控制的、不可解释的因素。例如，周一13:00—15:00的股票成交量、行情预期、各种消息、购买行为、资金数量、新股上市……社会经济现象中许多变量，既受确定性因素影响，又受随机因素影响，要根据具体情况加以认定。

为加深对几个基本概念的理解，将它们之间的联系用图0－6表示如下。

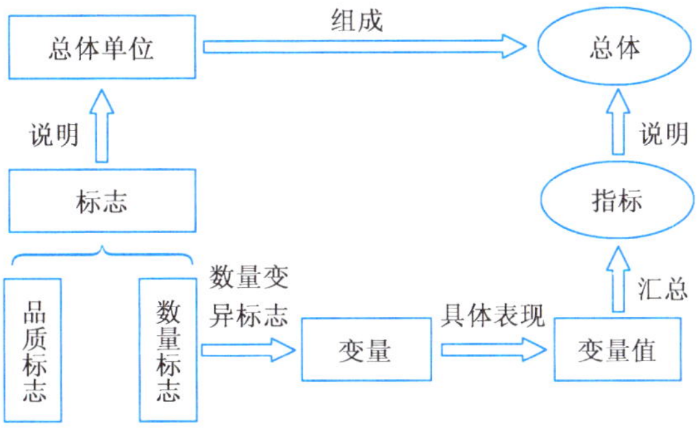

图0－6　几个基本概念的联系

任务五　了解统计分析工具

一、常用统计工具

（一）计算器

能完成函数功能（对数计算、乘高次方、开高次方等）和统计功能（计算平均数、标准差、变量值平方和等）。

（二）统计数表

例如，二项分布表、泊松分布表、标准正态分布表、T 分布表等。

（三）统计软件

例如，Excel、SPSS、SAS、Minitab、Statistica 等。

1. Excel

Excel 电子表格处理系统可以方便地对数据进行排序、筛选等预处理，并对各种数据进行统计分析，以丰富的图表方式显示数据及分析结果，因此 Excel 也被广泛地应用于日常统计工作。

（1）安装分析工具库

Excel 提供了一组数据分析工具，称为“数据分析工具库”。在默认情况下，Excel 没有安装“分析工具库”，用户需要另行安装。安装步骤如下：

①打开 Excel 应用程序，执行“文件”→“选项”→“加载项”→“管理（A）”菜单命令（如图 0—7 所示）。

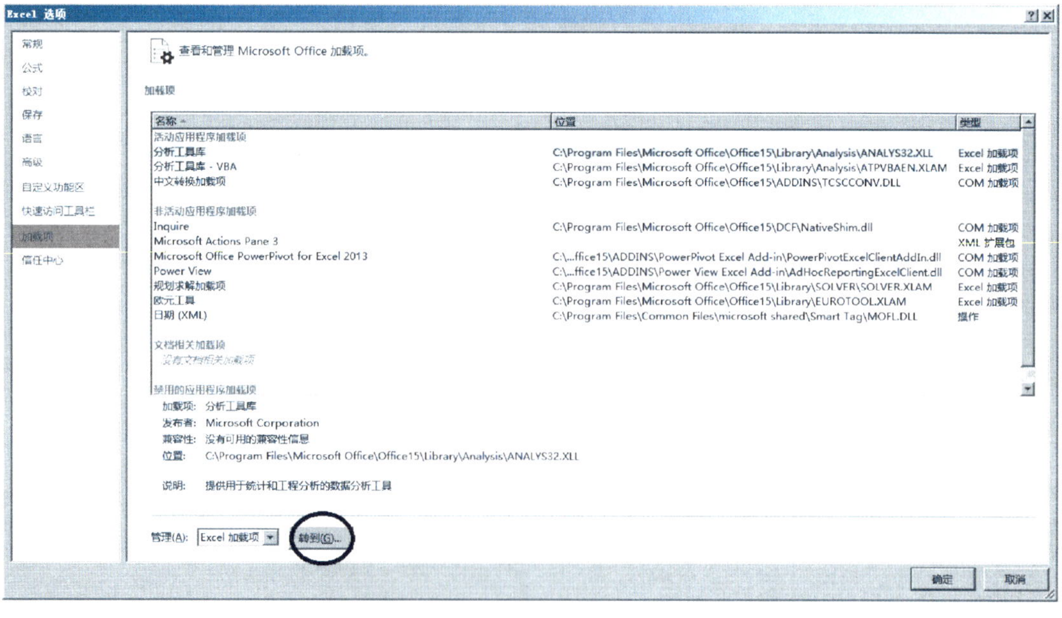

图 0—7　Excel 安装分析工具库

②出现“加载宏”对话框后选中“分析工具库”复选框（如图 0—8 所示）。

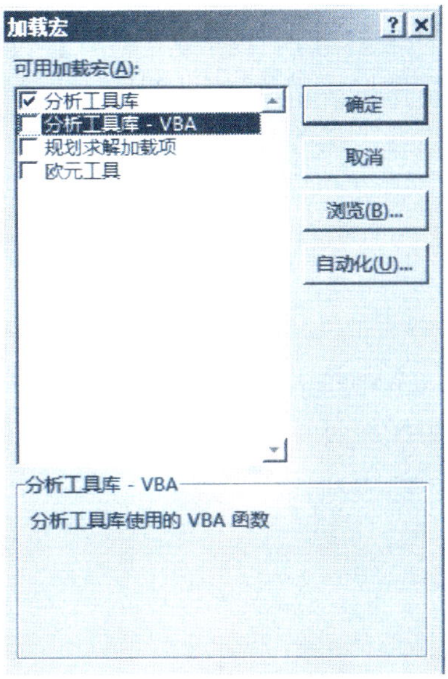

图 0—8　加载宏

③单击“确定”按钮，就完成该功能的安装，“工具”菜单中就多了“数据分析”命令，这样统计分析工具库和统计函数就安装好了。

(2)数据分析功能简介

在“数据分析”工具中有描述统计、排位与百分比排位、直方图、抽样、回归、移动平均等 19 种分析工具，利用这些分析工具可以方便、快捷、准确地进行各种统计分析。

在以后各项目中，我们将结合所学内容，介绍利用“数据分析”工具和“函数”进行统计分析的方法。

2. SPSS

SPSS 由于其操作简单，被广泛运用于自然科学、社会科学中，其涉及的领域包括工程技术、医药、金融、市场调研、生物、心理学等，是目前非常流行的统计分析软件。SPSS 软件提供了从描述统计分析到聚类分析与差别分析、因子分析等多因素的统计分析方法，可以满足绝大部分统计分析工作的需要，其可视化操作功能使其深受好评。

3. SAS

SAS 是国际上通用的主要数据分析软件系统之一，一般大型企业使用较多。该软件可用于描述性统计、假设检验和区间设计、主成分分析与因子分析、典型相关分析与对应分析、聚类分析与差别分析、属性数据分析等方面。SAS 软件具有极强的编程操作功能，从 8.0 版以后，出现了几个功能强大的可视化操作的模块，如 insight 模块和 analyst 模块等，其菜单操作的方便程度以及人机界面的亲和性也不亚于 SPSS 等著名的可视化统计分析软件。

4. Minitab

Minitab 同样是国际上流行的一个统计软件包，其特点是简单易懂。为从统计过程控制到试验设计提供了实现质量改善项目各阶段目标的方法。Minitab for Windows 统计软件比 SAS、SPSS 等要小得多，但其功能并不弱，涵盖了基本统计分析、非参数分析、试验设计、质量控制、可靠性分析等操作，而且有极强的表格和图形处理功能。

5. Statistica

Statistica 是一套完整的统计资料分析、图表、资料管理、应用程序开发的系统，还提供了对其他技术、工程、工商企业资料挖掘应用的功能模块。Statistica 系统可用于基本统计分析、多维比例分析、判别分析、逻辑线性分析等数据统计分析项目。

如果只是对数据进行简单描述统计分析和方差分析、回归分析等，可使用 Windows 自带的操作软件 Excel 来实现。后面 4 种软件都是业界常用的统计分析软件。

二、相关网站

1. http://www.stats.gov.cn，中华人民共和国国家统计局网站。
2. http://www.tjcn.org，中国统计信息网。
3. http://estat.ncku.edu.tw，统计在线学习馆。

◎知识归纳

1. 统计是人们认识客观世界总体的数量变动关系和变动规律的活动总称，“统计”一词在不同场合有不同含义，一般认为统计包含统计工作、统计资料、统计学三种含义。

2. 统计研究从社会经济现象质量与数量的辩证统一中研究现象的数量方面，运用各种研究方法，其中大量观察法、统计分组法、综合指标法、抽样推断法、统计模型法是最基本、最主要的方法。

3. 统计总体是客观存在的、在同一性质基础上结合起来的许多个别单位所形成的集合。统计总体必须同时具备大量性、同质性、差异性。统计总体可大可小，可以是有限总体，也可以是无限总体。构成总体的每个事物称为总体单位。它可以是人、物、事件等。

4. 标志是说明单位特征或属性的名称。标志的具体表现称为标志值。标志可分为品质标志和数量标志、不变标志和可变标志。

5. 可变的数量标志称为变量，其具体表现的数值称为变量值。按变量值取值的不同，变量分为连续型变量和离散型变量。

6. 指标是说明总体数量特征的概念及其综合数值。它可分为数量指标和质量指标。变异是标志在各总体单位具体表现的差异。变量指可变的数量标志。

◎知识图表

- 课程导入
  - 认识统计与统计学
    - 统计的含义
    - 统计活动内容
    - 统计学的学科分类
  - 了解统计学的应用领域
    - 统计学在市场营销中的应用
    - 统计学在金融中的应用
    - 统计学在生产中的运用
    - 统计学在会计中的运用
    - 统计学在宏观经济中的运用
  - 了解统计学的基本分析方法
    - 大量观察法
    - 统计分组法
    - 综合指标法
    - 统计模型法
    - 统计推断法
  - 掌握统计学的基本概念
    - 统计总体与总体单位
    - 标志和指标
    - 变异与变量
  - 了解统计分析工具
    - 常用统计工具
    - 相关网站

◎关键词汇

统计　统计工作　统计资料　统计学　统计设计　统计调查　统计整理　统计分析　统计总体　总体单位　指标　标志　变异　变量　连续型变量　离散型变量

◎独立思考

1. 试举出日常生活中统计数据及规律性例子。
2. 什么是统计？统计工作包括哪些阶段？
3. 请指出标志与指标的联系与区别。

◎基本训练

一、单项选择题

1."统计"一词的三种含义是(　　)。

A. 统计工作、统计资料、统计学　　B. 统计调查、统计整理、统计分析

C. 统计设计、统计分组、统计预测　　D. 统计方法、统计分析、统计预测

2. 某市进行工业企业生产设备普查，总体单位是(　　)。

A. 工业企业全部生产设备　　B. 工业企业每一台生产设备

C. 每家工业企业的生产设备　　D. 每一家工业企业

3. 要观察 50 家工厂的职工工资水平情况，则统计总体是(　　)。

A. 50 家工厂　　B. 50 家工厂的全部职工

C. 50 家工厂的全部工资　　D. 50 家工厂每个职工的工资

4. 关于工业企业的设备台数、产品销售额的说法中正确的是(　　)。

A. 二者都是连续型变量　　B. 二者都是离散型变量

C. 前者是连续型变量，后者是离散型变量　　D. 前者是离散型变量，后者是连续型变量

5. 几名学生的年龄分别是 14 岁、15 岁、16 岁，则"年龄"是(　　)。

A. 品质标志　　B. 数量标志

C. 变量值　　D. 数量指标

6. 在全国人口普查中，(　　)。

A. 男性是品质标志　　B. 身高是变量

C. 人口的平均寿命是数量标志　　D. 全国的人口是统计指标

7. 下列指标中属于质量指标的是(　　)。

A. 总产值　　B. 总成本

C. 单位产品成本　　D. 职工人数

8. 了解某地区工业企业职工情况，(　　)是统计指标。

A. 该地区工业企业每名职工　　B. 该地区工业企业职工的文化程度

C. 该地区工业企业职工的工资总额　　D. 该地区工业企业职工从事的工种

9. 指标是说明总体特征的，标志是说明总体单位特征的，(　　)。

A. 标志和指标之间的关系是固定不变的　　B. 标志和指标之间的关系是可以变化的

C. 标志和指标都是可以用数值表示的　　D. 只有指标才可以用数值表示

10. 统计指标按所反映的数量特点不同，可以分为数量指标和质量指标两种。其中数量指标的表现形式是(　　)。

A. 绝对数　　B. 相对数

C. 平均数　　D. 百分数

二、多项选择题

1. 要了解某地区全部成年人口的就业情况，那么(　　)。

A. 全部劳动力人口是研究的总体　　B. 劳动力人口总数是统计指标

C. 劳动力口就业率是统计标志　　D. 反映每个人特征的职业是数量指标

E. 某人职业是标志表现

2. 下列变量中属于离散型变量的有(　　)。

A. 机器台数　　B. 职工人数

C. 粮食产量　　D. 耕地面积

E. 电视机产量

3. 下列统计指标中属于质量指标的有(　　)。

A. 工资总额　　B. 单位产品成本

C. 产品销售单价　　D. 人口密度

E. 合格品率

4. 下列各项中,属于数量指标的有(　　)。

A. 我国 2022 年国民生产总值　　B. 某企业年平均库存额

C. 某地区出生人口总数　　D. 某城市人均收入

E. 某市工业劳动生产率

5. 统计研究运用的方法包括(　　)。

A. 大量观察法　　B. 统计分组法

C. 综合指标法　　D. 统计模型法

E. 归纳推断法

◎实战演练一

【目标】 能根据统计研究目的正确设计统计基本术语。

【内容】 2020 年 11 月我国进行了第七次人口普查,请指出人口普查中工作的总体、总体单位、某些标志和指标以及变量,并将其填入下表。

<table>
<tr><th>总体</th><th>总体单位</th><th colspan="3">标志</th><th>标志值</th><th>指标</th><th>指标值</th></tr>
<tr><td rowspan="3"></td><td rowspan="3"></td><td colspan="2">不变标志</td><td></td><td></td><td rowspan="3"></td><td rowspan="3"></td></tr>
<tr><td rowspan="2">可变标志</td><td>品质标志</td><td></td><td></td></tr>
<tr><td>数量标志</td><td></td><td></td></tr>
</table>

【步骤】 请根据相关网站,查找有关资料,结合所学知识正确设计并填写有关数据。

◎实战演练二

在为某大型购物商场进行市场调查期间,我们在持有该商场与银行合作发行的信用卡的所有顾客中随机挑选了 300 名顾客进行电话询问,搜集了有关信息。其中,有两个调查问题是:在过去的 6 个月里,你是否购买过该商场的商品?购买金额为多少?被询问者中回答“是”的,且这些人在过去的 6 个月里,平均购买金额是 1 782.67 元,根据这个数量统计方法分析,得到在一定可靠程度下,该商场持有信用卡顾客的购买比例及购买金额的区间范围。

(1)指出本案例中的以下统计概念:总体、总体单位、样本、品质标志、数量标志、数量指标、质量指标。

(2)本案例采用的统计方法是描述统计还是推断统计?

项目一 统计资料搜集

知识目标

- 了解统计调查的意义、种类
- 理解统计调查主要组织形式及适用场合
- 重点掌握统计调查方案的设计步骤及方法
- 掌握统计调查问卷设计技术

能力目标

- 具备独立设计简单的统计调查方案的能力
- 能根据统计研究目的设计简单调查问卷

思政目标

- 培养实事求是精神
- 传递社会生产和生活经验
- 促进法治思维的养成

重点难点

- 各种统计调查方法的特点及应用条件
- 如何设计一个有效的统计调查方案及符合要求的统计调查问卷

任务引入

统计活动从哪里开始?

在某调查公司兼职的小张同学接到了公司委派的新任务——调查自己所在大学的大学生月消费支出情况。小张应该如何开始这项工作呢? 首先,要设计一份可以据以实施的行动方案。方案要包括以下内容:向谁调查,调查什么,如何获得数据资料,什么时间调查等。通过本项目的学习,你应当能够帮助小张同学解决所面临的问题。

任务一 统计资料的来源

统计资料的搜集也称为统计调查,是统计研究的第一步,指的是根据预定的统计任务,运用科学的统计调查方法,有计划、有组织地搜集统计资料的过程。此过程获得的数据是尚待整理、缺乏系统性的原始资料或二手资料，但这些资料通常以数字资料为主，这是统计调查区别于一般社会调查的主要特征。

一、统计资料的来源

统计资料可通过直接组织的实地调查获取，或者来源于已有的数据。前者可称为一手资料或直接资料，后者可称为二手资料或间接资料。例如，企业在经营过程中往往通过市场调查了解消费者对其产品或营销策略的接受程度，此时取得的数据就是直接资料，而通过购买调研机构的商业数据做市场分析，就是在利用间接资料。

(一)间接来源

在研究和管理决策中，要善于利用各种现成的数据。这些数据可以来自报纸、杂志、统计年鉴、网络，也可以来自专业咨询公司。目前，互联网已经成为公众或研究者获取数据的最重要渠道之一。例如，每年相关政府部门或组织都会出版统计年鉴，也可以在国家或各省市统计局网站上搜集所需数据(如表 1—1 所示)；上市公司财务数据可以通过金融证券类网站获得。

表 1—1　　从政府机构获取的资料举例

政府机构	可以获取的一些数据
统计局	人口数据及其分布、家庭数据及其分布、家庭收入及其分布
中央银行	货币供应量数据、分期付款信贷、汇率和折扣率
财政局	政府的收入、支出及负债数据
商务部	业务活动数据：行业销售值、行业利润水平、成长和衰退行业资料

从公司内部记录中获取的资料如表 1—2 所示。

表 1—2　　可以从公司内部记录中获取的资料举例

来源	可获取的典型数据
雇员记录	姓名、地址、社会保险号码、工资等
生产记录	部件或产品数量、成品数量等
存货记录	现有产品件数、再订购水平、经济订货数量和折扣时间表
销售记录	产量、销售量、分地区销售量和分客户类型销售量
信用记录	客户姓名、地址、电话号码、信用期限和应收账款余额
客户形象	年龄、性别、收入水平、家庭人数、地址和个人爱好

◎情景思考

小王要开湖南菜餐馆

小王是一名精通湖南菜烹饪的厨师，他刚刚辞掉了在首都北京某饭店的一份工作。他一直梦想开创自己的事业，因此，他决定用他的存款开一家小餐馆。

北京的房价很高，因此他迁移到了离北京 200 多千米远的一个沿海城市。在开业之前，他要做很多重要的决策：他对当地人和旅游者是否喜欢湖南菜并没有把握，他还会做其他多种菜肴，可以开一家店内就餐或经营外卖业务的餐馆。如果开一家经营外卖的餐馆，就可以用较贵但适合微波炉加热的塑料餐盒或选用价格较低廉的纸盒。

小王注意到，尽管当地一家著名的快餐店刚刚关闭，但是该地区为数不多的几个餐馆中没有经营外卖业务的，也没有湖南风味的其他餐馆。在找到一处适合的房子之后，接下来小王就必须决定，是迎合年轻人的品位设计装修风格，播放当下热门的流行音乐，还是装修成适于中老年人的古典风格。小王开始认真地筹划他的新店，他从没有想到开业前会有这么多的决策要做。

请思考下列问题：

1. 你建议小王在开业前做一些调查吗？为什么？

2. 你建议小王对哪几个方面进行资料搜集？

3. 请给出小王可以查询的第二手调查数据的四个信息源。

4. 第二手调查数据对小王的参考意义有多大？为什么？

（二）直接来源

第二手资料具有搜集方便、成本较低的特点，但第二手资料不是专门为研究的问题设计的，相关性不够，因而在回答问题时，存在很大局限性或有可能不准确，所以在使用时要特别谨慎。为获得准确数据，常常通过组织调查的方法实现。主要的统计调查方法包括以下几种：

1. 统计报表

定期统计报表制度是一种按国家有关法规的规定，自上而下地布置统一的报表，然后自下而上地逐级上报汇总报表资料的调查方式。因为它要求按规定的报表形式及内容、规定的报送程序和报送时间报送数据资料，所以是一种严格的报告制度。在计划经济时代是我国主要的数据搜集方式。例如，中华全国总工会为统计基层组织帮困情况，就要求其下属工会每季度上报基层帮困情况汇总表。

统计报表搜集的数据资料比较全面，具有一定的连续性、统一性和及时性，数据资料来源和准确性也有可靠基础。但是有些单位可能会瞒报或虚报资料；报表过多也会增加基层负担。因此，我国目前的统计调查方法体系是以必要的周期性的普查为基础，经常性的抽样调查为主体，同时辅之以重点调查、科学推算和部分全面报表综合运用的体系。

2. 普查

普查是对总体现象专门组织的一次性全面调查。所调查的内容既可以是一定时点下的现象，也可以是一定时期的过程性现象。调查目的主要是搜集一些不能够或不适合采用定期全面报表方法的数据资料，以摸清重要的国情、国力和某些重要经济现象的全面情况。

例如，世界各国都定期（一般每隔 10 年）进行人口普查，我国 2020 年进行了第七次人口普查。普查短表是全部普查对象（不包括中国港澳台居民和外籍人员）都需要填写的普查表，共有 19 个项目。其中，整体家庭情况填报有 7 项，个人情况填报的有 12 项。普查长表填写的信息比短表要多，除了短表的项目外，还增加了本户的住房状况和居住人口的经济活动、婚姻生育等情况。长表调查共有 48 个项目，其中整体家庭户情况填报的有 19 项，个人情况填报的有 29 项。此表作抽样调查，是在全部住户中抽取 10％的住户填报。

普查可以获得全面、准确的资料，所以就一个国家、一个部门、一个地区或一个单位而言，普查对其掌握基本情况、制订战略规划或工作计划，都是重要的基础性工作。但普查的规模大、任务重、质量要求高，需要大量的专业人员，动用大量的物力和财力。例如，我国的第七次人口普查共组织了 700 多万名普查指导员和普查员，同时由于一次普查所需时间较长，其时效性也较差，调查的内容一般也局限于最基本的现象。因此为及时了解现象的变动情况，在两次普查间隔期间，往往以抽样调查的数据作为补充。

◎知识拓展

周期性普查制度

周期性普查制度是就我国社会经济发展的状况，由国务院组织，每隔一段时间进行一次普查的统计调查制度。我国的周期性普查制度确立于1994年，当时的普查项目包括人口普查、农业普查、工业普查、第三产业普查和基本单位普查5项。2003年，我国调整了国家普查项目及其周期安排。调整后的普查项目包括经济普查、农业普查和人口普查3项。经济普查每10年进行两次，分别在逢3、逢8的年份实施。农业普查每10年进行一次，在逢6的年份实施。人口普查每10年进行一次，在逢0的年份实施。

3. 抽样调查

抽样调查是指从总体中随机抽取一部分样本，依据所抽样本的结果推断总体的方法。抽样调查是统计调查中应用最广泛的一种方式，它不仅方便灵活、成本低，而且时效性强。例如，在医学研究中，通常用临床试验的数据分析某药品的疗效；在质量检测中，用样品产品推断该批次产品的质量水平。但应该看到，虽然可以通过统计方法和样本选择来控制误差的范围，但样本推断总体不可避免地存在抽样误差。而且抽样调查主要适用于定量调查，不太适合做定性调查。本书项目六将详细阐述这部分内容。

4. 典型调查

典型调查就是从总体中抽取代表性强的样本调查，以认识总体规律性的方法。由于典型调查是对调查对象中少数或个别单位的调查，因而可以系统、深入地开展，而且所需人员较少，成本较低。但典型调查易受调查者主观意识的影响，也很难对总体进行定量分析。

5. 重点调查

重点调查可以看作典型调查的派生，它是从总体中抽取少数重点单位的调查，并用重点单位的调查结果反映总体情况。这里所谓的重点单位，是指其单位数在总体中的比重不大，但其某一标志值在总体标志值中占绝对比重的单位。例如，要了解我国机场的运营情况，只需调查上海浦东机场、首都机场、广州白云机场等我国最繁忙的机场即可。

当调查的任务不要求掌握全面的准确资料，在总体中也确实存在重点单位时，重点调查就能以较少的人力、物力，较快地掌握调查对象的基本情况。此方法的关键就在于如何确定重点单位。

最后值得说明的是，重点调查、典型调查、抽样调查等方法虽然存在很大区别（如表1—3所示），但在统计实践中可结合应用，即用全面调查取得最基本的统计资料，用重点调查取得次要或比较具体的资料，用典型调查搜集更细致、更深入的资料。

表1—3　各种统计调查方法比较

调查方式	调查单位的选取	调查单位的代表性	调查目的	调查误差
重点调查	数量方面的重点单位	无	了解总体基本情况	无法估计
典型调查	有意识地选取	有一定代表性	估计总体的近似值	不可确定
抽样调查	按随机原则选	有代表性	数量上推算总体指标	可事先计算并控制

二、统计数据搜集的技术方法

搜集调查对象的原始资料常用的方法有直接观察法、报告法、询问法等。任何一种调查都必须采用一定的调查方法搜集原始资料，即使调查的组织形式相同，其调查方法也可以不同。应根据调查目的与被调查对象的具体特点，选择合适的调查方法。

（一）直接观察法

直接观察法是调查人员亲临现场，对调查对象进行观察、计量以取得统计数据的一种方法。例如，公交运营中客流量的调查，需要调查人员亲自到公交站点观察乘客的数量；调查人员期末盘点商品库存时，通过亲自盘点、计数，取得统计数据资料。这种调查方法能保证资料的准确性，但需要较多的人力与时间，因此，在调查中往往采用其他方法。

空间遥感统计调查法也是一种观察调查方法，它是现代高科技应用于统计调查的一种方法，也称卫星遥感统计调查。

（二）报告法

报告法是基层单位根据上级的要求，以各种原始记录与核算资料为基础，搜集各种统计数据资料，逐级上报给有关部门。现行的统计报表形式就是采用这种方法搜集统计数据资料的。

（三）询问法

询问法是根据调查提纲，调查者向被调查者询问，提出问题，由被调查者答复以取得统计数据资料的一种方法。询问法的调查方式有标准式和非标准式两种。标准式询问又称结构式询问，它是按照调查人员事先设计好的、有固定格式的标准化问卷，有顺序地依次提问。网上调查在 20 世纪 90 年代开始迅速发展，由于省略了印制、邮寄和数据录入的过程，问卷的制作、发放及数据的回收速度均得以提高，可以短时间内完成问卷并统计结果及制作报表。网上调查易获得连续性数据、调研内容设置灵活、调研群体大、可视性强等也是其他搜集统计数据方法所不具备的优势。但是网上调查在目前来说还处于发展和完善之中，其代表性、安全性以及无限制样本等还是有待解决的重要问题。网上调查也是一种标准化调查。

电话调查是调查人员利用电话同受访者进行语言交流，从而获得统计数据信息的一种调查方式。电话调查具有时效快、费用低等特点，因此，电话调查的应用非常广泛。电话调查可以按照事先设计好的问卷进行，也可以针对某一专门问题进行电话采访。用于电话调查的问题要明确、问题数量不宜过多。

座谈会调查也称集体访谈法，它是将一组受访者集中在调查现场，让他们对调查的主题发表意见，从而获取统计数据资料的一种方法。通过座谈会，研究人员可以从一组受访者那里获得所需的定性资料，这些受访者与研究主题有某种程度上的关系。为获得此类资料，研究人员通过严格的甄别程序选取少数受访者，围绕研究主题以一种非正式的、比较自由的方式讨论。参加座谈会的人数不宜太多，并且是有关调查问题的专家或有经验的人。讨论方式主要取决于主持人的习惯和爱好。通过小组讨论，研究人员能获取上述调查无法取得的资料。

◎知识拓展

“三新”统计制度包括哪些方面？

“三新”是指新产业、新业态、新商业模式。按照党中央、国务院的要求，国家统计局积极推进“三新”统计调查工作。2021年,国家统计局印发了《新产业新业态新商业模式统计监测制度(2021)》。

该制度主要包括“三新”经济综合情况以及新兴现代农业、工业战略性新兴产业、新产品、新服务、高技术产业、科技企业孵化器、企业创新、互联网平台、电子商务、互联网金融、城市商业综合体、开发园区12个重点领域。随着“三新”的不断发展和对“三新”研究认识以及统计工作水平的提升,该制度将不断修改完善,逐步充实统计内容。

任务二 设计统计调查方案

统计资料的获得是一项复杂的工作,必须有目的、有计划、有组织地进行。在着手调查之前,必须事先设计一个周密的调查方案(即调查工作计划),使调查得以顺利实施和完成。调查方案是指导整个调查过程的纲领性文献,它实际上就是统计设计在统计资料搜集阶段的具体化。不同调查的调查方案在内容和形式上会有一定的差别,调查方案没有统一的格式,但总体上看,一个完整的统计调查方案,至少应回答或解决5个“W”、1个“H”,即为什么调查、向谁调查、调查什么、何时调查、调查何事、怎样调查,大体上都包括调查目的、调查对象、调查单位、调查内容、调查时间、调查方式和调查的组织实施等内容。以上6个方面内容,不论调查规模的大小,都必须在调查前认真研究、明确规定。

一、确定调查目的

调查目的是调查所要达到的具体目标,它所回答的是为什么调查、要解决什么问题、调查具有哪些社会经济意义等。因为调查任务关系到调查对象和调查项目的具体确定,所以调查目的的写作要简明扼要。

【统计实例1—1】 2018年我国第四次经济普查的目的是“全面调查我国第二产业和第三产业的发展规模、布局和效益,了解产业组织、产业结构、产业技术、产业形态的现状以及各生产要素的构成,摸清全部法人单位资产负债状况和新兴产业发展情况,进一步查实各类单位的基本情况和主要产品产量、服务活动,全面反映供给侧结构性改革、新动能培育壮大、经济结构优化升级等方面的新进展”。

【统计实例1—2】 我国人口普查的目的是“为准确地查清我国在人口数量、地区分布、构成和素质方面的变化,为科学地制定国民经济和社会发展战略与规划,统一安排人民的物质和文化生活,检查人口政策执行情况,提供可靠的资料”。

可见,调查的目的是调查方案设计中应首先解决的问题,只有明确了这一问题,才能确定调查对象、调查单位以及调查方式等。

二、确定调查对象、调查单位和报告单位

确定调查对象、调查单位与报告单位就是明确调查的范围以及向谁调查,由谁提供具体资料,这样才能保证资料的准确、完整。

(一)调查对象

调查对象是根据调查目的确定的调查研究的总体或调查范围,实质上是统计总体,它是由

许多性质相同的调查单位组成的。调查对象是总体在调查阶段的具体化。确定调查对象就是明确统计调查的范围和界限。

【统计实例 1—3】 2018 年我国第四次经济普查的对象是在我国境内从事第二产业(如建筑业、采矿业等)和第三产业(以服务业为主)的全部法人单位、产业活动单位和个体经营户,简言之,就是除第一产业以外的所有单位和个体经营户。

【统计实例 1—4】 我国第七次人口普查的调查对象是普查标准时点在中华人民共和国境内的自然人以及在中华人民共和国境外但未定居的中国公民,不包括在中华人民共和国境内短期停留的境外人员。

【统计实例 1—5】 我国农业普查以从事第一产业活动的单位和农户为对象。

显然,只有把调查对象的范围界定清楚,才能保证调查的客观性、真实性。

(二)调查单位

调查单位是构成调查对象的每一个单位,它是调查项目和指标的承担者或载体,是搜集数据、分析数据的基本单位。

【统计实例 1—6】 在我国第四次经济普查中,调查单位就是我国境内从事第二产业和第三产业的每一个法人单位、产业活动单位和个体经营户。

【统计实例 1—7】 人口普查的调查单位是属于调查范围的每一个人。

◎温馨提醒

注意:调查单位与总体单位既有联系又有区别。如果采用全面调查方式,调查对象中的每一个单位即为调查单位,两者是一致的;如果采用非全面调查方式,调查单位只是调查对象全部单位中的一部分,两者是不一致的,如抽样调查。在实际调查中,调查单位可以是调查对象的全部单位(全面调查),也可以是调查对象中的一部分单位(非全面调查)。

(三)报告单位

报告单位也称填报单位(report unit),是负责报告调查内容的单位。调查单位是调查标志的承担者,而报告单位负责提交调查资料,它们有时一致,有时又不一致。例如,我国的人口普查,调查单位是每个人,报告单位是每个家庭(家庭户和集体户是填报单位)。

对报告单位和调查单位识别的关键是要明白:报告单位只有"人"或"法人"才能够填写和报告;"物"是不能填报的,显然不能作为报告单位。

又如,进行科研机构普查,每个科研机构既是调查单位,又是填报单位(两者一致)。进行科研机构人员普查,调查单位是每一位科研人员,填报单位则是每一所科研机构(两者不一致)。

◎情景思考

根据表 1—4,指出各自调查对象、调查单位和填报单位。

表 1—4 调查对象、调查单位和填报单位

	工业企业生产经营情况调查	工业企业职工收入状况调查
调查对象		
调查单位		
填报单位		

三、设计调查项目和调查表

调查项目和调查表是统计调查方案的核心、主体。

(一)调查项目

调查项目,是向调查单位进行登记的各项具体标志,是由数量标志和品质标志共同构成的标志体系,是一份在调查过程中想要也应该要获得答案的各种问题的清单。如人口普查,所登记的每个人的性别、年龄、民族、受教育程度、婚姻状况和反映人口经济特征的项目等都是调查项目。设计调查项目时要注意以下几个问题:

第一,调查项目的含义要明确,不能含糊不清。如企业调查中"利润额"一项,必须明确是营业利润还是利润总额。

第二,设计调查项目时,既要考虑需要,又要考虑可能,必要的内容不能遗漏,不必要或不可能取得的资料就不应列入调查项目。

第三,各调查项目之间应尽可能有所联系、彼此衔接,以便有关项目间的相互核对和逻辑判断,提高调查资料的质量。

【统计实例 1—8】 全国经济普查的主要内容包括法人单位基本情况、产业活动单位基本情况、企业生产经营情况、企业主要设备情况、水及能源消费情况、企业科技活动情况、企业(行政事业单位)财务状况和信息化情况等。

调查方案中技术性要求最高的是调查项目的设计,尤其是调查问卷的设计。关于调查问卷的设计将在后面详细介绍。

(二)调查表

调查表,就是将反映调查单位有关标志的调查项目,按一定的逻辑顺序排列而成的表格。统计调查工作具有大量性和系统性的要求,当调查项目确定以后,就要将诸多的调查项目用最精炼的措辞、最合理的格式在调查表中表现出来。使用调查表是调查过程中的基本手段,也是拟定调查方案的基本步骤。

调查表一般由表头、表体和表外附加三部分组成(如表 1—5 所示)。表头(说明词)在调查表的上方,是调查表的名称,用来说明调查表的内容、被调查单位的名称、性质、隶属关系、编号、制表单位、填表日期等,解释调查意义、表达感激之情等;表体(主题问句)是调查表的主要部分,包括调查的具体项目、被调查者基本情况等;表外附加(表脚)在调查表的下方,通常由填表人签名、填表日期、填表说明、备注、指标解释等内容组成。

表 1—5　　工业产销总值及主要产品产量月报(表头)

企业法人代表　　　　　　　　　　　　表号:
企业代码　　　　　　　　　　　　　　制表机关:国家统计局
企业详细名称:　　　　20××年　　月　　文号:国统字(20××035)

表体:

指标名称	计量单位	代码	本年实际		去年同期	
甲	乙	丙	(1)	(2)	(3)	(4)
工业总产值(不变价格)	万元	101				
工业总产值(现行价格)	万元	201				
其中:新产品产值	万元	299				
工业销售产值(现行价格)	万元	301				
其中:出口交货值	万元	309				
主要产品产量(另附表)						

说明:本表不变价格工业总产值国有企业必须填报(表外附加)。

企业负责人:　　统计负责人:　　填表人:　　联系电话:　　报出日期:

调查表一般有单一表和一览表两种形式。

(1)单一表(如表 1—6 所示)。每个调查单位填写一份或一套表,可以容纳较多的项目,还可以加快调查填写速度,适用于大型调查,但由于同一调查项目被分散到各张单一表中,不便于汇总整理。

表 1—6 **职业经理基本履历调查** 编号:

姓名		性别		出生日期		政治面貌		民族	
学历		专业		毕业学校					
教育背景									
工作经历									
特长									

被调查者本人签字: 所属上级领导签字: 填表日期:

(2)一览表(如表 1—7 所示)。把许多调查单位填写在一张表上,在调查内容不多的情况下,采用一览表可以节省人力、物力与时间。

表 1—7 **企业员工基本情况调查** 编号:

姓名	性别	出生日期	政治面貌	民族	学历	专业	岗位	联系方式

四、确定调查时间和调查期限

调查时间,是指调查资料所属的时间,也称客观时间。如果所要调查的是时期现象,调查时间就是资料所反映的起讫日期;如果所要调查的是时点现象,调查时间就是规定的统一标准时点。这里的标准时点,是指全体调查者在对调查现象进行登记时所依据的统一时点。例如,调查 2022 年第二季度的零售商品销售额,则调查时间是从 4 月 1 日起至 6 月 30 日止三个月。如果所要调查的是时点现象,调查时间就是规定的统一标准时点。

调查期限,是调查工作进行的时限,包括搜集资料或报送资料的整个工作所需要的时间,也称主观时间。

【统计实例 1—9】 我国第七次人口普查的调查时点是 2020 年 11 月 1 日零时。2020 年人口普查规定从 2020 年 11 月 1 日到 12 月 10 日进行入户登记,则调查期限为 11 月 1 日到 12 月 10 日共 40 天。

【统计实例 1—10】 第四次全国经济普查的标准时点是 2018 年 12 月 31 日,普查时期资料为 2018 年度资料。

【统计实例 1—11】 生产经营月报规定基层单位填报时间为次月 3 日。调查时间:1 个月;调查期限:3 天。

◎情景思考

1. 假定对企业 2019 年经济活动情况进行调查,呈报时间是 2020 年 1 月底以前。调查时间是什么?调查期限是什么?

2. 普查为什么要规定标准时点？第七次人口普查的标准时点是 2020 年 11 月 1 日零时，在 11 月 1 日零时之前死亡的人口和 11 月 1 日零时以后出生的人口，是否均应该予以登记？

五、选择调查方式与方法

统计调查方式是指组织搜集原始资料的形式，如普查、统计报表、抽样调查等方式。统计调查方法即调查者向被调查者搜集数据答案的方法，主要包括访问调查、邮寄调查、电话调查、电脑辅助调查等。例如，我国第一次经济普查规定对法人单位、产业活动单位采用普查（全面调查）的方式，对个体经营户采用全面普查辅助以典型调查、抽样调查等方式；具体搜集数据一律采取访问调查法。

六、制订调查工作的组织实施计划

在调查方案中还应有一个周密的组织实施计划，这是使统计调查工作顺利进行并取得成功的重要保证。其主要内容包括：确定调查机构；明确调查人员、调查地点、调查方法；明确调查前的准备工作（包括宣传教育、人员培训、文件印刷、经费预算、调查程序与进度）；确定调查质量控制与结果检验的程度和方法；确定公布调查成果的时间等。

◎案例分析

中国美好生活大调查（原名：中国经济生活大调查）（2021—2022 年）

2021 年 11 月 24 日，由中央电视台财经频道联合国家统计局、中国邮政集团有限公司、北京大学国家发展研究院主办的“中国美好生活大调查（2021—2022 年）”正式启动，此项调查已连续开展了 15 年，本次是第 16 次调查。

通过“中国美好生活大调查”发现，近几年国人工作日平均休闲时间持续增加，休闲娱乐线上化成为趋势，而丰富的休闲来自对未来的信心，消费方式、生活方式、出行方式、办公方式等方方面面的改变，文创热、宅经济、直播带货、无接触配送、云会议、云课堂等新应用、新场景层出不穷，中国百姓正享受到数字经济带来的“红利”，我们的生活也因数字化而变得精彩纷呈。

一、调查范围

在全国范围内（在全国随机抽取 150 个城市、300 个县发放 10 万张调查问卷）

二、调查工作时间

2021 年 11 月—2022 年 2 月

三、调查内容

本次调查通过“消费和投资意愿”“休闲与工作趋势”“民生困难及幸福感”等民生问题，以及对所在城市管理能力及社会服务水平的满意度进行打分，涵盖了人民“获得感、幸福感、安全感”三大方面，以及生活满意度、工作满意度、社会环境满意度、社会治理满意度、收入信心、幸福感等多项分类指标，用“中国美好生活指数”这一指标体系量化百姓对于美好生活的真知实感。

四、调查方式与方法

“中国美好生活大调查（2021—2022 年）”，采取线下纸制问卷与线上网络调查同时进行的方式，即在原有的邮政渠道、航空渠道的问卷之外，还特别增设企业渠道的问卷，进一步拓展了原有明信片线下调查及网络线上调查的巨大空间。

全网推送"美好生活指数"调查问卷。线下,大调查通过邮政遍布全国的网络,面向全国150多个城市300个县,发放10万张明信片调查问卷,进行入户问卷调查。线上,央视联合国内多家顶级互联网公司,面向全网推送网络调查问卷,调查范围覆盖8亿网民——无论使用电脑还是手机,都可以扫描二维码答题,人人皆可参与、人人皆可表达、人人皆可分享。

五、"中国经济生活大调查(2021—2022年)"具体调查分析结果

1. 国人工作日平均休闲时间增加

2021年,国人工作日平均休闲时间升至2.88小时,比2020年多3.6分钟。一线城市生活节奏快,但也能忙里偷闲。休闲时间最少的人多在三线城市,二线城市拥有3—5小时休闲时间的占比最高。

2. 休闲城市以南方城市居多

从平均休闲时间看,休闲城市以南方城市居多。如,成都人工作日的平均休闲时间能达到3.66个小时,比全国平均水平足足多了47分钟。有四成以上的成都人,休闲时间喜欢陪伴家人,比全国平均水平高12%,在省会、直辖市及计划单列市中排第五位。除此之外,手机娱乐和观影观剧也是成都人喜欢的休闲方式。再如,2021年深圳人工作日的平均休闲时间为3.2小时,比全国平均水平多了19分钟。工作之余,45.47%的深圳人喜欢运动健身,比全国平均水平34.64%高了近11%;还有28.32%的深圳人喜欢看书学习,比全国平均水平22.13%高出6%以上。再有,大调查发现,1/5海口人的休闲时间喜欢美食料理,还有32.98%的海口人喜欢看书学习,比全国平均水平22.13%高了11%。

3. 国人更加重视身体健康

国人在运动健身这一休闲方式参与的比例超过看电视,与做家务(53.1%)、手机娱乐(43.35%)一起在中国人休闲行为榜单排前三位。

4. 东北人网购热情最高

东北朋友是典型的花钱放松派,网购热情最高。把时间贡献给手机娱乐最多的则是经济发达的东部地区。

5. 旅游有好去处

有八成以上的人选择省会城市、直辖市及计划单列市为旅游目的地,有将近两成的人想去小城镇放飞自我。在省会、直辖市、计划单列市范围内,排在前三名的旅游目的地城市是北京、成都、重庆。大家最向往的地级市排名中,大理、阿坝、三亚、桂林、丽江、阿勒泰、北海、阿里、阿拉善盟和阿克苏榜上有名。

大调查发现,中国人2022年的消费愿望清单里,旅游站在了消费榜第一的位置。从不同年龄看,18—35岁的年轻人旅游愿望最强烈。从5年来的数据看,年轻人一直是旅游的主力军,出游意愿一直领先其他年龄段。

6. 自驾和房车游独占鳌头

在出游方式的调查中,自驾和房车游排在第一位,有39.24%的人选择自驾游方式,远远超过第二位海岛游25%。这几年,公路等基础设施建设的突飞猛进,为享受自由、自在远方的人们提供了翱翔的翅膀。分列第3.4位的主题公园游(11.88%)和网红打卡游(11.83%)也受到旅游人士的追捧。从性别看,男性更偏爱自驾或房车游,女性对海岛和网红打卡游的兴趣更高。

7. 钱往哪里花,单身党和已婚族大不同

2021年的中国人更舍得花钱买单的不是车不是房,而是数码产品。具体看,单身党和已

婚族也有差别，单身党在生活品质方面，如旅游、文化娱乐、美妆美容上更舍得消费。已婚族则因有了家庭，要考虑长远的未来，更舍得在保健养生、汽车、子女教育培训、住房、保险等方面花钱。

8. 恋爱中的人最愿折腾工作

从疫情中复苏，你的工作进步了吗？面对疫情带来的不确定性，大多数人选择维持原样，特别是已婚人群占比达58%。单身人群中升职加薪比例最高，达到15%。但最能折腾的当属恋爱人群，换岗位、换工作、做兼职的比例均要高于另外两类人群，果然爱情最上头！

9. 女性投资比男性更稳健

投资这件事上，女性相比男性更倾向于低风险和稳健的方式。"中国美好生活大调查(2021—2022年)"数据发现，对于2022年的投资计划，保险和银行理财最受女性青睐，还有30%的女性选择不做任何投资。

10. 手机、电脑等数码产品需求旺

国人消费榜前三名是手机、电脑等数码产品、家电和旅游。受疫情影响，原本高涨的旅游热情难以释放，排在第三。但2022年，在人们预计增加的消费中，旅游、保健养生和教育培训占据榜单前三位。

11. 各个年龄段有共同爱好

不同年龄和人群都喜欢买什么呢？大调查发现，各个年龄段有共同爱好，就是手机、电脑等数码产品和家电。差异主要体现在第三名的争夺上。18到25岁的小年轻们更喜欢旅游，选择比例超过全国均值将近7%，他们为文化娱乐花钱的热情也高于其他年龄层，超出全国均值5%。

12. 26—35岁为汽车主流消费群

26—35岁的群体对汽车的消费，2021年领先了其他年龄人群。在2022年，这个年龄段的人打算购买汽车的人也最多。继续深入了解这部分人群的购车爱好，发现他们最想买8—12万元左右的汽车，在不同汽车类型当中，他们更想选择插电混合动力车。

13. 60岁以上的老年人的消费热情

在所有人群当中，60岁以上的老年人是最特立独行的，钱主要花在保健、养生、旅游和数码产品上。同时，他们对旅游的热情仅次于18—25岁小年轻，排在所有年龄层的第二位。另外，他们在家政服务、运动健身等领域的消费也超过全国均值。消费大数据中，展现了中国老年人的消费潜力。

14. 教育培训国人愿意买单

中国人真的很爱学习，舍得在教育培训上花钱。本次网络调查发现，有31.85%的人会选择把钱花在孩子教育类培训，29.08%的人选择职业技能培训，21.03%选择学历提升类培训。18—25岁的小年轻们，2022年最想在学历提升类和兴趣爱好类培训增加消费。在职场正在努力打拼的26—35岁年轻人，除了子女教育，更注重职业技能的培训。

15. 谁是最幸福的人

从性别看，10年来女性幸福感一直高于男性。放眼全国，16年来，天生豪爽的东北人10次站在幸福最高点。数据解读发现，知识丰富认知，学历越高的人往往幸福感越高。知识创造财富，但财富不等于幸福，个人年收入12—20万元的人最幸福。年入百万元也有烦恼，年入10万元，幸福感也不低，幸福来自不懈地努力。追求更高品质的生活，实现自我价值的人更幸福。

16. 城市治理和城市服务满意度情况

社会保障的治安状况成为本次调查最满意的选项，生态环境指标满意度中，公园/绿地的满意度是 64.03%，水/空气质量的满意度是 56.39%，城市形象的满意度是 64.92%，其中，一二三线城市间公园绿地的满意度差距在缩小，三线城市在水/空气质量满意度为 56.66%，超过一线城市的 51.39%。关于对所在城市生活便利满意度调查中，国人对步行 15 分钟生活圈以内菜场超市满意度为 58.00%，对公园绿地/广场步行 15 分钟以内的满意度是 41.76%。

任务三　设计统计调查问卷

上机实训课件

怎样用问卷星做问卷

一、问卷概述

问卷是为了达到调研目的和搜集必要数据而设计好的一系列问题清单。它是搜集来自被访者信息的正式一览表。问卷提供了标准化和统一化的数据搜集程序，它使问题的用语和提问的程序标准化，每一个应答者看到或听到相同的文字和问题，每一个访问员问完全相同的问题。因而问卷是一种控制工具。

优秀的调查问卷，首先必须完成所有的调研目标，以满足管理者的信息需要。其次，它必须以能理解的语言和适当的智力水平与应答者沟通，并获得应答者的合作。再次，对访问员来讲，它必须易于管理，方便记录下应答者的回答；同时，它还必须有利于方便快捷地编辑和检查完成的问卷，并容易编码和输入数据。最后，调查结果能回答调查者所想了解的问题。

二、问卷设计过程

（一）问卷设计步骤一：确定调研目的和调查的主题

授课视频

项目一 问卷制作

在接受一个调查项目后，通常情况是委托人只提供一个大致的调查范围，如对某种产品的需求情况或读者对某报刊的关心程度等。在这种情况下，调查单位应详细研究本项调查的目的及调查结果的用途，以便确定对各种信息资料的取舍、调查问卷中应侧重的方面等。

（二）问卷设计步骤二：确定数据搜集方法

询问数据有人员访问、电话调查、邮寄调查与自我管理访问等方法，每一种方法对问卷设计都有影响。

（三）问卷设计步骤三：确定问题的回答形式

常见类型有开放式问题、封闭式问题、量表应答式问题。

1. 开放式问题

开放式问题是一种应答者可以自由地用自己的语言回答和解释有关想法的问题类型。

例如，(1)产品色彩中哪类颜色是您最喜欢的？(2)您对商品房价格居高不下有何看法？(3)您喜欢看什么电视节目？

开放式问题的优点：(1)可以使应答者给出他们对问题的一般性反应，例如，“您认为利用邮寄目录公司订购比本地零售有什么优势？”(追问：“还有什么？”)(2)能为研究者提供大量、丰富的信息。(3)答案的分析能作为解释封闭式问题的工具。(4)问题也许会为封闭式问题提出额外的选项。

开放式问题的缺点:(1)编码方面费时费力。(2)有误差。(3)问题可能会向外向性格的、善于表达自己意思的应答者发生偏斜。(4)问题不适合使用在一些自我管理性问卷上。

2. 封闭式问题

封闭式问题是一种需要应答者从一系列应答项中做出选择的问题。

(1)二项选择题

例如,您是否具有创业的经验(只选一项)

A. 是 B. 否

有时候要加上中立的或无意见/不知道选项,即有时问卷中未给出中立选项,访问员也会潦草地写上"DK"表示"不知道",或"NR"表示"无回答"。

(2)多项选择题

例如,"在过去的3个月中,您用过大宝护肤品吗?"(选出所有合适的项)

A. 用于洗脸 B. 用于润肤 C. 用于祛斑 D. 用于清洁皮肤 E. 用于护理干燥皮肤

F. 用于软化皮肤角质 G. 用于防晒 H. 使皮肤更光滑 I. 其他______

封闭式问题的优点:(1)可以减少访问人员误差。(2)可启示,并避免向那些善于表达自己意思的人偏斜。(3)编码与数据录入过程简化,减少该过程误差。

封闭式问题的缺点:(1)二项选择问题无法体现强度因素。封闭多项式问题则必须花许多时间来想出一系列可能的答案,花更多的时间与努力。(2)可能的选项范围有限。(3)次序误差。

3. 量表应答式问题

例如,(1)"既然您已试用了该产品,您认为将购买它吗?"(选一个)

A. 是的,会购买 B. 不会购买

(2)"既然您已试用了该产品,您认为将……"(选一个)

A. 肯定购买 B. 可能购买 C. 也许会也许不会 D. 可能不会购买 E. 肯定不会购买

量表应答式问题的优点:(1)可以测量应答者回答的强度。(2)许多量表式应答可以转换成数字而直接用于编码。(3)可以使用一些更高级的统计分析工具。

量表应答式问题缺点:容易使应答者产生误解。

(四)问卷设计步骤四:决定问题的用词

1. 用词必须清楚,避免使用含糊不清的词语

例如:"您使用哪个牌子的洗发水?"

【分析提示】 这个问题表面上有一个清楚的主题,但仔细分析会发现很多地方含糊不清,假如被调查者使用过一个以上的洗发水品牌,则他对此可能会有四种不同的理解或回答:①回答最喜欢用的洗发水品牌;②回答最常用的洗发水品牌(最常用但并不一定是最喜欢用的,例如受支付能力的影响);③回答最近在用的洗发水品牌;④回答此刻最先想到的洗发水品牌。另外,在使用时间上也不明确:上一次?上一周?上个月?上一年甚至更长时间?都可由被调查者随意理解,这样的问题显然无法搜集到准确的资料。因此明确定义你的问题极其重要。以下几条或许会对你有所帮助:

(1)采取六要素明确法,即在问题中尽量明确什么人、什么时间、什么地点、做什么、为什么做、如何做六要素。问题的含糊往往是对某个容易产生歧义的要素,缺乏限定或限定不清引起的。因此在设计问题或在检查问题时,可以参照这六要素进行。上面的问题明确几个要素后

改为:"在过去的一个月中,您在家中使用什么牌子的洗发水?如果超过一个,请列出其他的品牌名称。"这样定义的问题显然明确多了。

(2)避免使用含糊的形容词、副词,特别是在描述时间、数量、频率、价格等情况的时候。像有时、经常、偶尔、很少、很多、相当多、几乎这样的词,对于不同的人有不同的理解。因此这些词应用定量描述代替,以做到统一标准。

下面这个例子中。②显然比①精确得多。

"在普通的一个月中,您到百货商店的采购情况如何?"

①A. 从不 B. 偶尔 C. 经常 D. 定期

②A. 少于一次 B. 1～2 次 C. 3～4 次 D. 超过 4 次。

(3)避免使用专业术语,用语要适合于目标观众。

例如,某保险公司调查顾客对本公司业务的印象,询问:

请问您对本公司的理赔时效是否满意?

请问您对本公司的展业方式是否满意?

许多被调查者不明白什么是"理赔时效"和"展业方式",即使给出答案也没有意义。

在访谈的开始说明调查的目标来提高透明度。

避免在一个句子中出现"双向式问题"。

2. 选择用词以避免应答者误差

应避免显而易见的答案;问题不能是诱导性的。

例如,抽烟有害健康,你准备戒烟吗?

有时研究的目的必须隐含,以得到一个无偏差的答案。

3. 考虑到应答者回答问题的能力

为了避免应答者记忆力差的问题,时间期限应相对短。有些市场调查经常要求被调查者回忆以前三个月甚至半年、一年的购买情况,这显然取决于被调查者的回忆能力和合作程度。某次汤料市场调查中询问被调查者每次做几碗汤,尽管说明了碗的大致容量,但这种估计明显会有很大的计量误差。

4. 考虑到应答者回答问题的意愿

对于应答者不愿意回答,如私人问题、不为一般社会道德所接纳的行为或态度或有碍声誉的问题。这类问题直接提问往往会遭到拒绝,因此应改为采用非直接、联想式提问。

例如,如调查个人收入问题,可以提供几个收入段"4 000 元以下,4 000～6 000 元,6 000～8 000 元,8 000～10 000 元,10 000 元以上"作为选项,在一定程度上会降低窘迫性。此外,还可通过说明信息的正当用途降低敏感性。

(五)问卷设计步骤五:确定问卷流程和编排

1. 运用过滤性问题以识别合格应答者

在问卷上设计过滤性问题亦可提供"过滤问卷"。

例如,想调查现有 iPad 的不足之处,则必然要调查 iPad 的使用者。可以在问卷开始提问"您使用过 iPad 吗?"这样就可检查被调查者是否合格,及时"过滤"不合格者了。

2. 在得到合格的应答者后以一个能引起应答者感兴趣的问题开始访谈

通过介绍性说明词和过滤性问题发现合格的应答者后,起初提出的问题应当简单,容易回答,令人感兴趣,并且不存在任何威胁。用一个人年收入或是否偷税漏税问题作为起初的问题往往是不合适的,这些问题经常被认为具有威胁性,并且立即使应答者处于防卫状态。

3. 先问一般性问题

一般性问题的出现使人们开始考虑有关观念、公司或产品类型。

例如，有关洗发水的问卷也许会这样开始："在过去的6个星期，您曾经购买过洗发水、护发素和定型剂吗？"促使人们开始考虑有关洗发水的问题。然后，问及有关洗发水的购买频率、品牌。

4. 需要思考的问题放在问卷中间

起初应答者对调查的兴趣与理解是含糊的，培养兴趣的问题为访谈过程提供了动力和承诺。在部分应答者身上，会有一些问题需要回忆，建立起来的兴趣、承诺和与访谈员间的融洽关系，保证了对这部分问题的回答。将需要回忆、难以回答、复杂的问题摆放在中间位置，可以保证其能得到答案。

5. 提示在关键点插入

在关键点插入提示，一方面防止应答者的兴趣下降。对问卷设计者而言，在问卷的关键点插入简短鼓励也是值得的。例如，"下面没几个问题了"或"下面会容易些"等。另一方面，作为下一部分内容的介绍插入，例如，"既然您已帮我们提出了以上的意见，我们想再多问一些问题"。

6. 把敏感性问题、威胁性问题和人口统计问题放在最后

当调查目标要求应答者回答一些感到为难的问题时，可以把这些问题放在问卷最后，这样可以保证大多数问题在应答者出现防卫心理或中断应答之前得到回答，并且此时应答者与访问者之间已经建立了融洽的关系，增加了获得回答的可能性。

【统计实例1－12】 某公司进行洗发水调查，先用过滤性问题识别合格应答者。例如，"最近您购买过洗发水吗？"在得到肯定的答复后，再问一般性问题，例如，"您购买洗发水的频率、品牌？"需要思考的问题放在中间，例如，"您认为××牌的洗发水质量如何？"最后是人口统计问题，例如，"您的年龄、职业、住址？"

(六)问卷设计步骤六：问卷的评估

1. 问题是否必要

每一个问题都必须服从于一定的目的，要么它是过滤性的，要么是培养兴趣的，要么是过渡用的，要么直接或清楚地与所陈述的特定调研目标有关，否则就应当删去。

2. 问卷是否太长

取志愿人员充当应答者回答问卷5次最短时间的平均数。

3. 问卷是否回答了调研目标所需的信息

检验法：写下调研目标，在调研目标旁写下达成该目标的问题的题号，没有与目标相联系的问题应当删去；而若目标旁没有列出问题或有些目标虽有一些问题但目标并不能完成，则应在问卷中加上适当的问题以保证该目标能完成。

4. 邮寄和自填式问卷的外观设计

问卷看上去尽可能正规：用高质量的纸印刷，超过4页的问卷应装订成册。

5. 避免看上去杂乱

问卷四周应留有足够的空白，行与列间不应太紧凑，以便访问人员或应答者可以容易地选择适当的行或列。

6. 给开放式问题足够的空间

一般来讲，一个开放式问题留有3～5行就足够了，只留半行的开放式问题得不到多少信息。

7. 问卷中的说明应当用明显字体

为避免混淆并澄清说明，所有的说明应当用明显字体。明显字体能引起访问员、应答者注意。

例如，“如果回答‘是’则问问题 3，否则跳到问题 17”。

（七）问卷设计步骤七：获得多方面的认同

问卷初稿出来以后，需要征求有关方面或人员的意见，获得他们的认同。初稿的复印件应当分发到直接有权管理这一项目的各部门。实际上，问卷在设计过程中可能会多次加进新的信息、要求或关注。不管管理者什么时候提出新要求，经常的修改是必需的。即使管理者在问卷设计过程中已经多次加入，初稿获得各方面的认可仍然是重要的。

各方面的认可表明了信息需要者想通过具体的问卷获得信息。如果没有问问题，就收集不到数据。因此，问卷的认可再次确认了决策所需要的信息以及它将如何获得。

例如，假设新产品的问卷询问了形状、材料以及最终用途和包装，一旦得到认可，就意味着新产品开发经理已经知道“什么颜色用在产品上”或“这次决定用什么颜色”并不重要。

（八）问卷设计步骤八：预先测试和修订

由最终将进行实地调查的优秀访问人员对调研的目标应答者以最终访问的相同形式实施调查。寻找问卷中存在的错误解释、不连贯的地方、不正确的跳跃模式、为封闭式问题寻找额外的选项以及应答者的一般反应。对预先测试获得的数据，研究人员应当考虑编码、制表和常规的统计分析。预先测试后，切实修改需要改变的地方并获得各方的认同，若问卷改动较大，就应进行第二次测试。

（九）问卷设计步骤九：问卷的最后印刷

精确的打印指导，空间、数字、预先编码必须安排好，监督并校对，在某些情况下问卷可能进行特殊的折叠和装订。印刷和纸张的质量随谁看问卷而有所不同。

三、调查问卷的基本结构

问卷的基本结构一般包括五个部分，即标题、说明信、调查内容、被调查者的基本情况和结束语。其中调查内容是问卷的核心部分，是每一份问卷都必不可少的内容，而其他部分则根据设计者需要取舍。

（1）标题：简明扼要，点明调查对象或项目。

（2）说明信：一般放在问卷的开头，所以也称问卷说明或开场白，意在让被调查者了解调查的意义、主要内容、引起对填写问卷的重视，以求得被调查人的支持与合作，并说明注意事项，指导问卷的填写。例如：

女士们、先生们：

您好！

我是市场调查员，我们正为×××产品做市场调查，请协助我们回答几个问题，只占用您15 分钟的时间。谢谢您的协助与支持！

（3）调查内容。问卷的调查内容主要包括各类问题，问题的回答方式及其指导语，这是调查问卷的主体，也是问卷设计的主要内容。至于指导语，也就是填答说明，用来指导被调查者填答问题的各种解释和说明。

（4）被调查者的基本情况。这部分可放在开场白之后，也可放在调查内容之后，用以了解被调查者的情况，如性别、民族、职业、收入、年龄、文化程度、婚姻状况、家庭人口等。其主要作用是分析有效问卷的组成结构、代表性好坏、顾客消费心理偏好等。

(5)结束语。一般放在问卷的最后面,用来简短地对被调查者的合作表示感谢,也可征询一下被调查者对问卷设计和问卷调查本身的看法和感受。

除此之外,调查问卷还可编上计算机编码,便于计算机处理和分析;如有必要,也可在最后附上调查人员的姓名、调查日期等,作为作业证明的记载。

【统计实例 1—13】 上海市城市居民消费与投资倾向调查问卷

尊敬的先生、女士:

我们是上海科学技术职业学院的学生。为了积极参与贯彻国家关于扩大内需推动经济增长的方针和理论与实践相结合的教育原则,在老师指导下我们组织了这次千户居民的社会调查。请您给予支持。调查不记名,全部资料用计算机处理,绝对保密和安全,您只需在符合您的情况的答案上打个钩,只占用几分钟时间。谢谢!

1. 您家是否已经拥有下列耐用家电设备:

1.□洗碗机 2.□组合音箱 3.□净水器 4.□冰箱 5.□空调 6.□电脑

2. 您家的住房是:

(1)□租赁公房 (2)□有产权公房 (3)□新商品房 (4)□其他(请注明)__________

3. 您家今明两年是否准备以下项目支出:

(1)□购买家电设备 (2)□购买成套家具 (3)□购买汽车 (4)□购买(或置换)房屋 (5)□现有住房装修 (6)□支付子女教育费 (7)□国内或国外旅游

4. 您今明两年不准备上列大项目支出的主要原因是(选填 3 项):

(1)□没有必要 (2)□经济不宽裕 (3)□品牌不中意 (4)□质量信不过 (5)□售后服务差 (6)□价格不合理 (7)□其他(请注明)__________

5. 您购买商品考虑的主要因素是:

(1)□实用价值 (2)□商品质量 (3)□价格 (4)□品牌 (5)□售后服务 (请按您认为的重要性在□中写上位序)

6. 您家平均每月总收入是:

(1)□4 000 元以下 (2)□4 000～6 000 元 (3)□6 000～8 000 元 (4)□8 000～10 000 元 (5)□10 000～15 000 元 (6)□15 000～20 000 元 (7)□20 000～30 000 元 (8)□30 000 元以上

7. 您家平均每月日常生活费开支是________元,其中用于吃(食品)支出大约是 ________元。

8. 您认为您家近几年生活水平是:

(1)□没有变化 (2)□略有提高 (3)□提高很多 (4)□略有下降 (5)□下降很多

9. 您收入节余用于以下哪些项?各项约占多大比重?

(1)银行储蓄______% (2)国债(国库券)______% (3)基金______% (4)其他债券______% (5)股票______% (6)保险______% (7)其他______%

10. 您存钱的主要目的是:

(1)□购买设备 (2)□购买住房 (3)□结婚 (4)□子女教育 (5)□养老防病 (6)□旅游 (7)□其他 (请按您认为的重要性在□中写位序)

11. 您是否了解现在推行的信贷消费:

(1)□不了解 (2)□了解一点 (3)□了解 (4)□很了解

12. 您是否打算参加信贷消费:

(1)□是 (2)□不 (跳过第 13 题)

13. 您信贷消费的项目是________(请按第 3 题的编号填写)。

14. 最后,了解一下您的基本情况:

A. 您的性别:(1)□男 (2)□女

B. 您的年龄:______周岁

C. 您的文化程度:(1)□不识字或识字不多 (2)□小学 (3)□初中 (4)□高中或中专 (5)□大专或大学以上

D. 您家庭人口数________人

其中,D(1)在业________人;

D(2)离退休________人;

D(3)失业、下岗________人;

D(4)在校学生________人

E. 您的职业________

F. 职务____________

◎情景思考

阅读下面 A 公司准备的一份调查问卷。该公司想做一项开车的人对购买汽油的决策调查。它们希望该调查有助于改善其市场策略。它们在 A 公司的加油站分发该问卷。要求顾客填写完成后在下一次来加油时递交。

下面是对所有顾客的调查问卷:

请您回答下列问题

1. 姓名:________

2. 地址:________

3. 车型:________

4. 您经常购买汽油吗? ________

5. 谁是购买者,您还是您妻子? ________

6. 您通常购买多少汽油? ________

7. 您常在 A 公司的加油站买汽油吗? 是/不是

8. 您在其他什么地方购买汽油? ________

9. 您为什么选择 A 公司?

10. 如果您开的是公司的汽车,是否自己享用免费礼物和特价优惠?

谢谢您的合作,请您在每个问题的后面填写回答。

1. 你认为这份问卷是否有效。为什么? 请评述每个问题是否恰当以及自填卷的形式是否合适。

2. 假设 A 公司邀请你为它设计一份改进的问卷。

(1)请根据你认为 A 公司想要得到的信息,设计 8~10 个问题。

(2)请解释你为什么设计这些问题。

(3)你建议 A 公司应该如何分发和收集这些问卷。

◎知识归纳

1. 统计资料的搜集是整个统计活动的基础和关键，它要求搜集所得结果准确、及时、完整、系统，调查所耗费用比较低。按获取途径不同，统计资料可分为一手资料（直接资料）和二手资料（间接资料）。一手资料获得可采用普查、抽样调查、统计报表、重点调查、典型调查等组织方式。在日常的研究和管理决策中，要善于利用各种现成的数据即二手资料。统计调查技术方法主要包括以下几种：直接观察法、报告法、询问法等。

2. 每项统计调查实施之前，都要设计周密的调查方案，其主要内容包括以下几点：确定调查目的，确定调查对象和调查单位，设计调查项目和调查表，确定调查时间和调查期限，选择调查方式与方法，制订调查的组织实施计划。

3. 问卷调查是一种特殊的调查形式，根据调查目的在调查对象中随机选择或有意识地确定调查单位，以书面文字或表格形式了解被调查者的意见，调查者自愿、自由地回答问卷中所提出的问题。调查表格和问卷的设计应简明扼要，以保证所搜集资料的准确。

◎知识图表

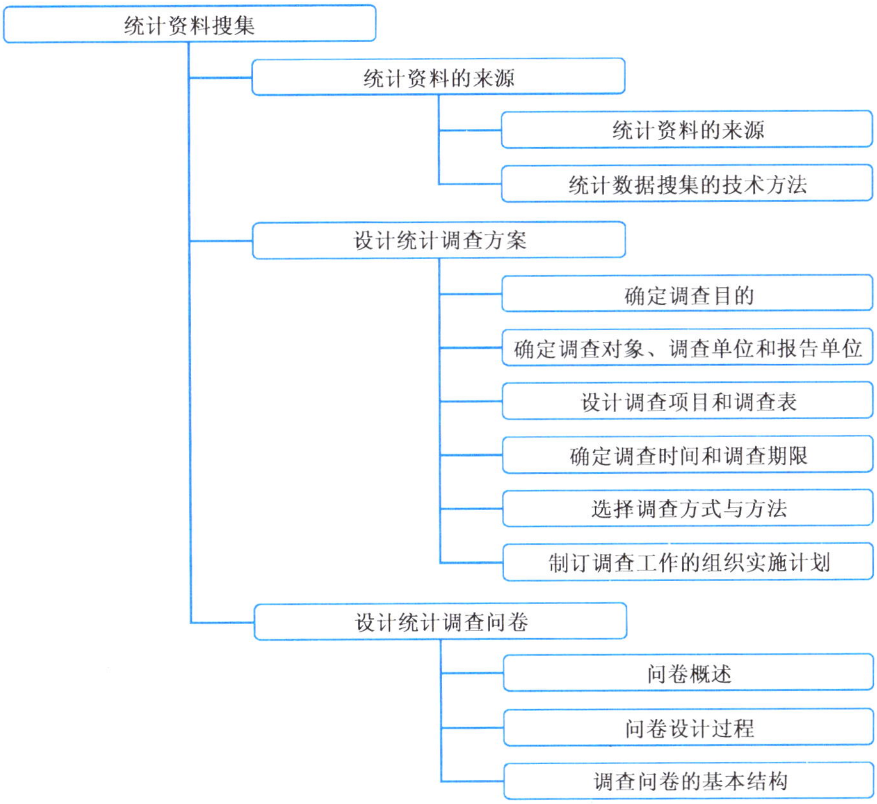

◎关键词汇

统计调查　直接资料　间接资料　统计报表　普查　重点调查　典型调查　抽样调查　调查方案　调查对象　调查单位　报告单位　调查项目　调查时间　调查期限　调查表

◎独立思考

1. 统计数据的具体搜集方法有哪些？
2. 简述抽样调查、重点调查与典型调查的区别。

◎基本训练

一、单项选择题

1. 调查几个重要铁路枢纽，就可以了解我国铁路货运量的基本情况和问题，这种调查属于（　　）。
A. 普查　　B. 重点调查
C. 典型调查　　D. 抽样调查
2. 重点调查中重点单位是指（　　）。
A. 标志总量在总体中占有很大比重的单位
B. 具有重要意义或代表性的单位
C. 那些具有反映事物属性差异的品质标志的单位
D. 能用以推算总体标志总量的单位
3. 调查某市工业企业职工的工种、工龄、文化程度等情况，（　　）。
A. 填报单位是每个职工　　B. 调查单位是每家企业
C. 调查单位和填报单位都是企业　　D. 调查单位是每个职工，填报单位是每家企业
4. 下列调查中，调查单位与填报单位一致的是（　　）。
A. 企业设备调查　　B. 人口普查
C. 农村耕地调查　　D. 工业企业现状调查
5. 在对总体现象进行分析的基础上，有意识地选择若干具有代表性的单位进行调查研究，这种调查方法是（　　）。
A. 抽样调查　　B. 典型调查
C. 重点调查　　D. 普查
6. 抽样调查的主要目的是（　　）。
A. 计算和控制抽样误差　　B. 推断总体总量
C. 对调查单位做深入研究　　D. 广泛运用数学方法
7. 抽样调查和重点调查都是非全面调查，二者的根本区别在于（　　）。
A. 灵活程度不同　　B. 组织方式不同
C. 作用不同　　D. 选取单位方式不同
8. 调查时间是指（　　）。
A. 调查资料所属的时间　　B. 进行调查的时间
C. 调查工作的期限　　D. 调查资料报送的时间
9. 某市工业企业 2022 年生产经营成果年报呈报时间规定在 2023 年 1 月 31 日，则调查期限为（　　）。
A. 一日　　B. 一个月
C. 一年　　D. 一年零一个月
10. 对一批商品进行质量检验，最适宜采用的方法是（　　）。
A. 全面调查　　B. 抽样调查
C. 典型调查　　D. 重点调查

二、多项选择题

1. 我国第七次人口普查属于（　　）。
A. 全面调查　　B. 一次性调查

C. 专门调查　　D. 经常性调查
E. 直接观察法
2. 完整的统计调查方案应包括(　　)。
A. 调查任务和目的　　B. 调查对象
C. 调查单位　　D. 调查表
E. 调查时间
3. 统计调查中，调查单位与报告单位一致的是(　　)。
A. 人口普查　　B. 零售商店调查
C. 工业企业设备普查　　D. 高校学生健康状况调查
E. 工业企业普查
4. 在工业设备普查中，(　　)。
A. 工业企业是调查对象　　B. 工业企业的全部设备是调查对象
C. 每台设备是填报单位　　D. 每台设备是调查单位
E. 每家工业企业是填报单位
5. 我国统计调查的方式有(　　)。
A. 统计报表　　B. 普查
C. 抽样调查　　D. 重点调查
E. 典型调查

◎实战演练

【目标】 掌握统计调查方案、统计调查问卷的设计，能初步进行小型的统计调查活动。

【内容】 从下面题目中任选一题编写调查方案，设计与之相配套的调查表或调查问卷，并开展相关调查。

(1)随机抽取某高校大一、大二、大三年级的在校生各 100 名学生，调查月生活费支出情况，以此反映当代大学生消费热点，研究学生学习生活需求。

(2)目前，投资理财正越来越被人们重视，我国投资理财产品也越来越多。一般来说，我国家庭选择的理财品种主要包括储蓄、股票、基金等，请以所在社区的家庭理财活动为调查课题，研究社区居民的投资偏好。

【步骤】

(1)学员分组。

(2)各组分别设计一个完整的调查方案和调查问卷(或调查表)。

(3)利用课余时间实施调查(注意可使用的调查方法：采访法、问卷法)。

(4)将调查资料搜集、装订、整理，留待以后整理分析使用。

[提示：大学生月生活费支出调查项目：被调查学生月生活费支出额。支出的构成包括伙食费、衣着、学习用品费、日化用品、课外培训费、娱乐休闲(网吧、舞厅、影院、郊游)、其他消费，月生活费来源等。]

项目二　统计数据整理

知识目标

- 理解统计整理的概念、目的
- 重点掌握统计分组的概念、作用、统计分组的方法、统计分组的形式、统计表的编制
- 掌握分布数列的概念、种类及编制

能力目标

- 具备对统计资料审核的能力
- 能根据统计研究目的进行统计分组，编制分布数列
- 能利用 Excel 编制统计表、绘制统计图

思政目标

- 培养科学精神
- 养成细致严谨的作风

重点难点

- 如何科学进行统计分组
- 组距数列的编制方法

任务引入

联合食品公司支付方式研究

联合食品公司是一家国际性的连锁超市经营企业。最近，营销部门提出一项新的促销活动，即连锁店向顾客提供一种新的信用卡政策，使联合食品的顾客除了通常的支付现金或手机支付选择外，还有用信用卡进行购买支付的选择权。新的方式正在试验，希望信用卡选择权将会鼓励顾客加大购买。在新的信用卡政策出现之前，大约 50%的联合食品顾客用现金支付，约 50%的顾客用手机支付。

一个月后，随机选取了 100 名顾客，记录他们的支付方式和消费金额，构成支付方式数据样本。有关数据如表 2—1 所示。

表 2—1　100 名随机客户购买金额与支付方式

现金支付（元）	74.0	55.1	47.5	151.0	88.1	18.5	74.1	117.7	120.7	90.0	59.8	78.8
	36.5	142.8	12.7	28.7	43.4	33.1	150.7	58.0	204.8	162.8	158.7	69.3
	77.1	130.9	166.9	70.2	180.9	24.4	10.9	29.6	111.7	163.8	88.5	72.2
	67.2											

续表

手机支付（元）	276	306	415.8	366.9	26.7	346.7	586.4	575.9	431.4	211.1	520.4	187.7
	428.3	554	489.5	364.8	516.6	285.8	358.9	395.5	528.7	781.6	259.6	319
	353.8	581.1	492.1	317.4	505.8	590	780	724.6	379.4	426.9	411	401.5
	372	548.4	587.5	178.7	692.2							
信用卡支付（元）	503.0	337.6	255.7	466.2	461.3	144.4	437.9	523.5	526.3	575.5	576.6	279.3
	445.3	269.1	552.1	541.9	225.9	533.2	265.7	278.9	697.7	481.1		

假如你是这家公司的管理人员，现在需要对这些数据进行分组整理并用图表予以展示，以便分析支付方式的变化及其数量特征。

任务一　统计数据准备

统计搜集到的大量资料是分散的、不系统的，只能说明各个单位的特征和属性，必须按照科学的原则加以整理，使之条理化和系统化，成为便于储存和传递的、反映总体特征的数据。而统计整理的质量与数据准备密切相关，如果数据准备过程处理不当，则会导致结论不当。

在数据分析中，数据准备过程处于原始数据搜集之后，对数据进行统计分析之前，其任务在于对搜集到的原始数据资料进行审核、编码、录入、转换和清理，使之系统化和条理化，使接下来的数据统计分析能够顺利进行并得到令人满意的结果。

数据准备过程主要包括 4 个步骤，即数据审核、数据编码、数据录入和数据清理（如图 2—1 所示）。

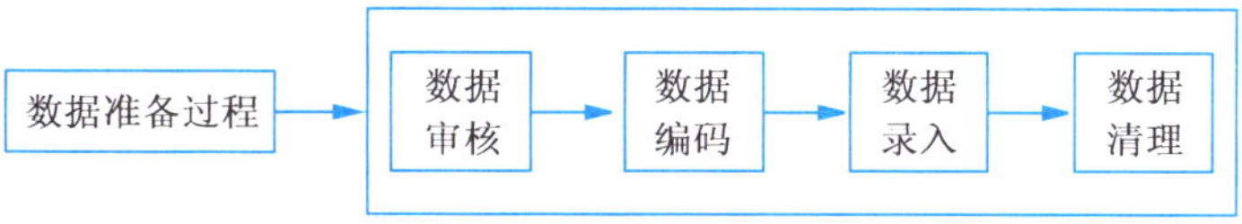

图 2—1　数据准备过程

数据审核是分析人员对搜集到的原始数据进行审查和核实，剔除那些错误的和不符合要求的数据的过程，从而提高数据的质量。数据编码是指将不同代码分配给不同的答案的过程。数据录入是指将数据录入计算机，为数据的统计分析做好准备。数据清理则是指在统计分析之前检查和处理数据，以避免错误的数据进入运算过程。

◎案例分析

前例联合食品公司营销部门采用访谈的形式进行数据搜集工作。调查员上交问卷后，由督导员编辑。首先检查问卷填写是否完整、一致，答案是否清晰。不合格的问卷将返回调查现场，由调查员再次联系调查对象以获得必要信息。

其次，对问卷的各个变量编制编码表。问卷中没有开放式问题，数据使用 Excel 录入，采用两次录入办法消除误差。同时，通过采用 Excel 逻辑函数检验，确认超出正常范围和逻辑上不合理的答案，并依此清理数据。

上述例子描述了数据准备的各个阶段，下面分别介绍数据准备阶段的具体内容。

一、数据审核

数据审核是数据准备过程的第一步，它关系到数据质量问题，执行规范和严格的数据审核可以提高数据的准确性和完整性，因而可以大幅提高数据的质量，为下一步工作打下良好的基础。

依据审核发生的时间，数据审核可以分为现场审核和后期审核两种类型。现场审核是指在数据搜集的现场一边搜集数据一边审核数据，其目的在于及时发现数据搜集过程中存在的疏漏和其他各种问题，并对之加以纠正。后期审核是指在数据全部搜集上来以后，对这些数据进行统一的审查与核实。这种审核可以严格控制搜集的数据结果，很多调研机构都有专门的人员从事这项工作。

数据审核的内容主要有四个方面。

1. 一致性的审核

数据审核人员在对搜集上来的调查问卷进行审核时，应注意调查问卷中的一致性问题。首先，被调查者的回答应该和生活的常理一致。例如，一个 18 岁以下消费者回答他每次去超市现金支付消费额为 5 000 元，审核人员对此就应考虑其真实性。出现这种存在逻辑上不一致问题的原因有很多，可能是访问人员记录错误，也可能是被调查者不认真回答问题，或者是由于问题的敏感性，被调查者不愿意说出真实答案，对于存在这种情况的调查问卷，审核人员必须做复核、调整或其他相应的处理。

2. 完整性的审核

数据审核人员在数据审核工作中还需注意调查问卷是否完整。有些调查问卷由于各种原因可能会出现页码缺失的现象，或者调查问卷保管不善，部分问题字迹模糊，难以辨认，还有些调查问卷则会出现答案空白的情况，被调查者对于调查问卷中的部分问题没有进行回答。这些情况的出现都会对接下来的数据录入和分析产生不利的影响，数据审核人员需要根据具体情况对此做出处理。

3. 对调查问卷是否存在某种模式的审核

有时，特别是在采用邮寄调查和留填问卷调查搜集数据时，被调查者可能会胡乱地或者比较随便、不加思考地填写问卷。数据审核人员在审核调查问卷时除了需要关注调查问卷的完整性和逻辑性之外，还应注意调查问卷中的回答是否存在某种固定的模式，以此来判断被调查者是否认真地回答问题。一般来说，如果调查问卷中出现了全赞成模式、全反对模式或中间路线模式，就可以说明被调查者是以敷衍的态度来填写问卷的。其中，全赞成模式是指被调查者对所有问题的回答都是“对”“是”或者“强烈赞同”等答案，全反对模式和全赞成模式刚好相反，被调查者对所有问题均采用否定的回答，而中间路线模式则是指被调查者对所有问题均采用“没有意见”“不知道”来回答。

4. 对不合格问卷进行处理

数据审核人员对于在审核过程中发现的不合格问卷需要依据具体情况进行相应的处理。一般来说，对于不合格问卷的处理方法有 3 种，分别是返回给现场、填补和废弃。对于调查问卷中的空白答案，在很多情况下，数据审核人员只需指出空白页即可，不需对这些空白项做出其他的处理，编码人员会将这些空白项以缺失值的方式录入，在数据处理时依据事先制定好的规则对缺失值进行处理。在决定调查问卷是否应该废弃时，数据审核人员除了应考虑上述条件外，还需综合考虑其他情况。一般来说，当样本量比较大、不合格问卷的比例比较小（不超过

10%)时,数据审核人员可以倾向于对不合格问卷进行废弃处理。另外,数据审核人员在进行不合格问卷的废弃处理时,还应注意不合格问卷与合格问卷是否存在明显的差异,如果存在明显的差异,数据审核人员就需要意识到如果废弃这些不合格问卷,可能给调研结果带来偏差,因此需要依据具体情况妥善处理。

二、数据编码

数据编码就是指按照某种规则,为调查问卷中的每一个问题的每一种答案分配一个代码,其目的在于将问卷中所包含的信息转化为计算机可以识别的符号,便于使用计算机对数据进行整理、计算和分析。代码包括数据所占的栏数和位置(字段)。例如,调查对象性别的编码可能是男性为"1",女性为"0",可定义为"性别"字段。一条记录由一些相关的字段组成,比如性别、年龄、每人每次消费支出额、支付方式等,这些人口统计特征和个性特征都可以包含在一条记录中。使用 Excel 电子表格是录入数据和清理数据的一种非常方便的办法,可以方便地将特定的列分给问卷中的每个特定的问题,每行则包括每一个被访者的数据。数据编码可以分为预编码和事后编码两种类型。预编码是指在搜集数据之前就进行编码设计。一般来说,预编码是在问卷设计过程中完成的,调研人员在设计问卷内容、确定具体问题、编制备选答案的过程中,同时完成编码工作。事后编码是指在将数据搜集上来之后,根据数据的结果进行编码设计。一般来说,专业调研公司采用事先编码,而大多数研究人员则采用事后编码。一般来说,问卷中大部分问题都是封闭问题,封闭式问题从被调查者可以选择的答案数量的角度来看,可以分为单选封闭式问题和复选封闭式问题。对于单选封闭式问题,被调查者只能从备选答案中选择一个作为回答。例如,询问被调查者的性别时,被调查者只能从男性和女性两个备选答案中选择一个。对于这种类型的问题,编码是最容易的,只要为每个备选答案分配一个编码(通常是数字)即可,例如,男性为"1",女性为"2"。对于复选封闭式问题来说,被调查者根据具体情况在备选答案中选择的答案数量是任意的,即可以超过一个,甚至可以是所有的备选答案。复选封闭式问题的编码比单选封闭式问题的编码要略复杂一些,它不能像单选封闭式问题那样,为每个备选答案分配一个编码,因为,如果像单选封闭式问题那样编码,例如,为 6 个备选答案分配数字 1～6 作为编码,则当被调查者选择了两个或两个以上的备选答案作为其对这个问题的回答时,就没有相应的编码与之对应。复选封闭式问题的编码一般采用的是把每一个备选答案当作一个变量来处理,对于每个备选答案来说,被调查者只可能有两种应答,即选择和不选择,因而需要为这两种应答分别设立一个编码。在实践中,一般当被调查者选择某一备选答案时,其编码为"1",如果不选择该备选答案,其编码为"0"。可以使用编码表来记录有关编码的具体信息,从而指导编码人员的工作。编码表一般包含变量名称、变量的描述以及变量的位置元素。

图 2—2 便是前面案例问卷的编码表的部分内容,表中第一行为问卷中的问题编号,即变量的位置,第二行为问卷中的题名或称为变量名称,第三行及以下则是变量的描述,第一栏为编码。

	A	B	C	D	E	F	G
1		q1	q2	q3	q4	q5	q6
2	编号	性别	年龄	每月去超市几次	每人每次消费支出额	支付方式	总体满意度
3	1	男	18岁以下	1次未去	原始数值	现金	非常不满意
4	2	女	19-25岁	1-3次		支票	有些不满意
5	3		26-35岁	4-6次		信用卡	表现一般
6	4		36-45岁	7-10次			有些满意
7	5		46-55岁	11-15次			非常满意
8	6		56岁以上	16及以上			
9							

图 2—2 联合食品公司调查数据编码

三、数据录入

数据录入是指将调研获得的数据输入计算机。由于调研所获数据一般都需要使用计算机处理分析，因此，必须首先将调研所获数据输入计算机。在大多情况下，数据的录入是在数据搜集上来以后通过人工操作完成的。由于数据量大，且录入工作比较烦琐，因而容易出现一些差错，这就要求调研人员对数据录入工作要加以重视，尽量选择那些工作仔细认真，具有丰富经验和敬业精神的数据录入人员。另外，为了保证数据录入的质量，可以进行数据的双录，即让两个录入人员或两组录入人员分别录入数据，录入结束后，比较两组数据，如果在两组数据中，相同位置的数据不同，则说明该处的数据在录入过程中出现了差错，此时，需要找到相应的调查问卷，对出错的地方进行修正。使用 Excel 录入数据具有直观简易的特点，但它只适合于变量不多的情况。

另外，为了提高录入速度，在数据录入时可以选择键盘右侧的数字键盘录入。同时，由于一行(即一条记录)需要录入各种字段，可将 Excel 中按回车键后光标向下移动改成向右移动，以便提高录入速度。一条记录录入完毕后，按 Home 键，则光标自动跳转到第一列，向下移动一个单元格，开始录入下一条记录。

其操作过程如下。

①在 Excel 中的“文件”菜单中打开“选项”对话框。

②在“选项”对话框中选择“高级”中“编辑选项”。

③在“按 Enter 键后移动”的“方向”下拉列表中选择“向右”选项，然后单击“确定”按钮。

④从工作表左边第一列开始录入数据，每个数据录入后按回车键。

⑤一条数据全部录入后，按 Home 键，光标自动回到第一列。

以此类推，可以很方便地完成数据录入工作。

四、数据清理

数据清理是指在统计分析之前检查和处理数据，以避免错误的数据进入运算过程。一般来说，由于访问人员在数据搜集过程中填写不清楚，或者是被调查者没有能够回答清楚，或者是数据录入人员在录入的过程中出现了错误，或者是其他原因，录入后的数据存在一些与真实情况不符的现象。如果不对这些数据中的错误加以纠正，就会影响分析的最终结果。数据清理主要有以下几个方面的工作。

1. 缺失值处理

缺失值的出现可能是由于被调查者对于某个问题根本就没有做出回答，也可能是被调查者回答了问题，但访问人员忘记了记录，还可能是访问人员做了记录，但数据录入人员由于疏忽，没有录入。在数据清理过程中，分析人员可以通过对变量的描述性分析发现存在的缺失值，再对照出现缺失值的相应问卷，就可以发现问题出在什么地方，如果发现出现缺失值是因为数据录入过程中的疏忽，则应及时补录数据。

2. 溢出值处理

溢出值是指超出某一变量有效编码范围的值。对于问卷中的任何一个变量来说，其编码值都有一个范围，录入的相应数据超过了这个范围，则说明一定是数据录入出现了错误。例如，“性别”这个变量有两个编码，假设“1”代表男性，“2”代表女性，如果这个变量在录入的数据里出现了数字“3”，则一定是录入出了差错。分析人员可以在数据清理过程中利用 Excel 中的逻辑函数(IF)来检查是否存在溢出值的情况。如果发现某些变量的数据中存在溢出值,则需要找出相应的问卷,修正录入数据过程中造成的错误。

例如,上面联合食品公司营销部门的调查实施后,工作人员在录入数据时,想对顾客满意度评价的数据进行溢出数值控制。已知顾客满意度的评价为5级分制,即1表示非常不满意,2表示有些不满意,3表示表现一般,4表示有些满意,5表示非常满意。因此,如果被访者的回答转换成编码后便是1～5之间的值,而录入时录入的数值大于5,则是错误的录入。为了能够控制溢出值,可以进行如下操作:

①打开任意一个Excel的界面。

②在单元格A2中输入总体满意度。

③在单元格B3中输入“＝IF(A3＞5,‘数据溢出’,‘数据正确’)”。

④将B3中的公式内容复制到单元格B4～B11中。

⑤在单元格A3～A11中输入任意数值,如果数值大于5,则在B栏单元格中显示“数据溢出”;如果数值小于5,则显示“数据正确”。

从图2—3中可以看出,单元格A4,A5,A9,A10,A11都属于录入错误,而使用IF则可以达到检测错误录入的目的。

	A	B
1		
2	总体满意度	
3	4	数据正确
4	9	数据溢出
5	55	数据溢出
6	2	数据正确
7	3	数据正确
8	4	数据正确
9	6	数据溢出
10	11	数据溢出
11	22	数据溢出
12		

图2—3 联合食品公司营销部门数据溢出控制

3. 一致性检查

逻辑一致性是指在调查问卷中,有些问题之间存在内在的逻辑关系,因而被调查者对这些存在着逻辑关系的问题的答案之间也应该符合这种逻辑关系。如果出现被调查者对存在内在逻辑关系的问题的答案之间不符合这种逻辑关系的情况,则说明数据一定存在问题。当然,产生这种问题的原因可能是由于被调查者的随意回答或者故意说谎造成的,也可能是由于访问人员记录出错和数据录入人员录入出错造成的。实际上,在数据审核阶段,数据审核人员就已经对问卷中不同问题之间的逻辑一致性问题进行了审核。之所以在数据清理阶段还需检查数据间的逻辑一致性,是因为在数据审核阶段,数据审核人员并没有使用计算机审核,而在数据清理阶段,由于数据已经录入计算机,因而可以使用计算机完成这种检查。显然,使用计算机处理软件对数据间的逻辑一致性的检查能够保证检查的结果更精确。另外,在数据清理阶段进行逻辑一致性检查,还可能发现数据录入过程中出现的错误,因为出现逻辑不一致的情况也可能是录入人员出错造成的。

在数据清理阶段，除了需要进行缺失值检查、溢出值检查和逻辑一致性检查之外，在可能的情况下还应该抽查数据的质量，以最终确定和保证数据的录入质量。之所以应进行这种抽查，是因为缺失值检查、溢出值检查和逻辑一致性检查并不能保证检查出所有的录入错误。

任务二　数据整理的基本内容与分析工具

数据经过编码、录入、清理之后，便可以使用统计整理方法整理数据。不同的研究目的需要使用不同的数据整理方法，这些方法可以概括为以下几个方面。

一、数据清单结构的建立与数据录入

数据清单是指包含相关数据的一系列工作表的数据行，如顾客支付方式调研过程中的一组客户名称、客户的联系电话、客户的职位和客户的人口统计特征等。数据清单可以作为数据库使用，其中行表示记录，列表示字段，且数据清单的第一行中包含列标，图 2—4 便是一个数据清单，其中记录了联合食品公司营销部门调查的数据。在统计分析中，通常称列的名称为变量或标志，有时 Excel 称其为标题或字段，此清单中指“每月去超市几次”和“每人每次消费支出额”等。行的名称为观察值，每一个单元格中包含了一个变量所发生的数值。

	A	B	C	D	E	F	G
1		联合食品公司营销部门		调查问卷			
2	编号	性别	年龄	每月去超市几次	每人每次消费支出额	支付方式	总体满意度
3	1	1	1	2	74	1	2
4	2	2	2	2	55.1	1	2
5	3	1	3	2	47.5	3	4
6	4	2	2	3	151	1	4
7	5	2	2	3	88.1	2	3
8	6	2	4	4	18.5	2	5
9							

图 2—4　联合食品公司调查数据清单

二、数据排序

一般来说，录入数据清单的数据是无序的，不能反映现象的本质与分布规律性。为了使杂乱无章的数据能够显示出规则性，则首先要对数据进行排序。排序是数据整理的最简单做法。所谓排序，就是把定量数据按从大到小或从小到大的顺序排列，把定性数据按习惯的文字顺序排列，便于我们研究其条理。计算机 Excel 软件有排序的功能，在做排序处理时，通常都是针对整个工作表的所有数据的，当指定了排序变量和排序方式后，所有数据都会联动。表 2—2 是根据联合食品公司调查的数据，用 Excel 排序功能对按现金支付方式消费额进行的排序。

表 2—2 联合食品公司调查的数据排序

现金支付	手机支付	信用卡支付
10.9	26.7	144.4
12.7	178.7	225.9
18.5	187.7	255.7
24.4	211.1	265.7
28.7	259.6	269.1
29.6	276	278.9
33.1	285.8	337.6
36.5	306	437.9
43.4	317.4	445.3
47.5	319	461.3
55.1	346.7	466.2
58.0	353.8	481.1
59.1	358.9	503
59.8	364.8	523.5
67.2	366.9	526.3
69.3	372	533.2
70.2	379.4	541.9
72.2	395.5	552.1
74.0	401.5	575.5
74.1	411	576.6
77.1	415.8	697.7
78.8	426.9	
88.1	428.3	
88.5	431.4	
90.0	489.5	
111.7	492.1	
117.7	505.8	
120.7	516.6	
142.8	520.4	
150.7	528.7	
151.0	548.4	
158.7	554	
162.8	575.9	
163.8	581.1	
166.9	586.4	
180.9	587.5	
204.8	590	
	692.2	
	724.6	

续表

现金支付	手机支付	信用卡支付
	724.6	
	780	
	781.6	

排序能对我们了解数据的分布情况有所帮助，如通过表 2—2 我们能知道这 100 名顾客现金支付消费额在 10.9～204.8 元，手机支付消费额在 26.7～781.6 元，信用卡支付消费额在 144.4～697.7 元。当需要整理大量的数据时，排序给我们带来的帮助是极为有限的，这时就需要采用统计分组的方法。

三、统计分组

（一）统计分组的概念

统计分组根据研究任务的要求和现象总体的内在特点，把统计总体按照某一标志划分为若干性质不同又有联系的几个部分。

统计分组应达到的要求：同一组内的单位性质相同，不同组所包括的单位性质相异，即组内同质性、组间差异性。在社会经济统计研究中，分组对划分现象类型、研究总体结构和研究现象之间的依存关系等有重要作用。

（二）统计分组的种类

1. 按分组标志的多少，可分为简单分组和复合分组

简单分组就是对研究现象按一个标志分组，它只能从某一方面说明和反映事物的分布状况和内部结构。许多简单分组从不同角度说明同一个总体，就构成一个平行的分组体系。

【统计实例 2—1】 根据不同的研究目的对社会消费品零售总额进行分组统计（如表 2—3 所示）。

表 2—3　　2021 年 12 月我国社会消费品零售总额　　单位：亿元

指　标	本　月	同比增长(%)	本年累计	累计增长(%)
社会消费品零售总额	41 268.9	1.7	440 823.2	12.5
(一)按经营地分				
城镇	35 242.8	1.5	381 558.4	12.5
乡村	6 026.1	2.8	59 264.8	12.1
(二)按消费形态分				
商品零售	36 427.8	2.3	393 928.3	11.8
餐饮收入	4 841.1	−2.2	46 894.9	18.6

资料来源：中华人民共和国国家统计局网。

复合分组就是用两个或两个以上标志分组，即先按一个标志分组，在此基础上再按第二个标志分组，再层叠地按第三个标志分成更小的组，以此类推。例如，对工业企业先按经济类型分组，再按轻重工业分组，接着再按企业规模分组，最终形成如下的复合分组体系：

- 国有企业
  - 重工业：大型、中型、小型
  - 轻工业：大型、中型、小型
- 民营企业
  - 重工业：大型、中型、小型
  - 轻工业：大型、中型、小型
- 其他经济类型企业
  - 重工业：大型、中型、小型
  - 轻工业：大型、中型、小型

◎情景思考

自行确定资料，进行如下分组：按一个品质标志的简单分组；按两个品质标志的复合分组；按一个品质标志和一个数量标志的复合分组；按两个数量标志的复合分组。

2. 按分组标志的性质不同，分为品质分组和数量分组

品质分组就是按品质标志分组。一般来说，对于以定类尺度或定序尺度计量的，采用品质分组。例如，职工按性别分组，企业按经济类型分组等。数量分组就是按数量标志分组，也称为变量分组。例如，人口按年龄分组，企业按产值、工人数分组。

（三）统计分组的方法

1. 分组标志的选择

要科学分组，就必须选择适当的分组标志。在对现象进行分析的基础上，抓住具有本质性的区别及反映现象内在联系的标志作为分组标志。以工业生产统计为例，当研究的目的是分析企业规模即大中小企业的生产情况时，应该选择产品数量或生产能力作为分组标志。当研究目的在于确定工业内部比例及平衡关系时，就要按部门分类，划分为重工业和轻工业或冶金、电力、化工、机械、轻工等工业部门。

2. 统计分组的原则

在统计分组时，还要遵循两个原则：穷尽原则和互斥原则。穷尽原则，就是使总体中的每一个单位都应有组可归属，也就是不能遗漏参与分组的总体中所有的单位。互斥原则，就是在特定的分组标志下，总体中的任何一个单位只能归属于某一组，而不能同时或可能归属于几个组。

3. 品质分组和数量分组具体处理方法

分组标志确定之后，可以具体分组。如前所述，按分组标志的性质不同，分为品质分组和数量分组，这两种分组的具体处理方法存在不同特点。

（1）品质分组方法。有些品质分组比较简单，分组标志一经确定，组的名称和组数也随之确定，例如人口按性别分为男女两组；有些品质分组还取决于统计分析对分组层次的不同要求，例如我国把社会经济各部门划分为第一产业、第二产业和第三产业，第一产业还可细分为农业、林业、畜牧业和渔业等。这种类别繁多的分组又称分类。对于这类问题，统计工作中采用统一的分类标准或分类目录。这样的具体规定分类（组）标准，为统计整理提供了统一的依据。

（2）数量分组方法。按数量标志分组，应注意如下两个问题：首先，分组时各组数量界限的确定必须能反映事物质的差别；其次，应根据被研究的现象总体的数量特征，采用适当的分组形式，确定相宜的组距、组限。

①单项式分组。按数量标志分组，数量标志的表现，就是变量的取值，即标志值，又称变量值。单项式分组，就是用一个变量值作为一组，形成单项式变量数列。例如，家庭按人口数分组，可分为 1 人、2 人、3 人、4 人、5 人 5 组（见表 2—4）。

表 2—4　　某居民小区住户按家庭人口数分组

家庭人口数	家庭数（户）
1	50
2	180
3	600
4	300
5	90
合　计	1 220

◎温馨提醒

单项式分组一般适用于离散型变量且变量变动范围不大的场合。离散型变量是指所描述对象的标志值可以按一定次序一一列举（通常取整数值）的数量标志。

②组距式分组。就是将变量依次划分为几段区间，一段区间表现为从"……到……"距离，把一段区间内的所有变量值归为一组，形成组距式变量数列（见表 2—5）。

表 2—5　　某地区 100 个乡镇按人均收入分组资料

人均收入（元）	乡镇数（个）
2 000～3 000	14
3 000～4 000	51
4 000～5 000	30
5 000～6 000	5
合　计	100

◎温馨提醒

如果分组变量是连续变量，或分组变量为离散变量，且变量值表现的形式较多、变动范围较大时，要采用组距式分组。

在组距式分组中，涉及组限、组距、组数、组中值等分组要素。

组限是表示各组之间界限的变量值。每组的最大变量值称为上限，最小变量值称为下限。既有上限也有下限的组称为闭口组，缺上限或缺下限的组称为开口组，变量值中有极大值和极小值时可设开口组。[统计实例 2—2]中按职工人数分组的第一组是开口组。

用连续型变量分组时，为了避免遗漏，要采用重合式组限，即本组的下限与上一组的上限用同一个数值表示。例如，[统计实例 2—2]中按固定资产分组就是重合式组限。采用重合式组限时，如果某一个总体单位的变量值刚好等于组限，则该总体单位应该在下限所在的组，即要遵循"上限不在本组内的原则"。用离散变量分组时,可以采用重合式组限,也可以采用不重合式组限。

【统计实例 2—2】 确定组限的方法有两种:间断式确定组限和重合式确定组限。

职工人数(人)	固定资产额(万元)
99以下	50～60
100～199	60～70
200～299	70～80
300～399	80～90

下限 上限 开口组 闭口组

◎温馨提醒

间断式确定组限适用于离散变量;重合式确定组限既适用于连续变量,也适合离散变量。

组距是每组的上限与下限的距离,即组距＝上限－下限。[统计实例 2—2]中固定资产分组中第一组的组距是 10 万元。各组的组距都相等的组距式分组称为等距分组,否则称为异距分组。采用等距分组还是异距分组,要根据研究现象的特点和统计研究的目的来决定,一般变量值变动均匀时采用等距分组。

◎温馨提醒

等距分组和异距分组适用情况

等距分组就是标志值在各组保持相等的组距,即各组的标志值变动都限于相同的范围。凡是在标志值变动比较均匀的情况下,都可采用等距分组。例如,工人的年龄、工龄、工资的分组,零件尺寸的误差、加工时间的分组,农产品单位面积产量、单位产品成本的分组等。等距分组有很多好处,它便于计算,便于绘制统计图,也便于进行各类运算。

异距分组即各组的组距不相等。一般来说,异距分组适用于如下几种场合:第一,标志值分布很不均匀的场合;第二,标志值相等的量具有不同意义的场合;第三,标志值按一定比例发展变化的场合。对于异距分组方法的运用没有固定模式可供依循,全凭统计人员在实践中不断探索,关键在于对所研究现象的内在联系必须十分熟悉,才能很好运用异距分组来揭示事物的本质。

组数是分组的个数。对于同一总体,组数的多少与组距的大小呈反比,在确定组数和组距时,应保证各组都有足够的单位数,应以能充分、准确地体现总体的分布特征为宜。

组中值是每组下限与上限之间的中点数值。

$$组中值=(上限值+下限值)\div 2$$

开口组组中值的计算:

$$缺下限:组中值=本组上限-相邻组组距/2$$

$$缺上限:组中值=本组下限+相邻组组距/2$$

例如,产值(万元):50 以下;50～60;60～70;70 以上。

第一组组中值:

$$50-(10\div 2)=45$$

最后一组组中值:

$$70+(10\div2)=75$$

必须指出:用组中值代表各组变量值的一般水平,具有一定的假定性,即假定各组变量值分布均匀。

◎知识拓展

恩格尔系数

随着家庭收入的增加,用于购买食物的支出占家庭收入的比重越来越小,这就是著名的恩格尔定律。恩格尔系数是用于购买食品的支出占全部消费支出的比例。经济学家将恩格尔系数作为衡量一个家庭或一个国家富裕程度的标志。按照国际标准,恩格尔系数与家庭富裕程度的关系可参考表 2—6。

表 2—6 恩格尔系数与家庭富裕程度的关系参考表

恩格尔系数	生活水平
30%以下	最富裕型
30%~40%	富裕型
40%~50%	小康型
50%~60%	温饱型
60%以上	贫困型

四、编制频数分布

(一)频数分布概念

频数分布又称次数分布,是在统计分组的基础上,把总体的所有单位按组归并排列后形成总体中各个单位在各组间的分布(如表 2—7 所示)。频数分布是统计整理的一种重要形式。

表 2—7 某公司职工奖金次数分布

奖金分组 (元)	职工人数(人) (次数或频数)	各组人数所占比重(%) (频率)
500~600	100	25
600~700	200	50
700~800	100	25
合　计	400	100

(二)分布数列的两个要素

分布数列由两个要素构成,一个是总体按某标志所分的组别,一般用 x 表示;另一个是各组所出现的单位数,即频数,又称次数、权数,一般用 f 表示。各组的单位数与总体单位总数之比称频率,频率具有如下两个性质:

(1)各组频率都是介于 0 和 1 之间的一个分数,即 $0\leqslant\frac{f}{\sum f}\leqslant1$。

(2)各组频率之和等于 1,即$\sum\left(\frac{f}{\sum f}\right)=1$。

对于异距分组,由于各组次数的多少还受到组距不同的影响,各组的频数可能会随着组距的扩大而增加,随着组距的缩小而减少。为消除异距分组所造成的这种影响,须计算频数密度(或称次数密度)。

$$频数密度=\frac{频数}{组距}$$

(三)频数分布的种类

根据分组标志特征的不同,频数分布可分为两类:按品质标志分组所形成的数列即品质频数分布,简称品质数列。按数量标志分组所形成的数列称变量频数分布,简称变量数列。频数分布还可进一步分为单项式频数分布与组距式频数分布,组距式频数分布又可分为等距式分布和异距式分布(如图 2—5 所示)。

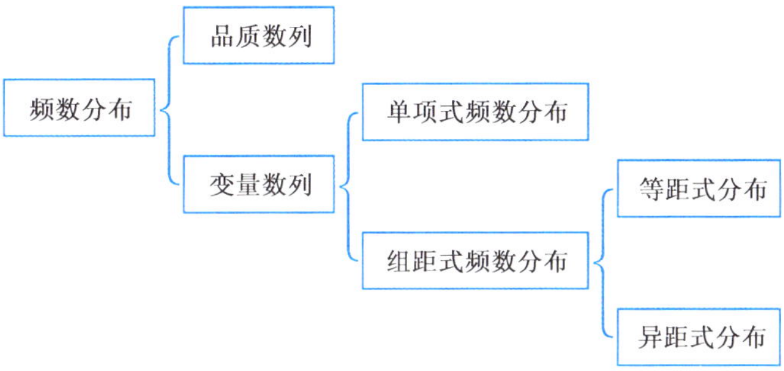

图 2—5 频数分布的种类

(四)次数分布的编制

1. 品质分配数列的编制

只需将品质标志的表现一一排列出来,然后汇总出每一种标志表现出现的次数即可。

【统计实例 2—3】 从表 2—8 中可看出联合食品公司支付方式样本分布情况。

表 2—8　　按支付方式分组的品质数列

支付方式	频数(人数)	频率(%)
现金支付	38	38
手机支付	41	41
信用卡支付	21	21
合　计	100	100

2. 变量分配数列的编制

其基本步骤为:

第一步,将原始资料按数值大小依次排列。

第二步,确定变量的类型和分组方法(单项式分组或组距分组)。

第三步,确定组数和组距。当组数确定后,组距可计算得到:

组距＝全距÷组数

全距＝最大变量值－最小变量值

第四步，确定组限（第一组的下限要小于或等于最小变量值，最后一组的上限要大于最大变量值）。

第五步，汇总出各组的单位数（注意：不同方法确定的组限在汇总单位数时的区别），计算频率，并编制统计表。

在本项目的联合食品公司案例中，以现金支付为例，分析该支付方式下花费金额的频数分布。因为只有 38 个数据，所以分成 4 个组已经足够了。根据表 2－2 的排序，可得支付方式下月花费金额的全距为 204.8－10.9＝193.9（元）。按上式计算，组距＝193.9÷4≈48.48，所以实际的组距可取 50 元，分成如表 2－9 所示的等距数列。从表 2－9 中可看出，65.79％以上的人现金支付额在 10～110 元。

表 2－9　按现金支付额分组所形成的等距数列

现金支付额（元）	频数（人数）	频率（％）	累计频数	累计频率（％）
10～60	14	36.84	14	36.84
60～110	11	28.95	25	65.79
110～160	8	21.05	33	86.84
160～210	5	13.16	38	100
合　计	38	100		

◎情景思考

如果要对某地区的家庭按家庭中的儿童数进行分组，请问应编制单项式变量数列还是组距式变量数列？为什么？如果对某地区的所有工业企业按产值分组，又应编制什么样的变量数列？为什么？

任务三　统计数据的图表展示

一、统计表

（一）统计表的定义和结构

对统计调查所获得的原始资料进行整理，得到说明社会现象及其发展过程的数据，把这些数据按一定的顺序排列在表格上，就形成了统计表。广义的统计表包括统计工作各个阶段中所用的一切表格。狭义的统计表专指分析表和容纳各种统计资料的表格，也就是通常所说的统计表，它清楚、有条理地显示统计资料，直观地反映统计分布特征，是统计分析的一种重要工具。

统计表的特点：条理性强、简明易懂；有利于统计的计算和分析；便于检查和改正错误。

统计表的结构,可以从表式和内容两个方面来认识。

(1)从表式上看,统计表是由纵横交叉的线条组成的一种表格,表格包括总标题、横行标题、纵栏标题和指标数值四个部分。

总标题是统计表的名称,它扼要地说明该表的基本内容,并指明时间和范围。它置于统计表格的正上方。横行标题是横行的名称,一般放在表格的左方。纵栏标题是纵栏的名称,一般放在表格的上方。横行标题和纵栏标题共同说明填入表格中的统计数字所指的内容。指标数值列在横行和纵栏的交叉处,用来说明总体及其组成部分的数量特征,它是统计表格的核心部分。以表2—10为例具体说明表式。

总标题

表2—10 **2022年居民消费价格比上年涨跌幅度** 单位:%

指　标	全　国	城　市	农　村
居民消费价格	2.0	2.0	2.0
其中:食品烟酒	2.4	2.6	2.1
衣　着	0.5	0.6	0.3
居　住	0.7	0.5	1.3
生活用品及服务	1.2	1.2	1.0
交通通信	5.2	5.2	5.0
教育文化娱乐	1.8	1.9	1.7
医疗保健	0.6	0.6	0.8
其他用品及服务	1.6	1.5	2.0

横行标题　纵栏标题　统计数字　主词　宾词

资料来源:《中华人民共和国2022年国民经济和社会发展统计公报》。

(2)从内容上看,统计表由主词栏和宾词栏两个部分组成。主词栏是统计表所要说明的总体及其组成部分;宾词栏是统计表用来说明总体数量特征的各个统计指标。主词一般列在表的左方,宾词一般列在表的右方。必要时,主、宾词可以变换位置或合并排列。此外,统计表还有补充资料、注解、资料来源、填表单位、填表人等。

(二)统计表的分类

1. 按统计表的作用不同分类

按统计表的作用不同统计表可分为:

(1)调查表。用于登记、搜集原始资料的表格。

(2)汇总表。用于资料整理、汇总的表格。

(3)分析表。进行定量分析结果的表格。

2. 按所反映的时空性质不同分类

按所反映的时空性质不同可分为:

(1)空间数列表。反映同一时间不同空间内问题分布状态的表格(静态)。

(2)时间数列表。反映同一事物在不同时间上的变动状态的表格(动态)。

3. 按主词是否分组和分组的程度不同分类

按主词是否分组和分组的程度不同可分为:

(1)简单表。主词未经任何分组的统计表称为简单表,也称一览表。主词罗列各单位的名称。

(2)简单分组表。主词只按一个标志分组形成的统计表(见表2—11)。

表 2—11　2022 年我国国民经济结构

按产业划分	产业增加值占 GDP 比重(%)
第一产业	7.3
第二产业	39.9
第三产业	52.8
合　计	100

资料来源:中华人民共和国国家统计局网。

(3)复合分组表。主词按两个或两个以上标志重叠分组的统计表(如表 2—12 所示)。表 2—12 中的货物进出口总额在按进出口分组的基础上再按企业类型分组。在复合分组表中设计横行标题时,应在第一次分组的各组组别下退一或二字填第二次分组的组别,此时第一次分组的组别就成为第二次分组的各组小计。若需再进行第三、第四次分组,均可按此类推。

表 2—12　2022 年全国货物进出口总额及其增长速度

指　标	金额(亿元)	比上年增长(%)
货物进出口总额	420 678	7.7
货物出口总额	239 654	10.5
其中:一般贸易	152 468	15.4
加工贸易	53 952	1.1
其中:机电产品	136 973	7.0
高等技术产品	63 391	0.3
进口总额	181 024	4.3
其中:一般贸易	115 624	6.7
加工贸易	30 574	—3.2
其中:机电产品	69 661	—5.4
高等技术产品	50 864	—6.0
进出口差额	58 630	35.4

资料来源:《中华人民共和国 2022 年国民经济和社会发展统计公报》。

4. 按宾词设计分类

按宾词设计分类,可分为宾词简单排列、宾词分组平行排列和宾词分组层叠排列三种。

(1)宾词简单排列。宾词不进行任何分组,按一定顺序排列在统计表上。

(2)宾词分组平行排列。宾词栏中各分组标志彼此分开,平行排列(如表 2—13 所示)。

表 2—13　各地区社会商品零售总额　单位:亿元

按地区分组	按商品性质和用途分组		按城乡分组		按经济类型分组			
	消费品零售总额	农业生产资料销售额	城镇	乡村	国有	集体	个体	其他
北京								
天津								
河北								

续表

按地区分组	按商品性质和用途分组		按城乡分组		按经济类型分组			
	消费品零售总额	农业生产资料销售额	城镇	乡村	国有	集体	个体	其他
……								
合　计								

(3)宾词分组层叠排列。统计指标同时有层次地按两个或两个以上标志分组,各种分组层叠在一起,宾词的栏数等于各种分组的组数连乘积。例如表2—14中,各地区从业人员先按三次产业分为3组,再按性别分为2组,另加小计栏,则复合分组设计的宾词栏数共有3×3=9栏(不包括总计栏)。

表2—14　　各地区从业人员分布(2019年底数)　　单位:万人

地　区	合　计	三次产业								
		第一产业			第二产业			第三产业		
		小计	男	女	小计	男	女	小计	男	女
北京										
天津										
河北										
……										
合　计										

统计表的主词分组与宾词分组是有区别的:主词分组的结果使总体分成许多组成部分,它们需要用统计指标(宾词)来描述。宾词分组的结果并不增加统计总体的各组成部分,仅仅是比较详细地描述总体已有的各个组成部分。由此可见,主词分组具有独立的意义,而宾词分组从属于主词的要求,是为更详细地描述主词的数量特征而设计的。

(三)统计表的设计

统计表设计总的要求是:简练、明确、实用、美观,便于比较。统计表的设计应注意如下事项:

(1)线条的绘制。表的上下端应以粗线绘制,表内纵横线以细线绘制。表格的左右两端一般不封口,采用"开口式"。

(2)合计栏的设置。统计表各纵列若需合计,一般应将合计列在最后一行,各横行若需要合计时,可将合计列在最前一栏或最后一栏。

(3)标题设计。统计表的总标题、横栏标题、纵栏标题应简明扼要,以简练而又准确的文字表述统计资料的内容、资料所属的空间和时间范围。

(4)指标数值。表中数字应该填写整齐,对准位数。当数字小到可忽略不计时,可写上"0";当缺某项数字资料时,可用符号"……"表示;不应有数字时,用符号"—"表示。

(5)计量单位。统计表必须注明数字资料的计量单位。当全表只有一种计量单位时,可以把它写在表头的右上方。如果表中各格的指标数值计量单位不同,可在横行标题后添一列计量单位。

(6)注解或资料来源。必要时,在统计表下应加注解或说明以便查考。

二、统计图

如果说统计表能够集中有序地表现统计资料,统计图则能够将统计资料展示得更为生动具体，便于人们直观地认识事物的特征。随着计算机技术不断发展，电脑制图功能日益强大，统计图的制作更加方便和精确。

(一)统计图的基本要求

(1)要有标题，一般位于图的下方，简要说明资料内容。

(2)条图、散点图、线图、直方图要有横、纵轴，要有单位和图例。

(3)注意合理选用图的种类。

(二)统计图的类型

统计图有条形图、饼形图、折线图、统计地图、象形图等。前三种用得较多，分别介绍如下。

1. 条形图

条形图是用宽度相同的条形的高度或长度来表示数据变动的图形。条形图可以横置也可以纵置，纵置时又称为柱形图，也就是说，当各类别放在纵轴时，称为条形图(如图 2—6 所示)；当各类别放在横轴时，称为柱形图(如图 2—7 所示)。

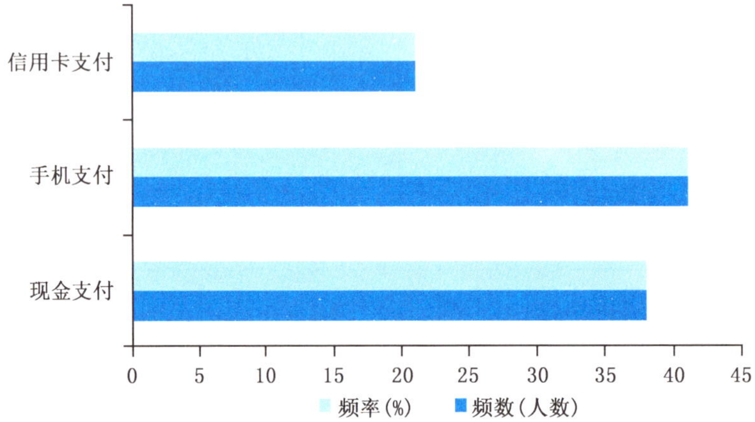

图 2—6 100 名顾客支付方式分组条形图

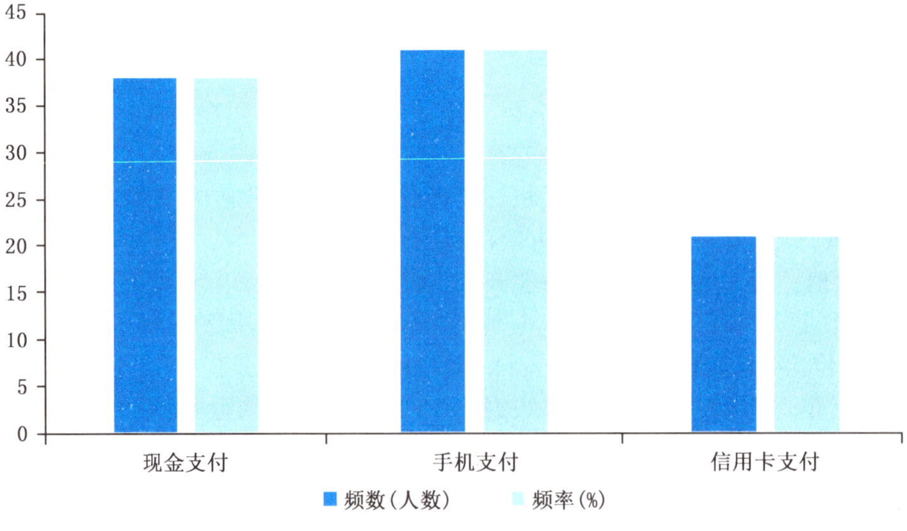

图 2—7 100 名顾客支付方式分组柱形图

2. 饼形图

饼形图是用圆形和圆内扇形的面积来表示数值大小的图形，主要用于表示总体中各组成部分所占的比例，对研究结构性问题十分有用。在绘制饼形图时，总体中各部分所占的百分比用圆内的各个扇形面积表示，这些扇形的中心角度是按各部分百分比占360度的相应比例确定的。如根据图2—7，绘制出相应的饼形图（如图2—8所示）。

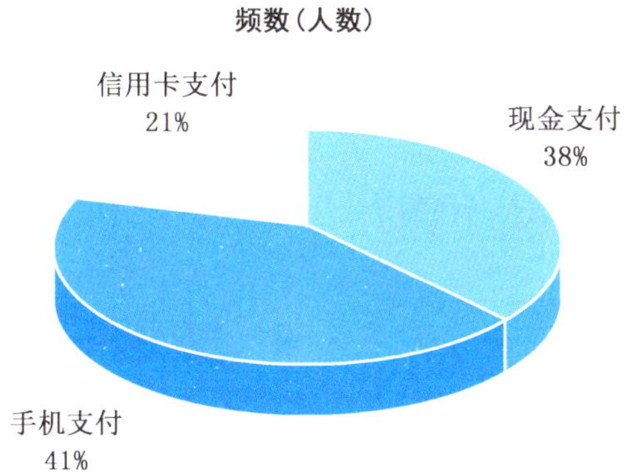

图2—8 100名顾客支付方式饼形图

3. 直方图

直方图是用矩形的宽度和高度来表示频数分布的图形。在平面直角坐标中，横轴表示数据分组，即各组组限，纵轴表示频数（一般标在左方）或频率（一般标在右方），若没有频率，则直方图只保留左侧的频次数，这样各组组距的宽度与相应的频数的高度就绘制成一个个矩形，即直方图（如图2—9所示）。

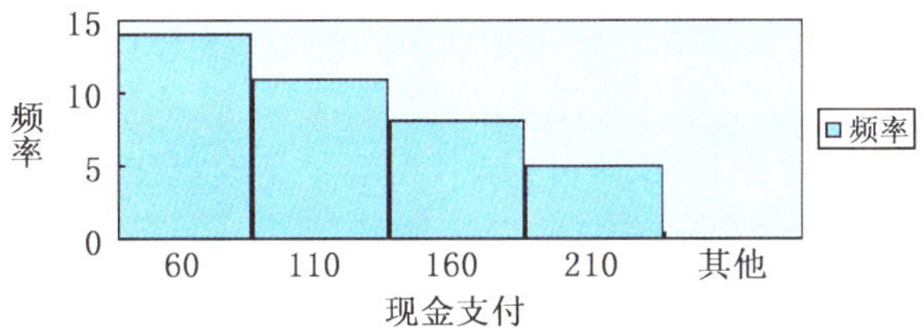

图2—9 现金支付直方图

直方图与条形图不同：条形图是用条形的长度（横置时）表示各类别频数的多少，其宽度（表示类别）是固定的；直方图是用面积表示各组频数的多少，矩形的高度表示每一组的频数密度，宽度则表示各组的组距，因此其高度与宽度均有意义。此外，由于分组数据具有连续性，直方图的各矩形通常是连续排列，而条形图则是分开排列。

4. 折线图和曲线图

折线图可以在直方图的基础上，把直方图顶部的中点用直线连接而成，也可以用组中值与频数求坐标连接而成。

需要注意，折线图的两个终点要与横轴相交，具体做法是将第一个矩形的顶部中点通过竖边中点（即该组频数一半的位置）连接到横轴，最后一个矩形顶部中点与其竖边中点连接到横轴（如图2—10所示）。这样才会使折线图下所围成的面积与直方图的面积相等，从而使二者所表示的频数分布一致。

当对数据所分的组数很多时，组距会越来越小，这时所绘制的折线图就会越来越光滑，逐渐形成一条平滑的曲线，这就是频数分布曲线(如图 2—11 所示)。

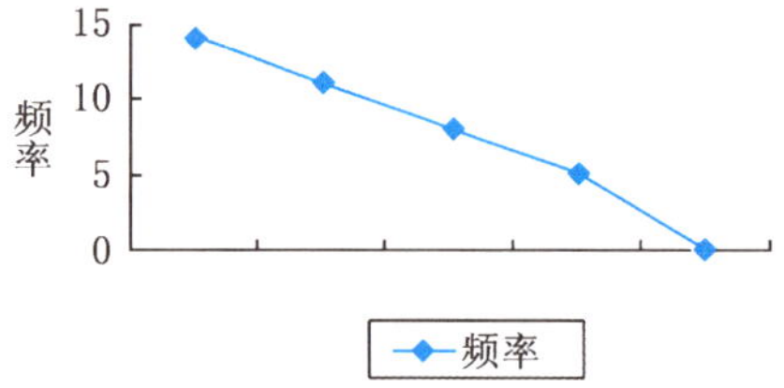

图 2—10　现金支付折线图

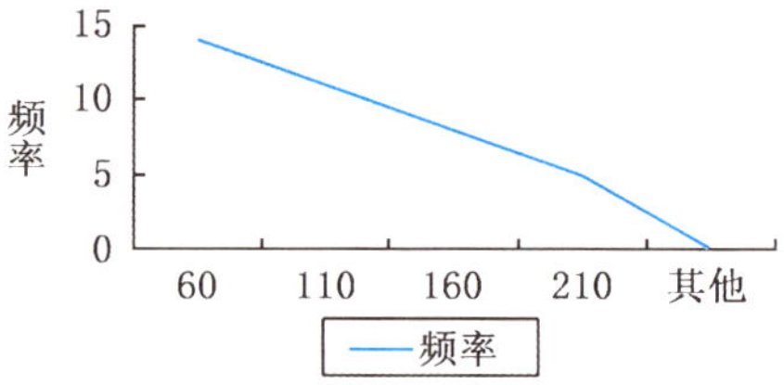

图 2—11　现金支付曲线图

上机实训　用 Excel 制作频数分布表、统计表和统计图

上机实训课件

统计数据整理

Excel 中的统计整理工具主要有数据排序、频数分布函数、数据透视表、统计图等。

(1)数据排序。Excel 可以根据用户的要求对数据表的行或列数据进行排序。排序时，Excel 将利用指定的排序顺序重新排列行、列或各单元格，从而使现象的规则性更加简洁地表现出来。

授课视频

项目二
统计整理

(2)频数分布函数。频数分布函数是 Excel 的一个工作表函数，是编制次数分布的主要工具，通过频数分布函数，可以对数据进行分组与归类，从而使数据的分布形态更加清楚地表现出来。

(3)数据透视表。数据透视表是一种交互式工作表，用于对已有数据表和数据库中的数据进行汇总和分析。

(4)统计图。Excel 可以绘制许多图表，其中大部分是统计图，可用于数据的整理与分析，能够直观形象地描述现象的数量规律性。

授课视频

项目二
数据透视表

一、用 FREQUENCY 函数进行统计分组

用 FREQUENCY 函数进行分组，首先要把数据输入 Excel 表的一列，并选定放置分组结果的区域。现以 50 名工人的日产量资料为例，说明用 FREQUENCY 函数进行统计分组的方法。

某车间 50 名工人的日产零件数资料如下(单位：个)：

148	140	127	120	110	104	128	135	129	123	116	109	132	135	129
123	110	108	148	135	128	123	114	108	132	124	120	125	130	116
118	125	137	107	113	132	140	137	119	119	127	129	119	124	118
107	113	122	128	114										

先将 50 名工人的日产量数据分别输入 A3 至 A52 单元格，并选定 C3 至 C7 单元格(单击 C3 并按住鼠标左键拖动至 C7)为放置分组结果的区域(选定后反白显示)。然后按照以下步骤操作：

第一步，从“插入”菜单中选择“函数”项，或单击“常用”工具栏的“fx”按钮，弹出“粘贴函数”对话框，在对话框左侧的“函数分类”列表中选择“统计”，再在右侧的“函数名”列表中选择“FREQUENCY”（当前窗口没有，可拖动滚动条寻找），确定（回车）进入 FREQUENCY 对话框（如图 2—12 所示）。

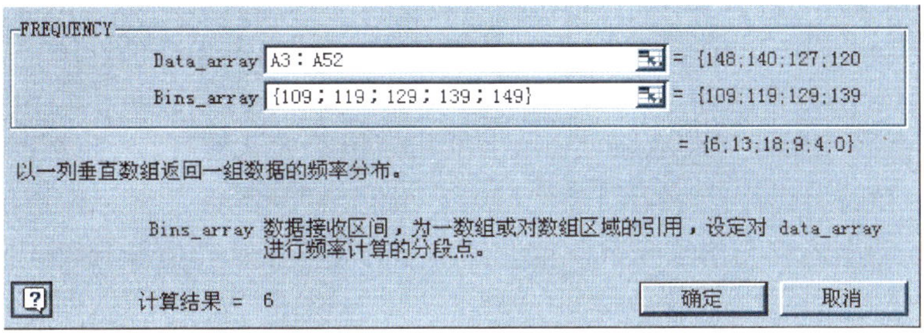

图 2—12 FREQUENCY 对话框

第二步，在 FREQUENCY 对话框的上端并列有两个框：

在 Data_array 框中输入待分组的频数分布（对话框中称“频率分布”）的原数据区域，本例可输入 A3:A52。

在 Bins_array 框中输入分组的组限。FREQUENCY 要求按组距的上限分组（帮助信息称“分段点”），不接受非数据字符的分组标志（如“……以上”“不足……”之类）。本例可输入 109、119、129、139、149。输入时注意，由于分组结果要给出一组频数，因此必须以数组公式的形式输入，即在输入数据的两端加大括号，各数据（即上限）之间用分号隔开。

上机实训统计资料
项目二

输入完毕，即在框下给出频数分布 6、13、18、9、4（后面的 0 表示没有其他）。

第三步，按 Shift+Ctrl+Enter 组合键，即将频数分布 6、13、18、9、4 分别记入指定的 C3 至 C7 单元格内。（注意：回车和按“确定”按钮都无效。）

授课视频
项目二
频数分布1

授课视频
项目二
频数分布2

分组操作结果如图 2—13 所示。

A	B	C	D	E	F	G	H
				由低到高累计		由高到低累计	
日产量（个）	按产量分组	频数（人）	频率（%）	频数	频率	频数	频率
148	100～110	6	12	6	12	50	100
140	110～120	13	26	19	38	44	88
127	120～130	18	36	37	74	31	62
120	130～140	9	18	46	92	13	26
110	140～150	4	8	50	100	4	8
104	合计	50	100				
128							
135							

图 2—13 工人日产量频数分布

取得频数分布后，可使用公式输入与函数相结合的方法继续计算频率、累计频数和累计频率。方法是：

(1)首先合计频数。单击 C8 单元格,输入"=SUM(C3:C7)",回车确认,得出结果为 50 人(SUM 为求和函数)。或选定 C3 至 C7 单元格,点击"常用"工具栏的"Σ"按钮,即得到这一栏的合计数。

(2)计算频率。单击 D3 单元格,输入"=C3 * 100/50"(* 为乘法符号),回车得出本组频率 12%;然后,使用填充柄功能(点击 D3,将鼠标移至单元格右下角的小黑方块上,鼠标变成黑十字形)按住鼠标左键向下拖至 D7,松开鼠标即得各组的频率;最后,使用 SUM 函数或按"Σ"按钮,得到 D8 的频率总和 100。

(3)计算由低到高累计频数和频率。单击 E3 单元格,输入"=C3",回车得出 6,再单击 E4 单元格,输入"=E3+C4",回车得出 19;然后,利用填充柄功能按住鼠标左键向下拖至 E7,松开鼠标即得各组的由低到高累计频数。由低到高累计频率的操作方法与此相同。

(4)计算由高到低累计频数和频率。单击 G3 单元格,输入"=C8",回车得出 50,再单击 G4 单元格,输入"=G3—C3",回车得出 44,然后,利用填充柄功能按住鼠标左键向下拖至 G7,松开鼠标即得各组的由高到低累计频数。由高到低累计频率的操作方法与此相同。

二、使用直方图工具进行分组、计算频率和绘制统计图

授课视频

项目二
直方图

使用"直方图"工具,可以将调查所得的数据分组,计算调查单位在各组中出现的频数和频率,并绘制次数分布直方图和累计频率折线图。现仍以 50 名工人的产量资料为例,说明"直方图"工具的使用方法。

首先,将调查数据输入 Excel 表的 A 列,并将之排序(点击"常用"工具栏中的排序按钮,也可以使用"数据"菜单中的"排序"选项排序)。

其次,为了将调查单位按组归类,需要输入分组的边界值。在"直方图"工具中,要按组距的上限输入,但不接受非字符("……以上"或"不足……"之类)。本例将"109、119、129、139、149"五组分别输入 B 列 2~6 行。

输入完原始数据和分组界限后,使用"直方图"工具进行如下操作:

第一步,在"数据"菜单中单击"数据分析"项,从弹出的"数据分析"对话框中选择"直方图"并确定打开。

第二步,在"直方图"对话框中的"输入区域"框中输入原始数据的区域"A2:A51";在"接受区域"框中输入接受调查单位按组归类的区域"B2:B6",若这里不输入分组界限,则系统将在最小值和最大值之间建立一个平滑分布的分组。

由于第一行是标志行,因此,需要选定"标志"复选框。

第三步,在"输出区域"框中键入输出表左上角的单元格行列号,本例为"C1"。如果需要同时给出次数分布直方图,则单击"图表输出"复选框;如果需要输出累计频率,则单击选定"累积百分率"复选框,系统将在直方图上添加累积频率折线。

选定以上各项后,回车确认,即在 B 列右侧给出一个 3 列的分组表和一个直方图,如图 2—14 和图 2—15 所示。图 2—14 和图 2—15 中的"频率"实际上是频数,"累积%"实际上是累计频率,图形实际上是条形图,因为在 Excel 中不能画出各直方相连的直方图。

应当注意,图 2—15 实际上是一个条形图,而不是直方图。若要把它变成直方图,可按如下操作:用鼠标左键单击任一直条,然后右键单击,在弹出的快捷菜单中选取"设置数据系列格式",弹出"数据系列格式"对话框,在对话框中选择"系列选项"标签,把分类间距宽度改为 0,单击"确定"按钮后即可得到直方图,再经过简单的调整就可以了(如图 2—16 所示)。

A	B	C	D	E
日产量	分组	分组	频率	累积 %
104	109	109	6	12.00%
107	119	119	13	38.00%
107	129	129	18	74.00%
108	139	139	9	92.00%
108	149	149	4	100.00%
109		其他	0	100.00%
110				
110				

图 2—14 工人日产量分组

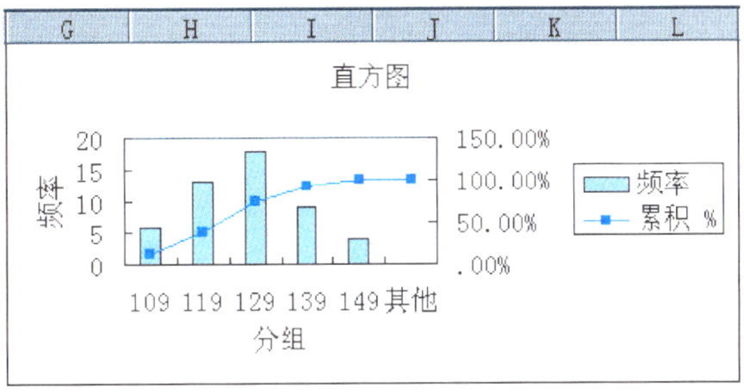

图 2—15 工人日产量分组直方图和累计频率折线图

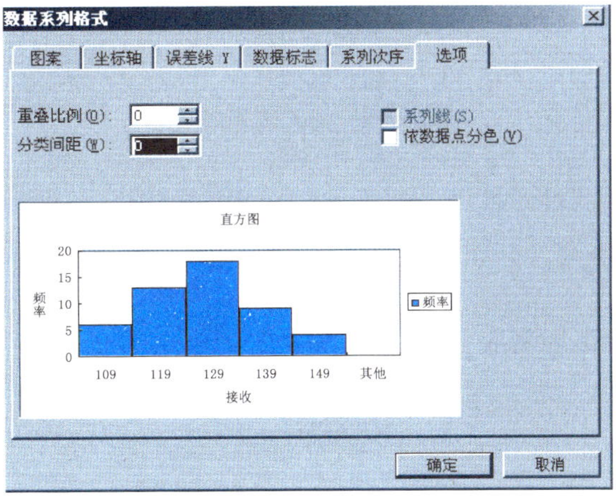

图 2—16 “数据系列格式”对话框—调整图形

三、用“图表向导”工具绘制统计图

授课视频
项目二
图表向导

Excel 提供了大量的统计图形供用户根据需要和图形功能选择使用。Excel 提供的图形工具有柱形图、折线图、饼图、散点图、面积图、环形图、股价图等。各种图的做法大同小异，本项目以柱形图为例，介绍制作统计图的工作步骤。

假定有图 2—17 所示的统计资料。

	A	B	C	D	E
1	年份	总计	国有企业	集体企业	其他企业
2	1 971	4 237	3 289	948	0
3	1 981	9 716	6 302	3 117	297
4	1 991	23 924	13 064	8 522	2 338
5	2 001	98 520	30 400	30 400	25 905

图 2—17 各类型工业企业历年引进外资总额比较 （单位:亿元）

首先,选定要绘制统计图的资料,本题用鼠标选定 C、D、E 三列数据,作为绘图的依据。然后在“插入”菜单中单击“图表”选项,屏幕弹出“插入图表”对话框(如图 2—18 所示)。

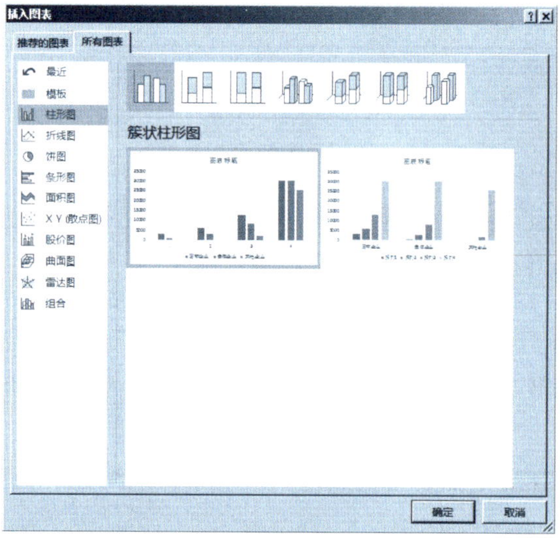

图 2—18 插入图表对话框

第一步,在“插入图表”对话框中,有“推荐的图表”和“所有图表”两个选项卡。本例在“所有图表”选项卡中选“柱形图”的“簇状柱形图”(选定后反白显示),选定后即在右侧的下方出现这种图形的特点。

选定图表类型后,单击屏幕底行的“确定”按钮,即进入图 2—19 所示的对话框。

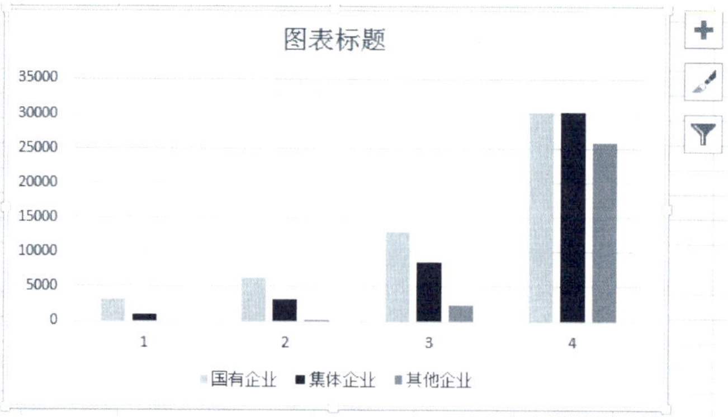

图 2—19

第二步，在“图表筛选器”对话框中，有“系列”和“类别”两个选项卡。在“类别”选项卡中，点击“选择数据”（如图 2—20 所示），在“选择数据源”对话框里点击“编辑”（如图 2—21 所示），在“轴标签”里输入 A2:A5 数据区（如图 2—22 所示）。

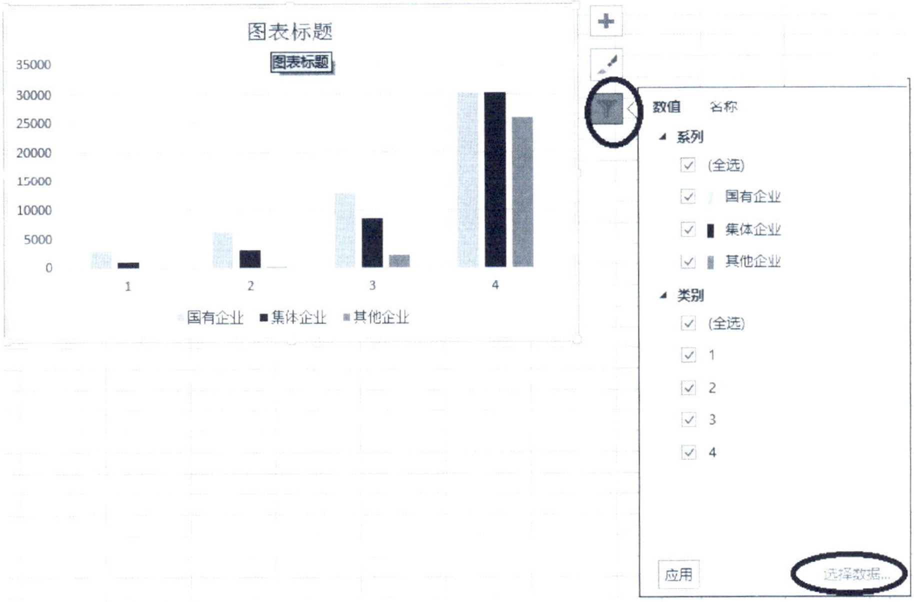

图 2—20

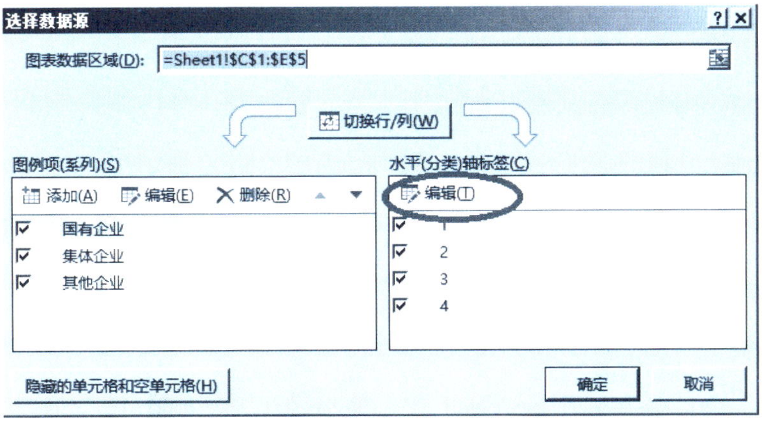

图 2—21

图 2—22

如图 2—23 所示，各柱形表示统计表中各行的数值（本题为不同年份的数值）。

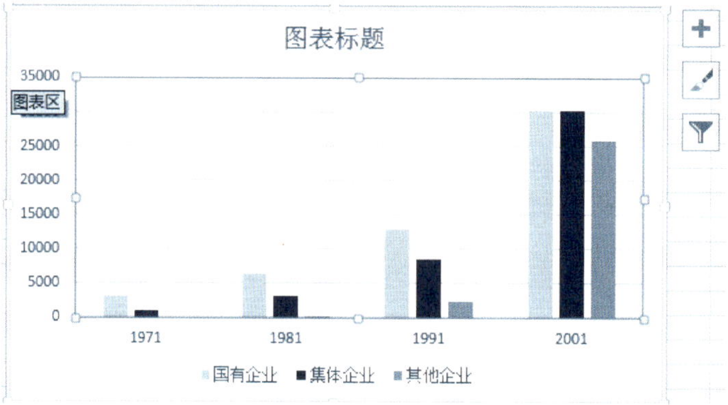

图 2—23

第三步，在“图表元素”对话框中，并列有“坐标轴”“坐标轴标题”“图表标题”等 9 个选项，选中“坐标轴”“坐标轴标题”“图表标题”（如图 2—24 所示）。各选项分别操作如下：

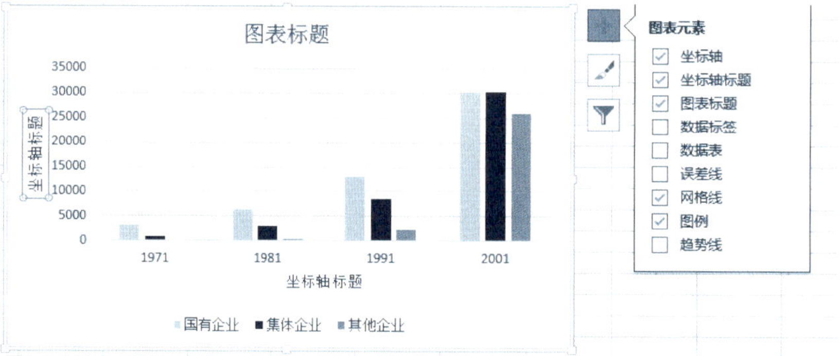

图 2—24

（1）分别输入图表标题、分类（X）轴标题、数值（Y）轴标题，输入后即在右侧的图形中显示出来（如图 2—25 所示）。

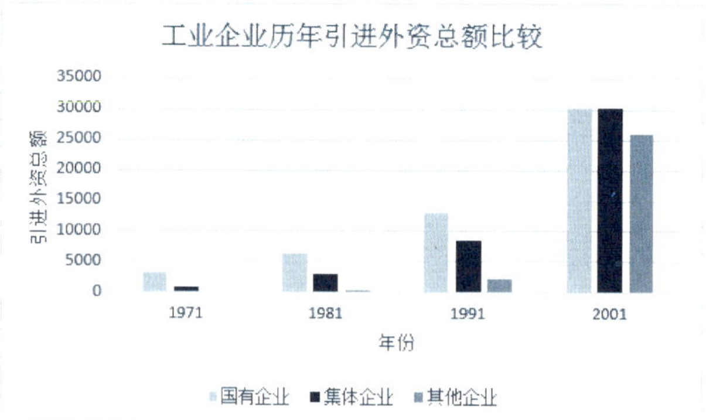

图 2—25

（2）打开“数据标签”选项卡，确定是否在各柱形上标注 Y 轴数据或分类，是否在标注旁加图例标识。

(3)打开"数据表"选项卡,确定是否"显示数据表"和"显示图例项标示"。本例在前面已经列有数据表,故在此选择不显示。

(4)打开"网格线"选项卡,确定采用哪种网格线的显示方式。本例为使图面清晰简洁,只选择了 Y 轴的"主要网格线",选定后即在右侧图形上显示出来。

(5)打开"图例"选项卡,确定是否显示图例和图例的放置位置。

如果对图 2—25 的外观不满意,可以调整。

◎知识归纳

1. 统计资料的整理,是根据统计研究的目的与要求,对所搜集到的大量、零星、分散的原始资料进行科学加工与综合,使之系统化、条理化、科学化,为统计分析提供反映事物总体综合特征资料的工作过程。统计整理的内容包括对统计资料的准备、排序、分组、频数分布和编制统计图表五方面。

2. 统计分组是根据社会经济现象总体内在的特点和统计研究的目的要求,按照某个标志(或几个标志)把总体划分为若干不同性质的组或类型。统计分组是统计整理的中心。统计分组应遵循穷尽与互斥两个原则。

3. 统计分组的方法:按其性质分为品质分组和数量分组两大类。数量分组又分为单项式分组与组距式分组;组距式分组又分为间断组距与连续组距、等距与异距分组。

4. 频数分布或次数分布是在统计分组的基础上,通过对零乱的、分散的原始资料进行有次序的整理,形成一系列反映总体各组之间单位分布状况的数列。它由两个要素构成:一个是总体按某标志所分的组;另一个是各组所出现的单位数,即频数。频率的性质:频率是介于 0 和 1 之间的一个分数,各组频率之和等于 1。

5. 对统计调查所获得的原始资料进行整理,得到说明社会现象及其发展过程的数据,把这些数据按一定的顺序排列在表格上,就形成了统计表。统计表的特点:条理性强、简明易懂;有利于统计的计算和分析;便于检查和改正错误。统计表按作用的不同可分为调查表、汇总表、分析表;按所反映的时空性质不同可分为空间数列表、时间数列表;按主词是否分组和分组的程度,分为简单表、分组表和复合表。

6. 统计图能够将统计资料展示得更为生动具体,便于人们直观地认识事物的特征。

◎知识图表

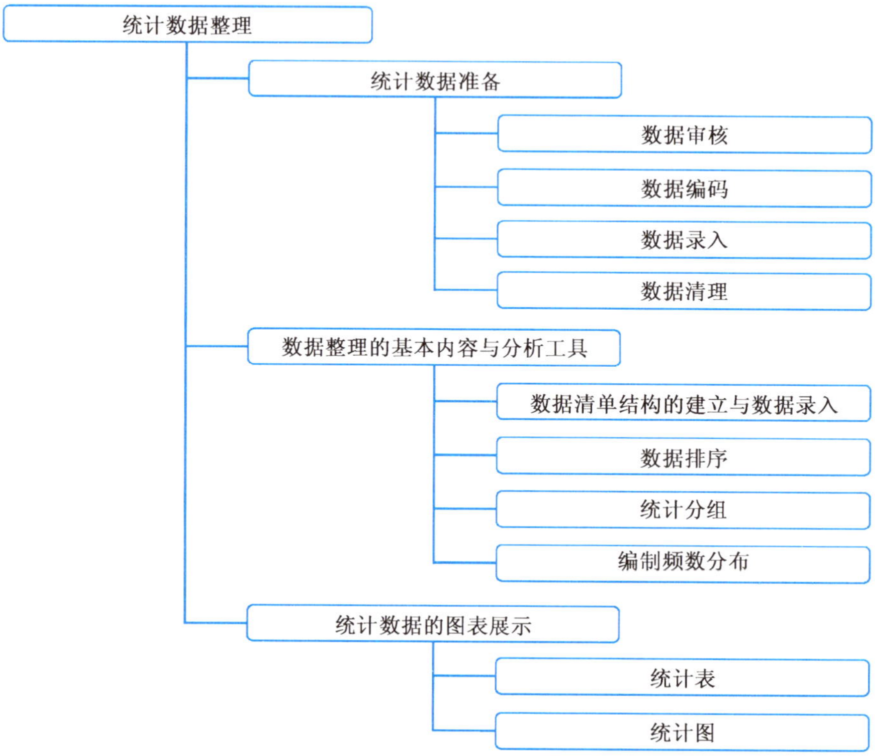

◎关键词汇

统计整理　统计分组　分布数列　分组标志　简单分组　复合分组　单项分组　组距分组　统计汇总　统计表　统计图

◎独立思考

1. 为什么要对搜集到的数据进行整理?
2. 什么是统计分组?统计分组有何作用?

◎基本训练

一、单项选择题

1. 在组距分组时,对于连续型变量,相邻两组的组限(　　)。

A. 必须是重叠的　　B. 必须是间断的

C. 可以是重叠的,也可以是间断的　　D. 必须取整数

2. 有一个学生考试成绩为 70 分,在统计分组中,这个变量值应归入(　　)。

A. 60～70 分这一组　　B. 70～80 分这一组

C. 60～70 分或 70～80 分两组都可以　　D. 作为上限的那一组

3. 简单分组和复合分组的区别在于(　　)。

A. 选择的分组标志的性质不同　　B. 选择的分组标志多少不同

C. 组数的多少不同　　D. 组距的大小不同

4. 某主管局将下属企业先按轻、重工业分类，再按企业规模分组，这样的分组属于(　　)。

A. 简单分组　　B. 复合分组

C. 分析分组　　D. 结构分组

5. 有20个工人看管机器台数资料如下：2、5、4、4、3、4、3、4、4、2、2、4、3、4、6、3、4、5、2、4。如按以上资料编制分配数列，应采用(　　)。

A. 单项式分组　　B. 等距分组

C. 不等距分组　　D. 以上几种分组均可以

6. 在分组时，凡遇到某单位的标志值刚好等于相邻两组上下限数值时，一般是(　　)。

A. 将此值归入上限所在组　　B. 将此值归入下限所在组

C. 此值归入两组均可　　D. 此值归入两组均不可

7. 次数分配数列是(　　)。

A. 按数量标志分组形成的数列　　B. 按品质标志分组形成的数列

C. 按统计指标分组所形成的数列　　D. 按数量标志和品质标志分组所形成的数列

8. 将某地区国有企业按利润计划完成程度分为以下四组，正确的是(　　)。

A. 第一种	B. 第二种	C. 第三种	D. 第四种
80%～89%	80%以下	80%以下	85%以下
90%～99%	80.1%～90%	80%～90%	85%～95%
100%～109%	90.1%～100%	90%～100%	95%～105%
110%以上	100.1%～110%	100%～110%	105%～115%
	110.1%以上	110%以上	115%以上

9. 复合分组是(　　)。

A. 用同一标志对两个或两个以上的总体层叠起来分组

B. 对某一总体选择一个复杂的标志进行分组

C. 对同一总体选择两个或两个以上的标志层叠起来分组

D. 对同一总体选择两个或两个以上的标志并列起来分组

10. 对总体按某个标志进行分组，得到的统计表属于(　　)。

A. 分组表　　B. 复合表　　C. 简单表　　D. 整理表

二、多项选择题

1. 次数分配数列(　　)。

A. 由总体按某标志所分的组和各组单位数两个因素构成

B. 由组距和组数、组限和组中值构成

C. 包括品质分配数列和变量数列两种

D. 可以用图表形式表现

E. 可以表明总体结构和分布特征

2. 下列数列属于(　　)。

按生产计划完成程度分组(%)	企业数
80～90	15
90～100	30
100～110	5
合　计	50

A. 品质分配数列　　B. 变量分配数列
C. 组距式变量分配数列　　D. 等距变量分配数列
E. 次数分配数列

3. 在组距数列中,组中值(　　)。
A. 即上限和下限之间的中点数值　　B. 用来代表各组标志值的平均水平
C. 在开放式分组中无法确定　　D. 就是组平均数
E. 在开放式分组中,可以参照相邻组的组距来确定

4. 在次数分配数列中(　　)。
A. 总次数一定,频数和频率呈反比　　B. 各组的频数之和等于 100
C. 各组频率大于 0,频率之和等于 1　　D. 频率越小,则该组的标志值所起的作用越小
E. 频率表明各组标志值对总体的相对作用程度

5. 下列属于统计表组成部分的要素是(　　)。
A. 总标题　　B. 横行标题
C. 纵栏标题　　D. 数字资料
E. 分组类型

◎实战演练一

【目标】 根据所搜集到的数据,能进行合适的分组,编制次数分布数列,绘制统计图表。
【内容】 根据项目一中要求调查的某高职院校学生月生活费资料,编制次数分布数列,绘制统计图表。
【步骤】
(1)对所搜集的资料进行审核、编码、录入。
(2)分别按年级编制月生活费资料,编制次数分布数列。
(3)按男、女性别分组绘制月生活费用结构的饼图。

◎实战演练二

1. 2010 年全国 31 个省市房地产开发企业完成住宅投资数据如下(单位:亿元):

1 508.95　565.39　1 785.65　2 481.10　1 229.83　3 159.94　2 058.47　975.13
2 513.40　2 513.40　417.11　457.45　731.82　656.93　1 607.83　544.77
1 685.21　1 040.86　1 134.79　782.14　878.89　1 091.49　1 535.28　328.63
654.67　6.99　938.53　187.93　75.20　187.29　278.43

【要求】
(1)请对以上两组数据分别进行适当分组。
(2)编制次数分布数列。
(3)选择合适统计图形绘制,说明数据分布的特点。

2. 某班 40 名学生统计学考试成绩分别为:

57　89　49　84　86　87　75　73　72　68　75　82　97　81 67　81　54　79　87　95　76　71　60
90　65　76　72　70 86　85　89　89　64　57　83　81　78　87　72　61

学校规定:60 分以下为不及格,60~70 分为及格,70~80 分为中,80~90 分为良,90~100 分为优。

【要求】
(1)用 FREQUENCY 函数对上述数据编制频数分布表。
(2)试用 Excel 分组并绘制直方图,输出到新工作簿,保存文件名为 XSCJ。
(3)对分组后的资料绘制饼形统计图。

◎实战演练三

以你所在班级为总体进行统计调查，总体单位是每一个同学，调查其身高、体重、性别和年龄。不出现姓名。

(1)请设计一个简单的统计调查方案。

(2)设计一个单一调查表，包括表头、表体和表脚。

(3)每个同学将各自标志的结果写在纸条上，收集在一起，进行资料的审核。

(4)将资料按性别分组，编制品质分配数列。

(5)将资料按年龄分组，编制单项式变量数列。

(6)将资料按身高分组，编制组距式变量数列。

(7)计算出每个同学的体重指数(Body Mass Index，BMI＝体重 kg/身高 cm)如下：

18.5 以下	偏轻
18.5～23	标准
23～25	超重
25～30	中高肥胖
30 以上	肥胖

项目三　静态指标描述分析

知识目标

- 了解总量指标和相对指标的意义、表现形式
- 理解时期指标和时点指标的区别
- 掌握相对指标的概念及其计算方法
- 掌握平均指标的概念、作用和种类

能力目标

- 能正确应用总量指标、相对指标和平均指标描述分析社会经济现象

思政目标

- 培养学生用绝对与相对的思维方式分析问题
- 培养解决实际问题的科学素养
- 引导学生形成科学的价值观

重点难点

- 平均指标、标志变异指标的种类及其计算方法
- 会使用 Excel 计算实际问题数据的静态分布指标，并做准确分析

任务引入

你是否关心你未来的工资水平呢？回答显然是肯定的。但是，我们的未来存在着很大的可塑性及不确定性，故在本项目讨论中，我们先分析 2021 年我国四个直辖市不同登记注册类型就业人员平均工资水平。表 3—1 数据，根据国家统计局官网的“统计数据”栏目中的“数据查询”下的“年度数据”和“地区数据”汇总整理得到，具体采集的是“按登记注册类型分城镇单位就业人员平均工资”。

表 3—1　　2021 年直辖市按登记注册类型分城镇单位就业人员平均工资　　单位：元

类型 直辖市	城镇单位	国有单位	股份合作单位	有限责任公司	股份有限公司
北京市	194 651	204 427	74 108	165 330	238 441
天津市	123 528	149 054	74 359	108 585	143 314
上海市	191 844	225 085	80 538	158 445	229 098
重庆市	101 670	129 164	52 497	81 124	115 107
全国	106 837	115 583	90 241	93 209	121 594

资料来源：中华人民共和国国家统计局网。

请根据上表列示数据分析：

1. 2021 年我国城镇单位工资的平均水平如何？

2. 2021 年四个直辖市城镇单位就业人员平均工资水平的差异如何？

3. 就有限责任公司而言，2021 年四个直辖市就业人员平均工资水平如何？

任务一　总量指标的认识

一、总量指标的概念和作用

（一）总量指标的概念

总量指标是用来反映社会经济现象在一定条件下的总规模、总水平或工作总量的统计指标。总量指标用绝对数表示，也就是用一个绝对数来反映特定现象在一定时间上的总量状况，它是一种最基本的统计指标。例如，一个国家或地区的人口数、国民生产总值、土地面积等。

【统计实例 3－1】 2020 年《政府工作报告》中指出："今年拟安排地方政府专项债券 3.75 万亿元，比去年增加 1.6 万亿元，提高专项债券可用作项目资本金的比例，中央预算内投资安排 6 000 亿元。重点支持既促消费惠民生又调结构增后劲的'两新一重'建设，主要是：加强新型基础设施建设，发展新一代信息网络，拓展 5G 应用，建设充电桩，推广新能源汽车，激发新消费需求、助力产业升级。"这些都是总量指标，都是利用绝对数说明我国政府扩大有效投资的举措。

（二）总量指标的作用

总量指标是社会经济统计中最常用和最基本的统计指标。在实际统计工作中应用十分广泛。其可以用来反映一个国家、地区、部门和单位的基本情况，具有如下的作用。

1. 总量指标是认识社会经济现象的起点

社会经济现象总体的基本情况通常表现为总量。人们要想正确认识国家的基本国情、国力和社会经济发展状况，首先需要掌握国家在一定时间、条件下社会经济发展的规模或水平，如人口数、劳动力数量、土地面积、各种矿藏储量、工农业各种产品产量、国民生产总值等。因而，总量指标是认识社会经济现象的起点，是正确认识国情、国力的起点。

2. 总量指标是实现宏观经济调控和企业经营管理的基本指标

在当前的经济条件下，要使国民经济协调发展，需要对经济运行实行宏观调控；要使企业生产经营活动正常进行，需要实行科学的管理。这就需要掌握宏观经济和微观经济运行的环境、条件、投入、产出等各方面的数量状况，研究各方面的数量关系。总量指标可以反映这些现象的数量，为经济管理提供依据。

3. 总量指标是计算其他统计指标的基础

例如，相对指标和平均指标一般是两个总量指标对比的结果，是总量指标的派生指标。总量指标计算是否科学直接影响其他指标的正确性。

二、总量指标的种类

总量指标按说明的内容不同、反映时间状态不同、表现形式不同，有以下几种分类。

(一)总体单位总量和总体标志总量

总量指标按照反映总体内容不同,分为总体单位总量和总体标志总量。总体单位总量即总体单位数之和,总体标志总量即总体单位某一种数量标志之和。例如,研究某工业局产值情况,该工业局的“企业个数”为总体单位总量,“工业产量”为总体标志总量。

一个总量指标是总体单位总量还是总体标志总量,不是固定不变的。而是随着研究目的和研究对象不同而发生变化的。例如,研究全国工业企业的情况,每个工业企业为总体单位,工业部门的“职工人数”是各个企业职工人数之和,为总体标志总量;若研究工业职工的情况,每个职工为总体单位,全国工业部门的“职工人数”就变成总体单位总量。

(二)时期指标和时点指标

总量指标按反映的时间状态不同,可分为时期指标和时点指标。时期指标表明社会经济现象总体在一段时间内发展过程的总结果。例如,某种产品的产量、商品销售额、工资总额、国民生产总值等都是时期指标。时点指标表明社会经济现象总体在某一时刻(瞬间)的数量状况。例如,人口数、商品库存量、固定资产的价值等都是时点指标。时期指标与时点指标各有不同特点。

1. 时期指标的特点

(1)不同时期的指标数值具有可加性,相加后表示较长时期现象总的发展水平。例如,将一年内 12 个月的钢产量相加就得到全年的钢产量。

(2)时期指标数值大小与包含的时期长短有直接关系。一般情况下,包含时期越长,指标数值越大;时期越短,指标数值越小。

(3)时期指标数值是连续登记、累计的结果。例如,月产量是对每天的生产量进行登记然后累计得到的,年产量是将 12 个月的产量累计得到的。

2. 时点指标的特点

(1)不同时点的指标数值不具有可加性,即相加后不具有实际意义。

(2)时点指标的数值大小与其时间间隔(两个不同时点的指标之间的时间距离)长短无直接关系。例如,某年某种商品库存量 1 月 1 日为 2 500 吨,4 月 30 日为 3 700 吨,12 月 31 日为 2 300 吨,4 月 30 日至 12 月 31 日相隔 8 个月,其指标数值却减少了,这是因为时点指标数值是现象发展变化差异的结果。

(3)时点指标数值是间断计数的,因为不可能登记每一时点(瞬间)的数量,通常是每隔一段时间登记一次。

◎情景思考

会计学中有 6 个要素,分别是资产、负债、所有者权益、收入、费用和利润。请用所学的时期指标和时点指标的概念判断这 6 大要素各自属于什么指标?

三、总量指标的计量单位

总量指标的计量形式都是有名数,都有计量单位。根据总量指标所反映现象的性质不同,其计量单位一般有实物单位、价值单位和劳动单位三种。

(一)实物单位

实物单位是根据事物的外部特征或物理属性而采用的单位。它又分为:

(1)自然单位。如鞋以“双”为单位;桌子以“张”为单位;拖拉机以“台”为单位等。

(2)度量衡单位。度量衡单位是以已经确定出的标准来计量实物的重量、长度、面积、容积等的单位。如吨、千米、米等。

(3)复合单位。复合单位是两个单位的乘积。如货物周转量用“吨公里”计量;电的度数用“千瓦时”计量等。

(4)双重单位。双重单位是用两种或两种以上的单位结合起来计量。如起重机的计量单位是“台/吨”;货轮用“艘/马力/吨位”计量。

(5)标准实物单位。标准实物单位是按照统一的折算标准来计量事物数量的一种实物单位。它主要用于计量存在差异的工业产品和农产品,为了准确地反映其总量,需要把各产品按照一定的标准折合成标准品再相加。例如,把含氮量不同的化肥都折合成含氮100%的标准化肥;把各种能源都折合成热量值为7 000千卡/千克的标准煤等。以实物单位计量的总量指标,称为实物指标。

(二)价值单位

价值单位也称货币单位,它是以货币作为价值尺度来计量社会财产和劳动成果。例如,国内生产总值、城乡居民储蓄额、外汇收入、财政收入都必须用货币单位来计量,常见的货币单位有美元、人民币元、欧元等。用货币单位计量的总量指标称为价值指标。价值指标具有十分广泛的综合能力,在国民经济管理中起着重要的作用。

(三)劳动单位

劳动单位主要用于企业内部计量工业产品的数量,它是用生产工业产品所必需的劳动时间计量生产工人的劳动成果。企业首先根据自身的生产状况制定出生产单位产品所需的工时定额,再乘以产品的实物即得以劳动单位计量的产量指标——劳动量指标,也称定额工时总产量。

四、总量指标的计算和运用

(一)总量指标的统计方法

总量指标数值都是通过对总体单位进行全面调查登记,采用直接计数、点数或测量等方法,逐步计算汇总得出的。例如,统计报表中的总量资料和普查中的总量资料都是采用这种直接计量法取得的。只有在不能直接计算或不必直接计算总体的总量指标的少数情况下,才采用估计推算的方法取得有关的总量资料。

总量指标数值在计算方法上比较简单,但在计算内容上却相当复杂,这就涉及如何在质与量的统一中反映一定历史条件下社会经济现象的规模和水平。因此,总量指标数值的计算并不是一个单纯技术性的加总问题,而必须正确规定总量指标所表示的各种社会经济现象的概念、构成内容和计算范围,确定计算方法,然后才能计算汇总,以取得正确反映社会经济现象的总量资料。例如,要正确计算工资总额,必须先明确工资的实质和构成;要计算国民经济各部门职工人数,不仅要明确职工的概念和范围,而且要从理论上先确定国民经济部门的分类,才能得出按部门分类的职工人数。

(二)总和记法及求和规则

计算总量指标数值时,或在统计运算中,涉及一系列变量值或标志值的全部或部分相加,是最常用的一种运算,需要采用简便的记法来表示其总和。代表总和的通用符号就是希腊文大写字母$\sum$(Sigma),也称连加和号,最常用的形式为$\sum_{i=1}^{n} X_i$,其中X_i代表各个变量值,总和号上下方的标号表明计算总和的 X_i 的起止点，即从 X_i 开始加到 X_n 为止：

$$\sum_{i=1}^{n} X_i = X_1 + X_2 + X_3 + \ldots + X_n$$

为方便起见，常以 $\sum$ 作为 $\sum_{i=1}^{n}$ 的简写。

◎资料卡片

2022 年我国科学技术和教育统计

2022 年研究生教育招生 124.2 万人，在学研究生 365.4 万人，毕业生 86.2 万人。普通、职业本专科招生 1 014.5 万人，在校生 3 659.4 万人，毕业生 967.3 万人。中等职业教育招生 650.7 万人，在校生 1 784.7 万人，毕业生 519.2 万人。普通高中招生 947.5 万人，在校生 2 713.9 万人，毕业生 824.1 万人。初中招生 1 731.4 万人，在校生 5 120.6 万人，毕业生 1 623.9 万人。普通小学招生 1 701.4 万人，在校生 10 732.0 万人，毕业生 1 740.6 万人。特殊教育招生 14.6 万人，在校生 91.9 万人，毕业生 15.9 万人。学前教育在园幼儿 4 627.5 万人。九年义务教育巩固率为 95.5%，高中阶段毛入学率为 91.6%。

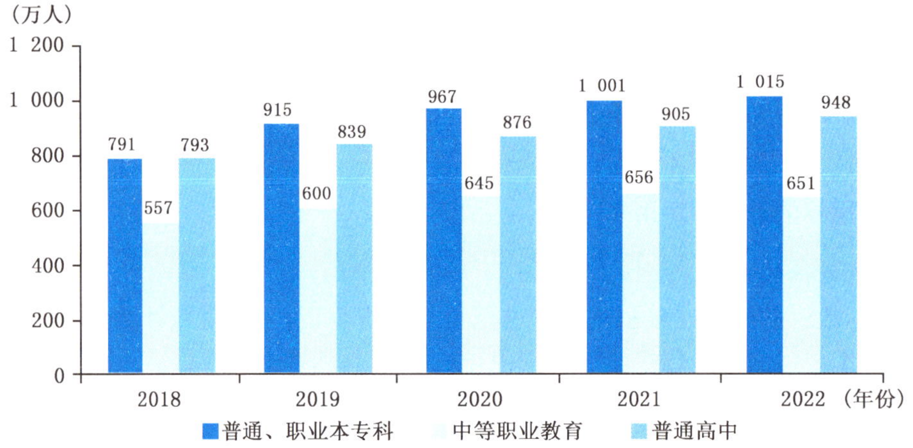

图 3—1 2018—2022 年本专科、中等职业教育及普通高中招生人数

2022 年研究与试验发展(R&D)经费支出 30 870 亿元，比上年增长 10.4%，与国内生产总值之比为 2.55%，其中基础研究经费 1 951 亿元。国家自然科学基金共资助 5.19 万个项目。截至年末，正在运行的国家重点实验室 533 个，纳入新序列管理的国家工程研究中心 191 个，国家企业技术中心 1 601 家，大众创业万众创新示范基地 212 家。国家科技成果转化引导基金累计设立 36 支子基金，资金总规模 624 亿元。国家级科技企业孵化器 425 家，国家备案众创空间 2 441 家。全年授予专利权 432.3 万件，比上年下降 6.0%；PCT 专利申请受理量 7.4 万件。截至 2022 年末，有效专利 1 787.9 万件，其中境内有效发明专利 328.0 万件。每万人口高价值发明专利拥有量 9.4 件。全年商标注册 617.7 万件，比上年下降 20.2%。全年共签订技术合同 77 万项，技术合同成交金额 47 791 亿元，比上年增长 28.2%。我国公民具备科学素质的比例达到 12.93%。

全年成功完成62次宇航发射。问天实验舱、梦天实验舱发射成功,神舟十四号、十五号等任务相继实施,中国空间站全面建成。嫦娥五号发现月球新矿物"嫦娥石"。句芒号陆地生态系统碳监测卫星、大气环境监测卫星成功发射运行。长征八号运载火箭实现一箭22星发射。第三艘航空母舰福建舰下水。国产C919大型客机获得型号合格证并交付首架。投入商业运行的华龙一号自主三代核电机组保持安全稳定运行。

年末全国共有国家质检中心869家。全国现有产品质量、体系和服务认证机构1 128个,累计完成对94万家企业的认证。全年制定、修订国家标准2 266项,其中新制定1 382项。全年制造业产品质量合格率为93.29%。

资料来源:《中华人民共和国2022年国民经济和社会发展统计公报》。

任务二　相对指标的认识

一、相对指标的概念和作用

(一)相对指标的概念

要分析一种社会经济现象,仅仅利用总量指标是远远不够的。如果要对事物做深入的了解,就需要对总体的组成和其各部分之间的数量关系进行分析、比较,就必须计算相对指标。

相对指标是用两个有联系的指标进行对比的比值来反映社会经济现象数量特征和数量关系的综合指标。相对指标也称相对数,其数值有两种表现形式:无名数和复名数。无名数是一种抽象化的数值,多以系数、倍数、成数、百分数或千分数表示。复名数主要用来表示强度的相对指标,以表明事物的密度、强度和普遍程度等。例如,人均粮食产量用"千克/人"表示,人口密度用"人/平方千米"表示等。

(二)相对指标的作用

(1)相对指标通过数量之间的对比,可以表明事物相关程度、发展程度,它可以弥补总量指标的不足,使人们清楚了解现象的相对水平和普遍程度。例如,某企业上年实现利润5 000万元,今年实现5 500万元,则今年利润增长了10%,这是总量指标不能说明的。

(2)把现象的绝对差异抽象化,使原来无法直接对比的指标变为可比。不同的企业由于生产规模条件不同,直接用总产值、利润比较评价意义不大,但如果采用一些相对指标,如资金利润率、资金产值率等比较,就可对企业生产经营成果做出合理评价。

(3)说明总体内在的结构特征,为深入分析事物的性质提供依据。例如,计算一个地区不同经济类型的结构,可以说明该地区经济的性质。又如,计算一个地区的第一、第二、第三产业的比例,可以说明该地区社会经济现代化程度等。

二、相对指标的种类及其计算方法

随着统计分析目的的不同,两个相互联系的指标数值对比,可以采取不同的比较标准(即对比的基础),而对比所起的作用也有所不同,从而形成不同的相对指标。相对指标一般有6种形式,即结构相对指标、比例相对指标、比较相对指标、强度相对指标、动态相对指标、计划完成程度相对指标。

(一)结构相对指标

结构相对指标是在分组的基础上,总体中部分数值与总体中全部数值对比的结果,表明总体中某部分占总体的比重,故常被称为比重指标,一般用百分数、成数或系数表示。其计算公式为:

$$结构相对数=\frac{总体中某部分数值}{总体全部数值}\times 100\%$$

在社会经济统计中结构相对数应用广泛,它的主要作用可以概括为以下几个方面:

(1)可以说明在一定的时间、地点和条件下,总体结构的特征。

【统计实例 3—2】 从表 3—2 中的资料可以看出我国国内生产总值构成的特点。

表 3—2 **2022 年我国国内生产总值** 单位:亿元

项 目	数 值	占 比
第一产业增加值	88 345.1	7.30%
第二产业增加值	483 164.5	39.92%
第三产业增加值	638 697.6	52.78%
国内生产总值	1 210 207.2	100.00%

资料来源:中华人民共和国国家统计局网。

(2)不同时期结构相对数的变化可以反映事物性质的发展趋势,分析经济结构的演变规律。

【统计实例 3—3】 从表 3—3 的资料中可以看出这几年中各产业增加值总量增加,结构稳定,这也是伴随我国经济发展、工业化程度提高和社会进步而产生的必然结果。

表 3—3 **2020—2022 年我国国内生产总值及结构表** 单位:亿元

项 目	2020 年		2021 年		2022 年	
	数值	结构	数值	结构	数值	结构
第一产业增加值	78 030.9	7.70%	83 216.5	7.24%	88 345.1	7.30%
第二产业增加值	383 562.4	37.84%	451 544.1	39.29%	483 164.5	39.92%
第三产业增加值	551 973.7	54.46%	614 476.4	53.47%	638 697.6	52.78%
国内生产总值	1 013 567	100%	1 149 237	100%	1 210 207.2	100%

资料来源:中华人民共和国国家统计局网。

(3)根据各构成部分所占比重大小,可以反映所研究现象总体的质量以及人、财、物的利用情况。例如,文盲率、入学率、青年受高等教育人口比率等可从文化教育方面表明人口的质量;产品的合格率、优质品率、高新技术品率、商品损耗率等可表明企业的工作质量;出勤或缺勤率、设备利用率等则可反映企业的人、财、物的利用状况。

(4)利用结构相对数,有助于分清主次,确定工作重点。例如,在物资管理工作中,采用 ABC 分类法,其基本原理就是分析影响经济活动的因素,按各种因素影响程度的大小分为 A、B、C 三类,实行分类管理。采用这种方法的依据,就是根据对统计资料的分析,计算结构相对指标(如表 3—4 所示)。

表 3－4 某物资企业物资分类 单位：%

类 别	占资金的比重	占品种的比重
A	80	20
B	15	30
C	5	50

可见，应首先抓好 A 类物资的管理，其次要注意 B 类物资的管理，就可以控制物资的 95%，获得较好的经济效果。

（二）比例相对指标

比例相对数是反映总体中各个组成部分之间的比例关系和均衡状况的综合指标。它是同一总体中某一部分数值与另一部分数值静态对比的结果，一般用百分数或几比几的形式表示。计算公式为：

$$比例相对指标=\frac{总体中某一部分数值}{总体中另一部分数值}\times 100\%$$

【统计实例 3－4】 例如，2022 年末，全国总人口为 141 175 万人，男性人口为 72 206 万人，女性人口为 68 969 万人，2022 年末全国男女人口比，用几比几形式可以表示为 1.046 9∶1；又如，某学校教学人员 900 人，非教学人员 100 人，则教学人员与非教学人员的比例可表示为 9∶1。统计分析中，有时还要求用连比形式表示总体中若干个组的比例关系。例如，根据表 3－2，2022 年第一、第二、第三产业增加值在国内生产总值中的比例为 88 345.1∶483 164.5∶638 697.6＝1∶5.47∶7.23。

根据统计资料，计算各种比例相对指标，反映有关事物之间的实际比例关系，有助于我们认识客观事物是否符合按比例协调发展的要求，参照有关标准，可以判断比例关系是否合理。在宏观经济管理中，这对于研究分析整个国民经济和社会发展是否协调均衡具有重要的意义。

（三）比较相对指标

比较相对指标就是将不同地区、单位或企业之间的同类指标数值做静态对比而得出的综合指标，表明同类事物在不同空间条件下的差异程度或相对状态。比较相对指标可以用百分数、倍数和系数表示。其计算公式可以概括如下：

$$比较相对指标=\frac{甲地区（单位或企业）某类指标数值}{乙地区（单位或企业）同类指标数值}$$

【统计实例 3－5】 某年某地区同期甲、乙两个公司商品销售额分别为 5.4 亿元和 3.6 亿元。则：

$$比较相对指标=\frac{5.4}{3.6}=1.5$$

上述结果表明甲公司的销售状况好于乙公司。

再如，根据表 3－1，对 2021 年上海市和重庆市职工的平均货币工资做一比较，得到 1.89，从中可以看到地区的差异。

用来对比的两个性质相同的指标数值，其表现形式不一定仅限于绝对数，也可以是其他的相对数或平均数。在经济管理工作中，比较相对数广泛应用，例如用各种质量指标在企业之间、车间或班组之间对比，把各项技术经济指标与国家规定的标准条件对比，与同类企业的先进水平或世界先进水平对比，借此找差距、挖潜力、定措施，为提高企业的经营管理水平提供依据。

（四）强度相对指标

强度相对指标就是在同一地区或单位内，两个性质不同而有一定联系的总量指标数值对比得出的相对数，是用来分析不同事物之间的数量对比关系，表明现象的强度、密度和普遍程度的综合指标。其计算公式可以概括为：

$$强度相对指标=\frac{某一总量指标数值}{另一个有联系而性质不同的总量指标数值}$$

【统计实例 3－6】 我国土地面积为 960 万平方千米，第七次人口普查人口总数为 1 443 497 378 人，则：

$$人口密度=\frac{144\ 349.737\ 8}{960}=150.36（人/平方千米）$$

强度相对指标与其他相对指标比较，有三个明显的特点：

第一，强度相对指标多用复合单位表示，即以对比的两个指标数值的单位作为计量单位。如[统计实例 3－6]中，其计量单位为“人/平方千米”。当然，也有一些强度相对指标，其分子分母的数值都用同一计量单位，这样的强度相对指标一般用百分数或千分数来表示。例如，人口的出生率、死亡率、自然增长率等就是以千分数表示的。

第二，强度相对指标带有平均的意义。例如，人均国内生产总值、人均钢产量等都具有这种含义。但它与一般的平均数也有区别，有关内容将在下一任务中叙述。

第三，大多数强度相对指标分子与分母可以互换位置，形成正逆两种指标，但说明问题的意义不变。（当然，有些强度相对指标分子分母不可互换位置，如人口出生率、死亡率等。）如：

$$商业网点密度（正指标）=\frac{零售商业机构数（个）}{地区人口数（千人）}$$

$$商业网点密度（逆指标）=\frac{地区人口数（千人）}{零售商业机构数（个）}$$

上述正指标数值表示每千人拥有的商业网点数，逆指标则表示每个零售商店服务的人口数（以千人为单位）。由此可见，凡是强度相对指标的大小与所研究现象的发展程度或密度呈正比例，称为正指标；反之，其数值的大小与所研究现象的发展程度或密度呈反比例，称为逆指标。究竟采用正指标还是逆指标，要看哪一个指标更能说明问题。

◎温馨提醒

从强度相对指标数值的表现形式上看，带有“平均”的意思，例如，按人口计算的主要产品产量指标用吨（千克）/人表示；按全国人口分摊的每人平均国民收入用元/人表示。但究其实质，强度相对数与统计平均数有根本的区别。平均数是同一总体中的标志总量与单位总量之比，是将总体的某一数量标志的各个变量值加以平均。如前所述，强度相对数是两个性质不同而有联系的总量指标数值之比，它表明两个不同总体之间的数量对比关系。

（五）动态相对指标

动态相对指标就是将同一现象在不同时期的两个数值进行动态对比而得出的相对数，借以表明现象在时间上发展变动的程度。一般用百分数或倍数表示，也称为发展速度。其计算公式如下：

$$动态相对指标=\frac{报告期指标数值}{基期指标数值}\times 100\%$$

通常，作为比较标准的时期称为基期，与基期对比的时期称为报告期。

【统计实例 3—7】 2022 年我国国内生产总值为 1 210 207.2 亿元，2021 年为 1 149 237 亿元，如果把 2021 年选作基期，亦即将 2021 年国内生产总值作为 100，则 2022 年的国内生产总值与 2021 年的国内生产总值对比，得出动态相对数为 105.31%，它说明在 2021 年基础上 2022 年国内生产总值的发展速度。

◎知识链接

动态相对指标在统计分析中应用很广，本书将在任务四动态数列分析中详加论述。

（六）计划完成程度相对指标

计划完成程度相对指标是社会经济现象在某时期内实际完成数值与计划任务数值对比的结果，一般用百分数来表示。基本计算公式为：

$$计划完成程度相对指标=\frac{实际完成数}{计划任务数}\times 100\%$$

由于计划数在实际计算中可以表现为绝对数、相对数、平均数等多种形式，因此计算计划完成程度相对指标的方法也不尽相同。

1. 计划数为绝对数时

当计划任务数以绝对数形式出现时，检查其计划任务完成情况一般分为短期计划完成情况检查和长期计划完成情况检查两种，用以考察社会经济现象规模或水平的计划完成情况。

(1)短期计划完成情况检查。可以用两种不同算法表示其计划完成的不同方面。其一是计划数与实际数是同期的，表明该期间的计划执行的结果。

【统计实例 3—8】 某企业 2022 年产品计划产量 1 000 件，实际完成 1 120 件，则产量计划完成程度为：

$$计划完成程度相对指标=\frac{1\ 120}{1\ 000}\times 100\%=112\%$$

计算结果表明，该企业超额 12%完成产量计划，实际产量比计划产量增加了 120 件。

其二是计划期中某一段实际累计数与全期计划数对比，用以说明计划执行的进度如何，为下阶段工作做准备。其计算公式为：

$$计划完成程度相对指标=\frac{累积到本期止实际完成数}{全期计划数}\times 100\%$$

【统计实例 3—9】 某企业 2022 年 1 月完成的产值为 17 万元，2 月为 26 万元，3 月为 40 万元，全年产值计划 300 万元，则：

$$计划完成程度相对指标=\frac{17+26+40}{300}\times 100\%=27.67\%$$

如果按照生产均衡性的观点看，该企业计划执行进度走在了时间的前面，即在 25%的时间里完成了 27.67%的任务。

(2)长期计划完成情况检查。在检查中长期计划的完成情况时，根据计划指标的性质不同，计算可分为水平法和累计法。

①水平法。用水平法检查计划完成程度就是根据计划末期（最后一年）实际达到的水平与计划规定的同期应达到的水平相比较，来确定全期是否完成计划。其计算公式如下：

$$计划完成程度相对指标=\frac{中长期计划末期实际达到的水平}{中长期计划末期计划达到的水平}\times 100\%$$

【统计实例 3－10】 某企业按五年计划规定的最后一年的产量应达到 720 万件，实际执行情况如表 3－5 所示。

表 3－5　　某企业五年计划完成情况　　单位：万件

年份	第一年	第二年	第三年	第四年				第五年			
				一季度	二季度	三季度	四季度	一季度	二季度	三季度	四季度
产量	300	410	530	150	160	170	170	190	190	210	210

则该企业产量五年计划完成程度相对指标为：

$$计划完成程度相对指标=\frac{190+190+210+210}{720}\times 100\%=111.11\%$$

计算结果表明，该企业超额 11.11%完成产量五年计划。

采用水平法计算，只要有连续一年时间(可以跨年度)实际完成水平达到最后一年计划水平，就算完成了五年计划，余下的时间就是提前完成计划时间。在[统计实例 3－10]中，该企业从五年计划的第四年第三季度到第五年第二季度连续一年时间的实际产量达到了计划期最后一年计划产量 720 万件的水平，完成了五年计划，那么第五年下半年这半年时间就是提前完成计划的时间。

②累计法。累计法就是整个计划期间实际完成的累计数与同期计划数相比较，来确定计划完成程度。其计算公式如下：

$$计划完成程度相对指标=\frac{中长期计划末期实际累计完成量}{中长期计划末期计划累计量}\times 100\%$$

【统计实例 3－11】 某地区五年规划固定资产投资总额 150 亿元，实际各年投资情况如表 3－6 所示。

表 3－6　　某地区五年间固定资产投资完成情况　　单位：亿元

年　份	第一年	第二年	第三年	第四年	第五年
固定资产实际投资额	29.4	32.6	39.1	48.9	60

则该地区五年间固定资产投资的计划完成程度相对指标为：

$$计划完成程度相对指标=\frac{29.4+32.6+39.1+48.9+60}{150}\times 100\%=140\%$$

计算结果表明，该地区超额 40%完成五年期固定资产投资计划。

采用累计法计算，只要从中长期计划开始至某一时期止，所累计完成数达到计划数，就是完成了计划。在[统计实例 3－11]中，前四年投资额已完成五年计划，比计划时间提前一年。

2. 计划数为相对数时

计划数为相对数形式表现的，根据计划数的具体内涵不同，计划完成程度有如下两种计算方法。

(1)计划数规定的是要完成的百分比，实际上这种计划任务数，其内涵相当于规定的是该指标的绝对量，只不过该指标本身是一种相对指标。

【统计实例 3－12】 某企业 2022 年第四季度推出一款新产品，计划广告费用占销率为 18%，实际发生的广告费用占销率为 20.26%，则：

$$广告费用占销率计划完成程度=\frac{20.26\%}{18\%}\times 100\%=112.56\%$$

广告费用占销率实际比计划多支出 2.26 个百分点(20.26%－18%)。广告费用占销率指标可以测定计划期内广告费用对销售额的影响:广告费用占销率越小,表明广告促销效果越好;反之,则越差。

(2)计划数规定的是降低率或提高率,其计算公式如下:

$$计划完成程度=\frac{1\pm 实际提高或降低率}{1\pm 计划提高或降低率}\times 100\%$$

计划提高率或降低率不是一个计划数,实际上是"计划为上年百分数"减去 100%的结果;提高率或降低率不是一个完成数,实际上是"实际为上年百分数"减去 100%的结果,要将其还原为"实际为上年百分数"与"计划为上年百分数"后再对比计算。

【统计实例 3－13】 某企业某产品产量计划要求增长 10%,同时该种产品单位成本计划要求下降 5%,而实际产量增长了 12%,实际单位成本下降了 8%,则计划完成程度指标分别为:

$$产量计划完成程度相对指标=\frac{100\%+12\%}{100\%+10\%}\times 100\%=101.82\%$$

$$单位成本降低计划完成程度相对指标=\frac{100\%-8\%}{100\%-5\%}\times 100\%=96.84\%$$

计算结果表明,产量计划完成程度大于 100%,说明超额完成计划;而单位成本计划完成程度小于 100%,说明实际成本比计划成本有所降低,也超额完成了成本降低计划。

◎案例分析

某地纺织企业的经济效益分析

1. 分析目的

全面认识该地区纺织系统的经济效益状况,正确评价其经济效益的好坏,找出影响其经济效益的原因,提出提高其经济效益的途径。

2. 分析指标

经济效益系投入与产出之比。根据分析目的确定以资金利税率(百元资金实现的利税额)为核心指标,设置并计算有关指标。

3. 分析资料

分析资料如表 3—7 所示。

表 3—7　某地纺织企业的资料

指标名称	单位	行号	2018 年	2022 年	比 2018 年增(+)减(－)	
					差数	比率(%)
工业总产值	亿元	1	6.24	10.38	4.14	66.35
工业增加值	亿元	2	1.91	2.57	0.66	34.55
资本金	亿元	3	3.21	8.11	4.9	52.65
其中:						
固定资产净产值平均占用额	亿元	4	1.67	4.66	2.99	179.04
存货平均占用额	亿元	5	1.54	3.45	1.91	124.03

续表

指标名称	单位	行号	2018 年	2022 年	比 2018 年增(+)减(−)	
					差数	比率(%)
销售收入	亿元	6	6.21	10.23	4.02	67.75
其中：						
销售成本及费用	亿元	7	4.22	8.65	4.43	104.98
利税总额	亿元	8	1.99	1.58	0.41	−20.3
全部职工平均人数	人	9	48 703	71 767	23 064	47.35
增加值占总产值比重	%	10=(2)/(1)	30.61	24.76	−5.85	−19.11
中间投入率	%	11=100−(10)	69.39	75.24	5.85	8.43
增加值劳动生产率	元/人	12=(2)/(9)	3 922	3 581	−341	−8.69
百元资金利税额	元/万	13=(8)/(3)	61.99	19.48	−42.51	−68.58
百元销售收入成本费用率	元/万	14=(7)/(6)	67.95	84.55	16.6	24.43
百元资金产值率	元/万	15=(1)/(3)	194.39	127.99	−66.4	−34.16
存货周转次数	次	16=(6)/(5)	4.03	2.97	−1.06	−26.3

4. 分析提要

通过纵向和动态比较(以 2018 年为比较标准)发现下列情况：

(1)从投入产出各要素(即人、财、物、产、供、销、利)各方面看，除利税总额增长量与增长率为负值之外，其余皆为正值，这表明消耗、资金、产值、销售、人员均有不同程度的增长，唯盈利税额减少了，实属异常，颇有进一步分析之必要。

(2)经计算，资本金利税率下降。百元资金提供的利税额由 61.99 元下降到 19.48 元，减少 42.51 元，下降程度高达 68.58%，这表明资金占用的经济效益很差。

(3)劳动生产率下降。按增加值计算的生产率为每一职工平均产值由 3 922 元下降到 3 581 元，减少 341 元，降低 8.69%，这表明生产增值的经济效益也不佳。

(4)中间投入率上升。2018 年与 2022 年比较，中间投入率由 69.39%上升到 75.24%，上升 5.85 个百分点，上升度为 8.43%，这表明转移价值的经济效益较差。

综上所述，可见该地区纺织企业的投入大于产出，经济效益今不如昔，不论是从增产与增收的角度去看，还是从劳动耗费和资金占用节约的角度去看，其经济效益都不理想。

三、正确运用相对指标的原则

上述六种相对指标从不同的角度出发，运用不同的对比方法，或对两个同类指标数值进行静态的或动态的比较；或对总体各部分之间的关系进行数量分析；或对两个不同总体之间的联系程度和比例做比较，这些是统计中常用的基本数量分析方法。要使相对指标在统计分析中起到应有的作用，在计算和应用相对指标时应该遵循以下原则：

(一)对比指标的可比性原则

相对指标是通过相互联系的统计指标之间的对比，来研究和分析客观现象之间的数量对比关系的。因此保持对比指标之间的可比性，是计算和运用相对指标的基本要求。客观经济现象内容不可比、统计范围不可比、统计口径不可比、计算方法和计量单位不可比，都会导致统计分析结论的错误。

(二)相对指标与统计分组结合运用

统计分组是统计分析中经常应用的重要方法，结构相对指标、比例相对指标等必须以其作为基础加以应用。除此之外，为了全面地分析客观现象的计划完成情况、发展变化关系，必须运用科学的分组方法。因此，相对指标与统计分组的科学配合是统计研究的一项重要内容。

(三)相对指标与总量指标结合运用

由于总量指标和相对指标的作用不同，为了能获得对社会经济现象比较完整和深入的认识，需要将二者结合起来运用。相对指标与总量指标相比，能更明显地反映现象之间的联系和对比关系。但相对指标一般是由两个总量指标对比形成的，其比值是把总量指标抽象化之后的结果。因此，仅从相对指标上看不出现象原有的规模和水平，这就掩盖了现象之间绝对数上的差别。由于在事物的比较过程中，有时候会出现总量指标较大、相对指标较小，或总量指标较小、相对指标较大的现象，因此，在运用相对指标研究客观现象的数量对比关系时，必须联系其所依据的基本指标，即必须与其背后的绝对水平和绝对差异相结合，以便客观地评价事物的发展变化情况。

(四)多种相对指标综合运用

在实际工作中，把相互有联系的各种相对指标结合起来运用，构建一个指标体系，可以更深刻、更全面地说明客观事物的性质，使我们得出正确的结论。例如，评价某个企业某年度的劳动生产率水平时，既要看计划完成情况，又要看动态变化程度，还要看与同行业先进水平之间的差异程度，这样才能做出客观、全面的分析。

任务三 集中趋势的描述

集中趋势是指一组数据向其中心值靠拢的倾向，测度集中趋势也就是寻找数据一般水平的代表值或中心值。取得集中趋势代表值的方法通常有两种：一是从总体各单位变量值中抽象出具有一般水平的量，这个量不是各个单位的具体变量值，但又要反映总体各单位的一般水平，这种平均数称为数值平均数。数值平均数有算术平均数、调和平均数、几何平均数等形式。另一种是先将总体各单位的变量值按一定顺序排列，然后取某一位置的变量值来反映总体各单位的一般水平，把这个特殊位置上的数值看作平均数，称为位置平均数。位置平均数有众数、中位数、四分位数等形式。

一、算术平均数

算术平均数是集中趋势测度中最重要的一种，它是所有平均数中应用最广泛的平均数。它的计算方法与许多社会经济现象中个别现象与总体现象之间存在的客观数量关系相符合。

例如，企业职工的工资总额就是各个职工工资额的总和，职工的平均工资必等于职工的工资总额与职工总人数之比。所以，算术平均数的基本公式应该是：

$$算术平均数=\frac{总体标志总量(变量值总量)}{总体单位总量(变量值个数)}$$

利用上式计算时，要求各变量值必须是同质的，分子与分母必须属于同一总体，即公式的分子是分母具有的标志值，分母是分子的承担者。在实际工作中，就手工计算而言，由于所掌握的统计资料的不同，利用上述公式计算时，可分为简单算术平均数和加权算术平均数两种。

（一）简单算术平均数

简单算术平均数是根据未经分组整理的原始数据计算的均值。设一组数据为 x_1，x_2，...，x_n，则简单算术平均数的计算公式如下：

$$\bar{x}=\frac{x_1+x_2+\ldots+x_n}{n}=\frac{\sum x}{n}$$

【统计实例 3－14】 已知 5 名工人的当月工资分别为 3 600 元、4 780 元、5 050 元、4 100 元、2 900 元。根据资料计算 5 名工人的平均工资：

$$\text{平均月薪}\ \bar{x}=\frac{\sum_{i=1}^{n}x_i}{n}=\frac{3\ 600+4\ 780+5\ 050+4\ 100+2\ 900}{5}=4\ 086(\text{元})$$

（二）加权算术平均数

根据分组资料计算算术平均数，平均数的大小不仅受到各组变量值大小的影响，而且受到各个变量值出现次数多少的影响，因此需用下式计算其平均数：

$$\bar{x}=\frac{x_1f_1+x_2f_2+\ldots+x_nf_n}{f_1+f_2+\ldots+f_n}=\frac{\sum xf}{\sum f}$$

上式中：x 代表各组变量值，f 代表各组变量值出现的频数。

1. 根据单项式数列计算算术平均数

【统计实例 3－15】 某厂金工车间 20 名工人加工某种零售的产量资料如表 3－8 所示，要求根据资料计算全部职工平均的日产量。

表 3－8　　20 名工人零件生产数量分组资料

按日产量分组(件)x	工人数(人)f	总产量(件)xf
14	2	28
15	4	60
16	8	128
17	5	85
18	1	18
合　计	20	319

解：20 名工人平均的日产量：

$$\bar{x}=\frac{\sum xf}{\sum f}=\frac{14\times2+15\times4+16\times8+17\times5+18\times1}{2+4+8+5+1}=\frac{319}{20}=15.95(\text{件})$$

2. 根据组距式数列计算算术平均数

【统计实例 3－16】 某企业职工按工资分组资料如表 3－9 所示，要求根据资料计算全部职工的平均工资。

表 3—9 企业职工工资分组资料

工资(元) x	职工人数	
	f	$f/\sum f$
400～500	50	16.7
500～600	70	23.3
600～700	120	40
700～800	60	20
合　计	300	100

解：

表 3—10 企业职工工资分组计算

工资(元)	组中值 x	职工人数		xf	$x(f/\sum f)$
		f	$f/\sum f$		
400～500	450	50	16.7	22 500	75.15
500～600	550	70	23.3	38 500	128.15
600～700	650	120	40	78 000	260
700～800	750	60	20	45 000	150
合　计	—	300	100	184 000	613.3

根据表 3—10，平均工资为：

$$\bar{x}=\frac{\sum xf}{\sum f}=\frac{184\ 000}{300}=613.33(\text{元})$$

也可以这样计算：

$$\bar{x}=\sum x\frac{f}{\sum f}=613.33(\text{元})$$

◎温馨提醒

利用组中值作为本组平均值计算算术平均数，是在各组内的标志值分布均匀的假定下。计算结果与未分组数列的相应结果可能会有一些偏差，应用时应予以注意。在统计分析过程中，如果搜集到的是经过初步整理的次级数据，或数据要求不很精确的原始数据资料，可用此法计算均值。如果要求结果十分精确，那么需用原始数据的全部实际信息。如果计算量很大，可借助计算机的统计功能。

(三)权数的作用与选择

1. 权数的作用

加权算术平均数中的权数，指的就是标志值出现的次数或各组次数占总次数的比重。在计算平均数时，由于出现次数多的标志值对平均数的影响大些，出现次数少的标志值对平均数的影响小些，因此就把次数称为权数。在分组数列的条件下，当各组标志值出现的次数或各组次数所占比重均相等时，权数对各组的作用都一样，就失去了加权的意义，这时用加权算术平均数计算的结果与用简单算术平均数计算的结果相同。因此，简单算术平均数是加权算术平均数的特例。权数不但可以用次数、频数（即总体各组单位数）这种绝对数表示，还可以用比重、频率这种相对数表示。

【统计实例 3－17】 两个班组工人生产资料如表 3－11 所示，根据资料分别计算两个班组工人的平均日产量。

表 3－11 **某企业两个班组工人的日产量**

一班			二班		
日产量(件)x	工人(人)f	比重(%)	日产量(件)x	工人(人)f	比重(%)
20	2	10	20	1	5
21	1	5	21	1	5
22	**15**	**75**	22	1	5
23	1	5	23	1	5
24	1	5	**24**	**16**	**80**
合　计	20	100	合　计	20	100

根据表 3－11，计算得到：

$$\text{一班工人平均日产量}\quad \bar{x}=\frac{\sum xf}{\sum f}=21.9(\text{件})$$

$$\text{二班工人平均日产量}\quad \bar{x}=\frac{\sum xf}{\sum f}=23.5(\text{件})$$

可见，加权算术平均数的大小取决于两个因素：一是总体各单位标志值，二是各标志值的次数。当较大标志值的次数较多时，平均数就接近于标志值大的一方；当较小标志值的次数较多时，平均数就接近于标志值小的一方。

2. 权数的选择

在分组数列的条件，一般来说，次数就是权数，但在计算相对指标的平均数时，经常会遇到次数是不合适的权数的情况。在计算相对数的平均数时，应根据相对指标的含义，选择适当的权数。

【统计实例 3－18】 某季度某工业公司 18 个工业企业产值计划完成程序资料如表 3－12 所示，计算平均产值计划完成程度。

$$\text{平均产值计划完成程度}=\frac{\text{实际完成产值}}{\text{计划产值}}=\frac{\sum xf}{\sum f}$$

$$=\frac{26\ 175}{24\ 900}\times100\%=105.12\%$$

表 3－12 **某工业公司产值完成情况**

产值计划完成程度(%)	组中值(%)x	企业数(个)	计划产值(万元)f	实际产值(万元)xf
80～90	85	2	800	680
90～100	95	3	2 500	2 375

续表

产值计划完成程度(%)	组中值(%)x	企业数(个)	计划产值(万元)f	实际产值(万元)xf
100～110	105	10	17 200	18 060
110～120	115	3	4 400	5 060
合　计	—	18	24 900	26 175

计划完成相对数的计算公式是实际完成数与计划任务数之比，因此，平均计划完成程度的计算只能是所有企业的实际完成数与其计划任务数之比，不能把各个企业的计划完成百分数简单平均。

◎温馨提醒

选择权数的原则：

1. 变量与权数的乘积必须有实际经济意义。
2. 依据相对数或平均数本身的计算方法来选择权数。

二、调和平均数

(一)调和平均数的计算方法

调和平均数是各个变量值(标志值)倒数的算术平均数的倒数。它是根据各个变量值的倒数计算的平均数，所以又称倒数平均数，一般用符号 $\overline{x_H}$ 表示。从其计算方法来说，与算术平均数类似，调和平均数也有简单和加权两种形式，其计算公式分别为：

$$\overline{x_H}=\frac{n}{\frac{1}{x_1}+\frac{1}{x_2}+\ldots+\frac{1}{x_n}}=\frac{n}{\sum_{i=1}^{n}\frac{1}{x_i}}$$

$$\overline{x_H}=\frac{m_1+m_2+\ldots+m_n}{\frac{m_1}{x_1}+\frac{m_2}{x_2}+\ldots+\frac{m_n}{x_n}}=\frac{\sum_{i=1}^{n}m_i}{\sum_{i=1}^{n}\frac{m_i}{x_i}}$$

由于调和平均数也可以看成变量 x 的倒数的算术平均数的倒数，因此有时也称“倒数平均数”。

【统计实例 3—19】 某人买了 4 种股票，各用去 1 000 元，每种股票的价格分别为 5.45 元、5.76 元、6.10 元、5.90 元，试计算平均价格。

$$\overline{x_H}=\frac{\sum_{i=1}^{4}m_i}{\sum_{i=1}^{4}\frac{m_i}{x_i}}=\frac{4\ 000}{\frac{1\ 000}{5.45}+\frac{1\ 000}{5.76}+\frac{1\ 000}{6.10}+\frac{1\ 000}{5.9}}=5.79(\text{元}/\text{股})$$

(二)由相对数或平均数计算平均数

【统计实例 3—20】 设有某行业 150 家企业的有关产值和利润资料如表 3—13 所示。

表 3—13　　某行业产值和利润情况

产值利润率(%)	一季度		二季度	
	企业数(家)	实际产值(万元)	企业数(家)	实际利润(万元)
5～10	30	5 700	50	710
10～20	70	20 500	80	3 514
20～30	50	22 500	20	2 250
合　计	150	48 700	150	6 474

表 3—13 中给出的是按产值利润率分组的企业个数、实际产值和实际利润资料。应该注意,产值利润是一个相对指标,而不是平均指标。为了计算全行业的平均产值利润率,必须以产值利润率的基本公式为依据:

$$产值利润率=\frac{实际利润}{实际产值}\times 100\%$$

选择适当的权数资料、适当的平均数形式,对各组企业的产值利润率进行加权平均。容易看出,计算第一季度的平均产值利润率,应该采用实际产值加权,进行算术平均,即有:

$$\begin{aligned}\text{一季度平均产值利润率}&=\frac{\sum xf}{\sum f}=\frac{0.075\times 5\ 700+0.15\times 20\ 500+0.25\times 22\ 500}{5\ 700+20\ 500+22\ 500}\\&=\frac{9\ 127.5}{48\ 700}\times 100\%=18.74\%\end{aligned}$$

而计算第二季度的平均产值利润率,则应该采用实际利润加权,进行调和平均,即有:

$$\begin{aligned}\text{二季度平均产值利润率}&=\frac{\sum m}{\sum \frac{m}{x}}=\frac{710+3\ 514+2\ 250}{\frac{710}{0.075}+\frac{3\ 514}{0.15}+\frac{2\ 250}{0.25}}\\&=\frac{6\ 474}{41\ 893.3}\times 100\%=15.45\%\end{aligned}$$

由上例可见,对于同一问题的研究,算术平均数和调和平均数的实际意义是相同的,计算公式也可以相互推算,采用哪一种方法完全取决于所掌握的实际资料。一般的做法是,如果掌握的是基本公式中的分母资料,则采用算术平均数;如果掌握的是基本公式中的分子资料,则采用调和平均数的计算公式。

(三)调和平均数特点

(1)调和平均数易受极端值的影响,且受极小值的影响比受极大值的影响更大。

(2)只要有一个变量值为零,就不能计算调和平均数。

(3)当组距数列有开口组时,其组中值即使按相邻组距计算了,假定性也很大,这时,调和平均数的代表性就很不可靠。

(4)调和平均数应用的范围较小。

三、几何平均数

几何平均数也称几何均值,它是 n 个变量值乘积的 n 次方根。根据统计资料的不同,几何平均数也有简单几何平均数和加权几何平均数之分。

（一）简单几何平均数

直接将 n 项变量连乘，然后对其连乘积开 n 次方根所得的平均数即为简单几何平均数。它是几何平均数的常用形式。计算公式为：

$$\overline{x_G}=\sqrt[n]{x_1\cdot x_2\cdot x_3\cdot\ldots\cdot x_n}=\sqrt[n]{\prod_{i=1}^{n}x_i}$$

上式中：$\overline{x_G}$ 代表几何平均数，Π 代表连乘符号。

【统计实例 3－21】 某流水生产线有前后衔接的五道工序。某日各工序产品的合格率分别为 95%、92%、90%、85%、80%，整个流水生产线产品的平均合格率为：

$$\overline{x_G}=\sqrt[5]{0.95\times0.92\times0.90\times0.85\times0.80}$$
$$=\sqrt[5]{0.5349}=88.24\%$$

（二）加权几何平均数

与算术平均数一样，当资料中的某些变量值重复出现时，相应地，简单几何平均数就变成了加权几何平均数。计算公式为：

$$\bar{x}_G=\sqrt[\sum f]{x_1^{f_1}\cdot x_2^{f_2}\cdot x_3^{f_3}\cdot\ldots\cdot x_n^{f_n}}=\sqrt[\sum f]{\prod_{i=1}^{n}x_i^{f_i}}$$

上式中：f_i 代表各个变量值出现的次数。

【统计实例 3－22】 某工商银行某项投资年利率是按复利计算的。25 年的利率分配如表 3－14 所示，计算 25 年的平均年利率。

表 3－14　　投资年利率分组

年利率(%)	本利率(%)x	年数(频数)f
3	103	1
4	104	4
8	108	8
10	110	10
15	115	2
合　计	—	25

解：按公式计算 20 年的平均年利率：

$$\bar{x}_G=\sqrt[25]{103\%^1\times104\%^4\times108\%^8\times110\%^{10}\times115\%^2}$$
$$=\sqrt[25]{1.03\times1.1699\times1.8509\times2.5937\times1.3225}$$
$$=\sqrt[25]{7.6504}=1.0848=108.48\%$$

即 25 年的平均年利率为 108.48%－1＝8.48%。

（三）几何平均数特点

(1)几何平均数受极端值的影响较算术平均数小。

(2)如果变量值有负值，计算出的几何平均数就会成为负数或虚数。

(3)它仅适用于具有等比或近似等比关系的数据。

(4)几何平均数的对数是各变量值对数的算术平均数。

◎案例分析

增进民生福祉·我国人口平均预期寿命不断提高

平均预期寿命,通常表示为一个人口群体从出生起平均存活的年龄(岁)。平均预期寿命可以反映出一个社会人民生活质量的高低。社会经济条件、卫生医疗水平影响着人们的寿命。所以不同的社会,不同的时期,人们寿命的长短有着很大的差别;同时,由于体质、遗传因素、生活条件等个人差异,也使每个人的寿命长短相差悬殊。

继 2000 年我国进入长寿国家行列之后,我国人均预期寿命持续提高,其中:

2005 年,国家统计局数据显示,人口平均预期寿命 72.95 岁,其中男性平均预期寿命 70.83 岁,女性平均预期寿命 75.25 岁。

2010 年,国家统计局数据显示,人口平均预期寿命 74.83 岁,其中男性平均预期寿命 72.38 岁,女性平均预期寿命 77.37 岁。

2015 年,国家统计局数据显示,人口平均预期寿命 76.34 岁,其中男性平均预期寿命 73.64 岁,女性平均预期寿命 79.43 岁。

从 2015 年到 2019 年,根据国家卫健委数据,我国居民人均预期寿命从 76.3 岁提高到 77.3 岁,4 年提高了 1 岁。根据党的二十大报告,2021 年居民人均预期寿命为 78.2 岁,比 2020 年 77.93 岁再次提高。

人均预期寿命是衡量一个国家或地区现阶段经济社会发展水平及医疗卫生服务水平的综合指标。我国平均预期寿命不断提升,说明人民生活得到全方位改善,民生领域实现了伟大成就,在幼有所育、学有所教、劳有所得、病有所医、老有所养、住有所居、弱有所扶上持续用力,增进民生福祉。

资料来源:根据《习近平:高举中国特色社会主义伟大旗帜 为全面建设社会主义现代化国家而团结奋斗——在中国共产党第二十次全国代表大会上的报告》《2021 年我国卫生健康事业发展统计公报》编辑。

四、众数

(一)众数的含义

众数是指总体中出现次数最多的标志值,是总体各单位一般水平的代表值,反映现象的集中趋势。在单位数不多或一个无明显集中趋势的资料中,众数的测定没有意义。

【统计实例 3－23】 某商场某季度男皮鞋销售情况如表 3－15 所示,问该商场男皮鞋的哪个号码应该备得最多?

表 3－15　　某商场某季度男皮鞋销售情况

男皮鞋号码(厘米)	销售量(双)
24.0	12
24.5	84
25.0	118
25.5	541
26.0	320

续表

男皮鞋号码(厘米)	销售量(双)
26.5	104
27.0	52
合　计	1 200

从表3—15中可以看到,25.5厘米的鞋号销售量最多,如果计算算术平均数,则平均号码为25.65厘米,而这个号码显然是没有实际意义的,而直接用25.5厘米作为顾客对男皮鞋所需尺寸的集中趋势既便捷又符合实际,鞋号25.5厘米就是众数。

(二)众数计算

(1)由单项数列确定众数。在单项数列情况下,众数的确定很简单,次数最多的组的标志值便是众数。

(2)由组距数列确定众数。在组距数列情况下,确定众数方法是:首先在数列中找到次数最多的组,然后用公式计算众数的近似值。计算公式为:

$$M_0=L+\frac{\Delta_1}{\Delta_1+\Delta_2}\times d$$

$$M_0=U-\frac{\Delta_2}{\Delta_1+\Delta_2}\times d$$

上式中:L 代表众数所在组下限;U 代表众数所在组上限;Δ_1 代表众数所在组次数与其下限的邻组次数之差;Δ_2 代表众数所在组次数与其上限的邻组次数之差;d 代表众数所在组组距。

【统计实例3—24】 根据表3—16的数据,计算50名工人日加工零件数的众数。

表3—16　　某企业50名工人加工零件均值计算

按零件数分组	组中值 x	频数 f
105～110	107.5	3
110～115	112.5	5
115～120	117.5	8
120～125	**122.5**	**14**
125～130	127.5	10
130～135	132.5	6
135～140	137.5	4
合　计	—	50

解:从表3—16中的数据可以看出,最大的频数值是14,即众数组为120～125这一组,根据公式得50名工人日加工零件的众数为:

$$M_0=120+\frac{14-8}{(14-8)+(14-10)}\times 5=123(\text{件})$$

或:

$$M_0=125-\frac{14-10}{(14-8)+(14-10)}\times 5=123(\text{件})$$

众数是一种位置平均数,是总体中出现次数最多的变量值,因而在实际工作中有时有它特殊的用途。例如，要说明一个企业中工人最普遍的技术等级，说明消费者需要的内衣、鞋袜、帽子等最普遍的号码，说明农贸市场上某种农副产品最普遍的成交价格等，都需要利用众数。但是必须注意，从分布的角度看，众数是具有明显集中趋势点的数值，一组数据分布的最高峰点所对应的数值即为众数。当然，如果数据的分布没有明显的集中趋势或最高峰点，众数也可能不存在；如果有两个最高峰点，也可以有两个众数。只有在总体单位比较多，而且又明显地集中于某个变量值时，计算众数才有意义。

(三)众数特点

(1)众数是以它在所有标志值中所处的位置确定的全体单位标志值的代表值，它不受分布数列的极大或极小值的影响，从而增强了众数对分布数列的代表性。

(2)当分组数列没有任何一组的次数占多数，也即分布数列中没有明显的集中趋势，而是近似于均匀分布时，则该次数分配数列无众数。若将无众数的分布数列重新分组或各组频数依序合并，又会使分配数列再现出明显的集中趋势。

(3)如果与众数组相比邻的上下两组的次数相等，则众数组的组中值就是众数值；如果与众数组比邻的上一组的次数较多，而下一组的次数较少，则众数在众数组内会偏向该组下限；如果与众数组比邻的上一组的次数较少，而下一组的次数较多，则众数在众数组内会偏向该组上限。

(4)缺乏敏感性。这是由于众数的计算只利用了众数组的数据信息，不像数值平均数那样利用了全部数据信息。

五、中位数

(一)中位数的含义

中位数是将数据按大小顺序排列起来，形成一个数列，居于数列中间位置的那个数据就是中位数。中位数用 M_e 表示。从中位数的定义可知，所研究的数据中有一半小于中位数，一半大于中位数。中位数的作用与算术平均数相近，也是所研究数据的代表值。在一个等差数列或一个正态分布数列中，中位数就等于算术平均数。

在数列中出现了极端变量值的情况下，用中位数作为代表值要比用算术平均数更好，因为中位数不受极端变量值的影响；如果研究目的就是为了反映中间水平，当然也应该用中位数。在统计数据的处理和分析时，可结合使用中位数。

(二)中位数的计算

确定中位数，必须将总体各单位的标志值按大小顺序排列，最好是编制出变量数列。这里有两种情况：

1. 对于未分组的原始资料，必须将标志值按大小排序

设排序的结果为：

$$x_1 \leqslant x_2 \leqslant x_3 \leqslant \ldots \leqslant x_n$$

则中位数就可以按下面的方式确定：

$$M_e = \begin{cases} x_{\frac{n+1}{2}} & (n\ 为奇数) \\ \dfrac{x_{\frac{n}{2}} + x_{\frac{n}{2}+1}}{2} & (n\ 为偶数) \end{cases}$$

【统计实例 3－25】 某生产车间 50 名工人日加工零件数(单位:个)如下。试计算 50 名工人日加工零件数的中位数。

117	122	124	129	139	107	117	130	122	125
108	131	125	117	122	133	126	122	118	108
110	118	123	126	133	134	127	123	118	112
112	134	127	123	119	113	120	123	127	135
137	114	120	128	124	115	139	128	124	121

解:为便于计算,可先对上面的数据进行排序,结果如下:

107	108	108	110	112	112	113	114	115	117
117	117	118	118	118	119	120	120	121	122
122	122	122	123	123	123	123	124	124	124
125	125	126	126	127	127	127	128	128	129
130	131	133	133	134	134	135	137	139	139

中位数的位置在(50＋1)/2＝25.5,中位数在第 25 个数值(123)和第 26 个数值(123)之间,即 M_e＝(123＋123)/2＝123(件)。

2. 由分组资料确定中位数

由组距数列确定中位数,应先按$\frac{\sum f}{2}$的公式求出中位数所在组的位置,然后再按下限公式或上限公式确定中位数。

$$\text{下限公式}:M_e=L+\frac{(\sum f/2)-S_{m-1}}{f_m}\times d$$

$$\text{上限公式}:M_e=U-\frac{(\sum f/2)-S_{m+1}}{f_m}\times d$$

上式中:M_e 代表中位数;L 代表中位数所在组下限;U 代表中位数所在组上限;f_m 代表为中位数所在组的次数;$\sum f$ 代表总次数;d 代表中位数所在组的组距;S_{m-1} 代表中位数所在组以下的累计次数;S_{m+1} 代表中位数所在组以上的累计次数。

【统计实例 3－26】 根据[统计实例 3－24]的数据,计算 50 名工人日加工零件数的中位数。

解:计算某企业 50 名工人加工零件中位数,其结果如表 3－17 所示。

表 3－17　　某企业 50 名工人加工零件中位数计算

按零件数分组(个)	频数(人)	向上累计(人)	向下累计(人)
105～110	3	3	50
110～115	5	8	47
115～120	8	16	42
120～125	14	30	34

续表

按零件数分组(个)	频数(人)	向上累计(人)	向下累计(人)
125～130	10	40	20
130～135	6	46	10
135～140	4	50	4

由表 3—17 可知,中位数的位置＝50/2＝25,即中位数在 120～125 这一组,$L=120$,$S_{m-1}=16$,$U=125$,$S_{m+1}=20$,$f_m=14$,$d=5$,根据中位数公式得:

$$M_e=120+\frac{\frac{50}{2}-16}{14}\times5=123.21(\text{件})$$

或

$$M_e=125-\frac{\frac{50}{2}-20}{14}\times5=123.21(\text{件})$$

(三)中位数特点

(1)中位数是以它在所有标志值中所处的位置确定的全体单位标志值的代表值,不受分布数列的极大或极小值影响,从而在一定程度上提高了中位数对分布数列的代表性。

(2)有些离散型变量的单项式数列,当次数分布偏态时,中位数的代表性会受到影响。

(3)缺乏敏感性。

六、位置平均数和算术平均数的关系

众数、中位数和算术平均数都反映被研究数量分布的集中趋势,它们存在一定的关系,这种关系既反映总体数量分布的特征,也可用以相互之间的估算。

算术平均数、众数和中位数之间的关系与次数分布数列有关。在次数分布完全对称时,算术平均数、众数和中位数都是同一数值(如图 3—2 所示);在次数分布非对称时,算术平均数、众数和中位数不再是同一数值了,而具有相对固定的关系。在尾巴拖在右边的正偏态(或右偏态)分布中,众数最小,中位数适中,算术平均数最大(如图 3—3 所示);在尾巴拖在左边的负偏态(或左偏态)分布中,众数最大,中位数适中,算术平均数最小(如图 3—4 所示)。

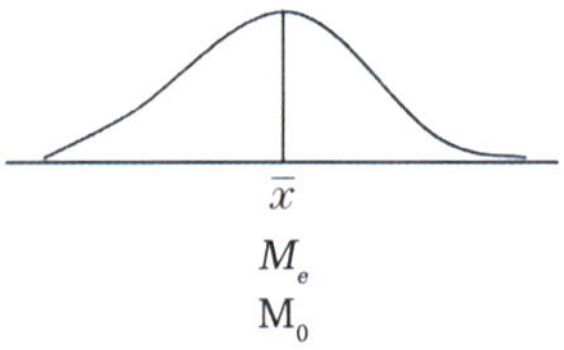

图 3—2

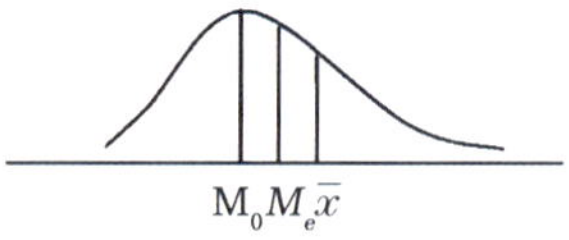

图 3—3

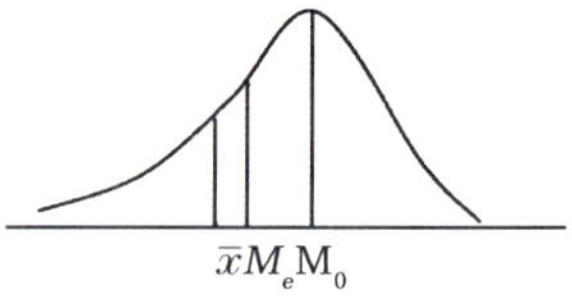

图 3—4

在统计实务中,可以利用算术平均数、中位数和众数的数量关系判断次数分布的特征。此外,还可利用三者的关系相互估算。根据经验,在分布偏斜程度不大的情况下,不论右偏或左偏,三者都存在一定的比例关系,即众数与中位数的距离约为算术平均数与中位数的距离 2 倍,用公式表示为:$M_e-M_0=2\times(\bar{x}-M_e)$,由此可以得到三个推导公式:

$$\bar{x}=\frac{3M_e-M_0}{2}$$

$$M_e=\frac{M_0-2\bar{x}}{3}$$

$$M_0=3M_e-2\bar{x}$$

◎温馨提醒

众数、中位数和算术平均数各自具有不同的特点，掌握它们之间的关系和各自的特点，有助于我们在实际应用中选择合理的测度值来描述数据的集中趋势。

众数是一种位置代表值，易理解，不受极端值的影响。任何类型的数据资料都可以计算，但主要适合于作为定类数据的集中趋势测度值；即使资料有开口组也能够使用众数。众数不适于进一步代数运算；有的资料众数根本不存在；当资料中包括多个众数时，很难对它进行比较和说明，应用不如算术平均数广泛。

中位数也是一种位置代表值，不受极端值的影响；除了数值型数据，定序数据也可以计算，而且主要适合于作为定序数据的集中趋势测度值，开口组资料也不影响计算。中位数不适于进一步代数运算，应用不如算术平均数广泛。

算术平均数的含义通俗易懂，直观清晰；全部数据都要参加运算，因此它是一个可靠的具有代表性的量；任何一组数据都有一个平均数，而且只有一个平均数；用统计方法推断几个样本是否取自同一总体时，必须使用算术平均数；具有优良的数学性质，适合于代数方法的演算。算术平均数是实际中应用最广泛的集中趋势测度值，主要适合于作为定距和定比数据的集中趋势测度值；最容易受极端值的影响；对于偏态分布的数据，算术平均数的代表性较差；资料有开口组时，按相邻组组距计算假定性很大，代表性降低。

◎案例分析

华盛顿大学医疗中心的巴仁斯(Barnes)医院建于1914年，是为圣路易斯及其邻近地区的居民提供医疗服务的主要医院，该医院被公认为美国最好的医院之一。巴仁斯医院有一个收容计划，用以帮助身患绝症的人及其家人提高生活质量。负责收容工作的小组包括一名主治医师、一名助理医师、护士长、家庭护士和临床护士、家庭健康服务人员、社会工作者、牧师、营养师、经过培训的志愿者，以及提供其他必要辅助服务的专业人员。通过收容工作组的共同努力，家人及其家庭会获得必要的指导和支持，以帮助他们克服由于疾病、隔离和死亡而带来的紧张情绪。

在收容工作组的协作和管理上，采用每月报告和季度总结来帮助小组成员回顾过去的服务。对于工作数据的统计概括则用作方针措施的规划和执行的基础。

比如，他们搜集了有关病人被工作组收容的时间的数据。一个含有67个病人记录的样本表明，病人被收容的时间在1～185天内变化。频数分布表的使用对于概括总结收容天数的数据也是很有用的。此外，下面的描述统计学数值量度也被用于提供有关收容时间数据的有价值的信息：

平均数：35.7天

中位数：17天

众　数:1 天

对以上数据进行解释,表明了平均数即对病人的平均收容时间是 35.7 天,也就是 1 个月多一点。而中位数则表明半数病人的收容时间在 17 天以下,半数病人的收容时间在 17 天以上。众数是发生频数最多的数据值。众数为 1 天表明许多病人仅仅被收容了短短的 1 天。

案例分析:有关该收容计划的其他统计汇总还包括住院费金额、病人在家时间与在医院时间的对比、痊愈出院的病人数目、病人在家死亡和在医院死亡的数目。这些汇总结果将根据病人的年龄和医疗普及程度的不同分析。总之,描述统计学为收容服务提供了有价值的信息。

任务四　离散趋势的描述

前面提到的集中趋势只是数据分布的一个特征,它所反映的是各变量值向中心值靠拢、聚集的程度。一方面,各变量值向中心值靠拢,另一方面,各变量值之间的差异又是客观存在的。那么,各变量值之间的差异状况如何呢?这就需要考察数据的离散程度。数据的离散程度是数据分布的另一个重要特征,它所反映的是各变量值远离其中心值的程度,因此,也称为离中趋势。我们知道,集中趋势的各测度值是对数据一般水平的一个概括性度量,它对一组数据的代表程度,取决于该组数据的离散水平。数据的离散程度越大,集中趋势的测度值对该组数据的代表性就越差;离散程度越小,其代表性就越好。而离中趋势的各个测度值就是对数据离散程度所做的描述。所以说,离散程度的测度是对现象的运动过程的均衡性和稳定性做出的评价。通常情况下,对数据离散程度的测度值有极差、平均差、方差和标准差、离散系数。

一、极差

极差也称全距,是指总体各单位的两个极端标志值之差,可反映总体标志值的差异范围,即:

$$R = 最大标志值 - 最小标志值(单项式数列)$$
$$= 最高组上限 - 最低组下限$$

(组距式数列,若是开口组,则首先应当分别计算其最高组的上限和最低组的下限。)

【统计实例 3－27】 某售货小组 5 人某天的销售额分别为 440 元、480 元、520 元、600 元、750 元,则:

$$R = X_{max} - X_{min} = 750 - 440 = 310(元)$$

【统计实例 3－28】 某季度某工业公司 18 个工业企业产值计划完成情况如表 3－18 所示。

表 3－18　　某季度某工业公司 18 个工业企业产值计划完成计算

计划完成程度(%)	组中值 x(%)	企业数(家)	计划产量 f(万元)
90 以下	85	2	800
90～100	95	3	2 500
100～110	105	10	17 200
110 以上	115	3	4 400
合　计	—	18	24 900

解：$R=X_{max}-X_{min}=(110\%+10\%)-(90\%-10\%)=120\%-80\%=40\%$。

◎温馨提醒

极差不能说明整体的差异程度，尤其是存在极端值情况下，使用极差往往会造成错误的结论。在实际工作中，极差常用来检查产品质量的稳定性和控制质量。在正常生产条件下，极差在一定范围内波动，若极差超过给定的范围，就说明有异常情况出现。因此，利用极差有助于及时发现问题，以便采取措施，保证产品质量。

二、平均差

平均差是总体各单位标志对其算术平均数的离差绝对值的算术平均数。它综合反映了总体各单位标志值的变动程度。平均差越大，则表示标志变动度越大；反之，则表示标志变动度越小。

(一)简单式

适用于未分组资料的分析，计算公式为：

$$A.D=\frac{\sum|x-\bar{x}|}{N}$$

【统计实例 3—29】 某售货小组 5 个人，某天的销售额分别为 440 元、480 元、520 元、600 元、750 元，求该售货小组销售额的平均差。

$$\overline{X}=\frac{440+480+520+600+750}{5}=\frac{2\ 790}{5}=558(元)$$

$$A.D=\frac{\sum_{i=1}^{N}|X_i-\overline{X}|}{N}=\frac{|440-558|+\ldots+|750-558|}{5}=\frac{468}{5}=93.6(元)$$

即该售货小组 5 个人销售额的平均差为 93.6 元。采用标志值对算术平均数的离差绝对值之和，是因为各标志值对算术平均数的离差之代数和等于零。

(二)加权式

适用于分组资料，要用加权平均差公式：

$$A.D=\frac{\sum|x-\bar{x}|f}{\sum f}$$

【统计实例 3—30】 某企业按月收入水平分组的组距数列如表 3—19 中前两列所示，计算职工月收入的平均差。

表 3—19　　某企业按月收入水平分组的组距数

职工工资(元)	职工人数(f)	组中值(x)	xf	$x-\bar{x}$	$\|x-\bar{x}\|f$
250～270	15	260	3 900	−50	750
270～290	25	280	7 000	−30	750
290～310	35	300	10 500	−10	350
310～330	65	320	20 800	10	650
330～350	40	340	13 600	30	1 200
	180	—	55 800		3 700

解：根据公式列表计算，得到：

$$\bar{x}=\frac{\sum xf}{\sum f}=\frac{55\ 800}{180}=310(\text{元})$$

$$A.D=\frac{\sum|x-\bar{x}|f}{\sum f}=\frac{3\ 700}{180}=20.6(\text{元})$$

由于平均差采用了离差的绝对值，不便于运算，这样使其应用受到了很大限制。

◎温馨提醒

平均差的特点：

优点：不易受极端数值的影响，能综合反映全部单位标志值的实际差异程度。

缺点：用绝对值的形式消除各标志值与算术平均数离差的正负值问题，不利于做数学处理和参与统计分析运算。

三、方差与标准差

方差和标准差是测度数据变异程度的最重要、最常用的指标。标准差又称均方差，是总体各单位标志值与其算术平均数离差平方的算术平均数的平方根，用“σ”（西格玛，希腊字母）表示。标准差的实质与平均差基本相同，也表示各个标志值与平均数的平均离散程度。只是在数学处理方法上与平均差不同，平均差是用取绝对值的方法消除离差的正负号，然后用算术平均的方法求出平均离差；而标准差是用平方的方法消除离差的正负号，然后对离差的平方计算算术平均数，并开方求出标准差。

标准差的平方称为方差，用“σ^2”表示。根据所掌握的资料不同，标准差可分为简单标准差和加权标准差两种形式。方差和标准差的计算也分为简单平均法和加权平均法。

（一）简单式

适用于未分组资料的分析，计算公式为：

$$\sigma=\sqrt{\frac{\sum_{i=1}^{n}(X_i-\overline{X})^2}{n}}\qquad \sigma^2=\frac{\sum_{i=1}^{n}(X_i-\overline{X})^2}{n}$$

【统计实例 3—31】 某售货小组 5 个人，某天的销售额分别为 440 元、480 元、520 元、600 元、750 元，求该售货小组销售额的标准差。

解：

$$\overline{X}=\frac{440+480+520+600+750}{5}=\frac{2\ 790}{5}=558(\text{元})$$

$$\sigma=\sqrt{\frac{\sum_{i=1}^{N}(X_i-\overline{X})^2}{N}}=\sqrt{\frac{(440-558)^2+\cdots+(750-558)^2}{5}}$$

$$=\sqrt{\frac{60\ 080}{5}}=109.62(\text{元})$$

即该售货小组销售额的标准差为 109.62 元。

◎情景思考

请把这一结果与[统计实例 3—29]做比较,并进行分析。

（二）加权式

适用于分组资料,加权平均差计算公式为:

$$\sigma=\sqrt{\frac{\sum_{i=1}^{K}(X_i-\overline{X})^2 f_i}{\sum_{i=1}^{K} f_i}} \qquad \sigma^2=\frac{\sum_{i=1}^{K}(X_i-\overline{X})^2 f_i}{\sum_{i=1}^{K} f_i}$$

【统计实例 3—32】 甲乙两家企业某年各月总产值资料如表 3—20 所示。分别计算它们全年平均月产值及月产值分布的标准差。

表 3—20 甲乙两家企业某年各月总产值资料

甲企业 $\overline{X}=100$ 万元				乙企业 $\overline{X}=100$ 万元			
月份	产值 x	$x-\overline{x}$	$(x-\overline{x})^2$	月份	产值 x	$x-\overline{x}$	$(x-\overline{x})^2$
1	110	10	100	1	70	−30	900
2	98	−2	4	2	65	−35	1 225
3	95	−5	25	3	84	−16	256
4	99	−1	1	4	120	20	400
5	98	−2	4	5	91	−9	81
6	100	0	0	6	100	0	0
7	97	−3	9	7	68	−32	1 024
8	98	−2	4	8	73	−27	729
9	102	2	4	9	140	40	1 600
10	101	l	1	10	120	20	400
11	102	0	4	11	110	10	100
12	100	0	0	12	159	59	3 481
合计	1 200	0	156	合计	1 200	0	10 186

解:根据上列资料计算得到:

$$\overline{X}_{甲}=100(万元) \quad \overline{X}_{乙}=100(万元)$$

$$\sigma_{甲}=\sqrt{\sum(x-\overline{x})^2/n}=\sqrt{156/12}=3.605\ 6(万元)$$

$$\sigma_{乙}=\sqrt{\sum(x-\overline{x})^2/n}=\sqrt{10\ 196/12}=29.149\ 0(万元)$$

从平均数看,两企业总产值的各月平均数是一样的;但从标准差看,乙企业的标准差比甲企业大,说明乙企业各月总产值的偏差较大,而甲企业各月总产值比较均匀。

方差和标准差也是根据全部数据计算的,它反映了每个数据与其均值相比平均相差的数值,因此它能准确地反映出数据的离散程度。方差和标准差是实际中应用最广泛的离散程度测度值。

四、离散系数

上面介绍的各离散程度测度值都是反映数据分散程度的绝对值，其数值的大小一方面取决于原变量值本身水平高低的影响，也就是与变量的均值大小有关。变量值绝对水平越高，离散程度的测度值自然也就越大；绝对水平越低，离散程度的测度值自然也就越小。另一方面，它们与原变量值的计量单位相同。采用不同计量单位计量的变量值，其离散程度的测度值也就不同。因此，对于平均水平不同或计量单位不同的不同组别的变量值，不能直接用上述离散程度的测度值直接比较。为了消除变量值水平高低和计量单位不同对离散程度测度值的影响，需要计算离散系数。

离散系数通常是就标准差来计算的，因此，也称为标准差系数，它是一组数据的标准差与其相应的均值之比，是测度数据离散程度的相对指标，其计算公式为：

$$V_\sigma=\frac{\sigma}{\bar{x}} \quad 或 \quad V_S=\frac{S}{\bar{x}}$$

式中：V_σ 和 V_s 分别表示总体离散系数和样本离散系数。

离散系数要是用于比较不同组别数据的离散程度，离散系数大的说明该组数据的离散程度也大，离散系数小的说明该组数据的离散程度也小。

【统计实例 3－33】 某管理局抽查了所属的 8 家企业，其产品销售数据如表 3－21 所示。试比较产品销售额与销售利润的离散程度。

表 3－21　　某管理局所属 8 家企业的产品销售数据

企业编号	产品销售额 X_1（万元）	销售利润 X_2（万元）
1	170	8.1
2	220	12.5
3	390	18.0
4	430	22.0
5	480	26.5
6	650	40.0
7	950	64.0
8	1 000	69.0

解：由于销售额与利润额的数据水平不同，不能直接用标准差比较，需要计算离散系数。由表中数据计算得：

$$\overline{X}_1=536.25(万元) \quad S_1=309.19(万元) \quad V_1=\frac{309.19}{536.25}=0.577$$

$$\overline{X}_2=32.521\,5(万元) \quad S_2=23.09(万元) \quad V_2=\frac{23.09}{32.512\,5}=0.710$$

计算结果表明，$V_1<V_2$，说明产品销售额的离散程度小于销售利润的离散程度。

◎知识拓展

基尼系数(Gini Coefficient)为意大利经济学家卡拉多·基尼(Corrado Gini,1884—1965年)于1912年提出的,定量测定收入分配差异程度。其经济含义是:在全部居民收入中,用于进行不平均分配的那部分收入占总收入的百分比。基尼系数最大为“1”,最小为“0”。前者表示居民之间的收入分配绝对不平均,即100%的收入被一个单位的人全部占有了;而后者则表示居民之间的收入分配绝对平均,即人与人之间收入完全平等,没有任何差异。但这两种情况只是在理论上的绝对化形式,在实际生活中一般不会出现。因此,基尼系数的实际数值只能介于0~1。

按照联合国有关组织规定:基尼系数低于0.2表示收入绝对平均;0.2~0.3表示收入比较平均;0.3~0.4表示收入相对合理;0.4~0.5表示收入差距较大;0.5以上表示收入差距悬殊。

上机实训　用Excel计算静态指标并进行分析

一、对未分组资料计算各种静态指标

上机实训课件

静态指标计算与分析

上机实训统计资料 项目三

授课视频

项目三 未分组静态之函数公式分析

现有某小区10名同龄幼儿身高的原始资料(单位:厘米):

73　74　75　68　69　68　70　71　73　72

请根据这一未分组资料计算各种静态指标。

其具体操作步骤如下:

第一步,启动Excel,建立一个工作簿Book1,将这些数据输入工作表的A2~A11单元格。

第二步,根据Excel提供的公式,用函数计算各种分析指标。

(一)算术平均数

选择一空单元格,如在D2中输入“=AVERAGE(A2:A11)”,按回车键后得算术平均数为71.3。

(二)调和平均数

在D3中输入“= HARMEAN(A2:A11)”,按回车键后得调和平均数为71.221 147。

(三)几何平均数

在D4中输入“= GEOMEAN(A2:A11)”,按回车键后得几何平均数为71.260 596。

(四)中位数

在D5中输入“= MEDIAN(A2:A11)”,按回车键后得中位数为71.5。

(五)众数

在D6中输入“= MODE(A2:A11)”,按回车键后得众数为73。

(六)全距

在D7中输入“=MAX(A2:A11)-MIN(A2:A11)”,按回车键后得全距为7。

（七）平均差

在 D8 中输入“＝AVEDEV(A2:A11)”，按回车键后得平均差为 2.1。

（八）方差

在 D9 中输入“＝VAR(A2:A11)”，按回车键后得方差为 6.233 333。

（九）标准差

在 D10 中输入“＝STDEV(A2:A11)”，按回车键后得标准差为 2.496 664。

（十）变异系数

在 D11 中输入“＝STDEV(A2:A11)/AVERAGE(A2:A11)”，按回车键后得变异系数为 0.035 016。

在单元格 C2:C11 中依次输入“算术平均数”“调和平均数”“几何平均数”“中位数”“众数”“全距”“平均差”“方差”“标准差”“变异系数”，输出结果如表 3—22 所示。

表 3—22　　两个对照组身高数据

73	算术平均数	71.3
74	调和平均数	71.221 147
75	几何平均数	71.260 596
68	中位数	71.5
69	众数	73
68	全距	7
70	平均差	2.1
71	方差	6.233 333
73	标准差	2.496 664
72	变异系数	0.035 016

（十一）利用统计分析工具计算

除了利用上述统计函数完成统计数据分析外，Excel 还在数据分析宏程序中提供了一个描述性统计过程。我们也可以利用这个“描述统计”宏过程来计算，其方法更为简单。

从幼儿和成人中各抽出 10 人，测得其身高数据(如表 3—23 所示)。要求比较他们的身高差异程度。

授课视频

项目三
未分组静态之
描述统计

表 3—23　　幼儿和成年人身高数据

幼儿身高(cm)	成年人身高(cm)
73	172
74	174
75	168
68	173
69	166

续表

幼儿身高(cm)	成年人身高(cm)
68	169
70	172
71	177
73	180
72	170

选择“数据”菜单中的“数据分析”命令后，再选中“描述统计”来实现。其操作过程如图3—5、图3—6所示。对标题进行修改后，其结果如图3—7所示。

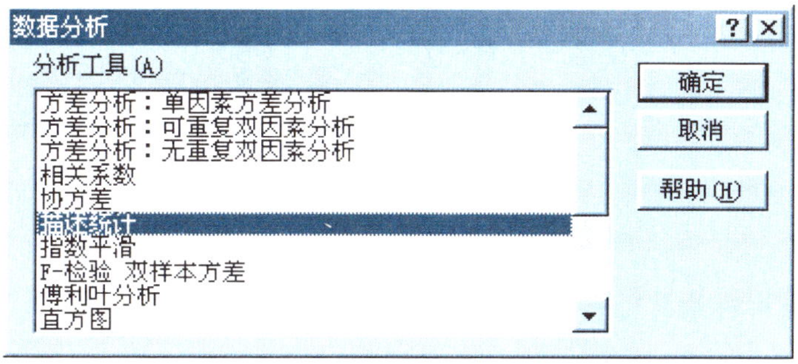

图3—5 数据分析宏程序

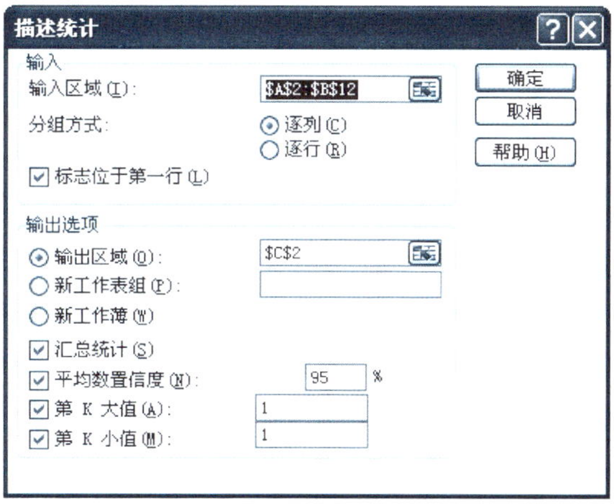

图3—6 描述性统计过程对话框

	A	B	C	D	E	F
	表3 幼儿和成人身高数据					
	幼儿身高（cm）	成年人身高（cm）	儿身高（cm）		成年人身高（cm）	
	73	172				
	74	174	平均	71.3	平均	172.1
	75	168	标准误差	0.789 515	标准误差	1.328 742
	68	173	中位数	71.5	中位数	172
	69	166	众数	73	众数	172
	68	169	标准差	2.496 664	标准差	4.201 851
	70	172	方差	6.233 333	方差	17.65 556
	71	177	峰度	-1.38 723	峰度	0.046 633
	73	180	偏度	-0.05 141	偏度	0.530 423
	72	170	区域	7	区域	14
			最小值	68	最小值	166
			最大值	75	最大值	180
			求和	713	求和	1 721
			观测数	10	观测数	10
			最大(1)	75	最大(1)	180
			最小(1)	68	最小(1)	166
			置信度(95	1.786 006	置信度(95	3.005 823

图 3—7　描述性统计结果

二、对已分组资料计算各种静态指标

（一）算术平均数

某银行 2 月为 100 家企业贷款情况资料如图 3—8 所示。

	A	B	C	D
1	贷款额（万元）	组中值x	贷款企业数（个）f	总贷款额（万元）xf
2	0~10	5	20	100
3	10~20	15	10	150
4	20~30	25	22	550
5	30~40	35	34	1 190
6	40~50	45	14	630
7	合计		100	2 620
8	26.2			

图 3—8　企业贷款情况

授课视频

项目三
已分组静态之
算术平均数

计算平均每家企业贷款额的操作如下：

第一步，计算各组的组中值。这里不能使用填充柄功能，需要输入公式。如单击 B2 单元格，输入“=(0+10)/2”，回车确认，得出 B2 组中值 5，其他各组同样操作。

第二步，计算各组贷款额和总贷款额。单击 D2 单元格，输入“=B2 * C2”，回车确认，再利用填充柄功能，用鼠标拖出其他各组的贷款额，并按“∑”按钮进行合计，得到总贷款额 2 620 万元。

第三步，计算平均数。单击任一空单元格(如 A8)，输入“=D7/C7”，回车确认，即得到总平均数 26.2 万元。

授课视频

项目三
已分组静态之
标准差方差

(二)标准差和方差

对组距数列计算标准差和方差，需要先采用公式输入结合填充柄的功能，计算出离差平方与次数乘积的总和，然后再利用 SQRT 函数计算标准差。操作中的表格设置如图 3—9 所示。

	A	B	C	D	E	F	G	H
1		组中值	贷款企业数（个）	企业数比重	平均贷款额	离差	离差平方	离差平方权数
2	贷款额（万元）	x	f	$\frac{f}{\sum f}$	$x\frac{f}{\sum f}$	$x-\bar{x}$	$(x-\bar{x})^2$	$(x-\bar{x})^2\frac{f}{\sum f}$
3	0-10	5	5	0.05	0.25	-20.1	404.01	20.2 005
4	10 20	15	15	0.15	2.25	-10.1	102.01	15.3 015
5	20-30	25	57	0.57	14.25	-0.1	0.01	0.0 057
6	30-40	35	20	0.2	7	9.9	98.01	19.602
7	40-50	45	3	0.03	1.35	19.9	396.01	11.8 803
8	合计		100	1	25.1			66.99
9	标准差	8.184742						

图 3—9 利用 Excel 计算方差和标准差

图 3—9 操作解释：

第一步，把图 3—8 另存为一个工作表，并命名为标准差，然后根据上表输入文字和公式(A1:H2 单元格的内容)。

第二步，在单元格 D3、E3、F3、G3、H3 中输入公式，各栏公式分别为：D3：“=C3/$C$8”；E3：“=B3*D3”；F3：“=B3-$E$8”；G3：“=F3*F3”；H3：“=G3*D3”。

第三步，单元格 D3、E3、F3、G3、H3 分别利用填充柄功能拖至第 7 行算出各组的数据。

第四步，其中 D、E、H 列需要分别选定第 3 至第 7 行，再按“=SUM(D3: D7)”键合计，结果分别计到 D8、E8、H8，即得到贷款额的方差 66.99。

第五步，单击任一空单元格(如 B9)，输入“=SQRT(H8)”，或输入“=SQRT(66.99)”，回车确认，即得到贷款额的标准差 8.185 万元。

◎温馨提醒

其中 $E$8 为绝对引用，以方便后续“填充柄”的使用。

◎知识归纳

1. 总量指标是用来反映社会经济现象在一定条件下的总规模、总水平或工作总量的统计指标。总量指标用绝对数表示，也就是用一个绝对数来反映特定现象在一定时间上的总量状况，它是一种最基本的统计指标。

2. 相对指标是用两个有联系的指标对比的比值来反映社会经济现象数量特征和数量关系的综合指标。

3. 算术平均数是集中趋势测度中最重要的一种，它是所有平均数中应用最广泛的平均数。因为它的计算方法是与许多社会经济现象中个别现象与总体现象之间存在的客观数量关系相符合的。

4. 调和平均数是各个变量值(标志值)倒数的算术平均数的倒数。它是根据各个变量值的倒数计算的平均数,所以又称倒数平均数。

5. 几何平均数也称几何均值,它是 n 个变量值乘积的 n 次方根。根据统计资料的不同,几何平均数也有简单几何平均数和加权几何平均数之分。

6. 众数是指总体中出现次数最多的标志值,是总体各单位一般水平的代表值,反映现象的集中趋势。

7. 中位数是将数据按大小顺序排列起来,形成一个数列,居于数列中间位置的那个数据就是中位数。

8. 极差也称全距,是指总体各单位的两个极端标志值之差,可反映总体标志值的差异范围。

9. 平均差是总体各单位标志对其算术平均数的离差绝对值的算术平均数。它综合反映了总体各单位标志值的变动程度。平均差越大,则表示标志变动度越大;反之,则表示标志变动度越小。

10. 标准差又称均方差,是总体各单位标志值与其算术平均数离差平方的算术平均数的平方根,用“σ”表示。

11. 离散系数通常是就标准差来计算的,因此,也称标准差系数,它是一组数据的标准差与其相应的均值之比,是测度数据离散程度的相对指标,其计算公式为:

$$V_\sigma=\frac{\sigma}{\bar{x}} \text{ 或 } V_S=\frac{S}{\bar{x}}$$

◎知识图表

- 静态指标描述分析
  - 总量指标的认识
    - 总量指标的概念和作用
    - 总量指标的种类
    - 总量指标的计量单位
    - 总量指标的计算和运用
  - 相对指标的认识
    - 相对指标的概念和作用
    - 相对指标的种类及其计算方法
    - 正确运用相对指标的原则
  - 集中趋势的描述
    - 算术平均数
    - 调和平均数
    - 几何平均数
    - 众数
    - 中位数
    - 位置平均数和算术平均数的关系
  - 离散趋势的描述
    - 极差
    - 平均差
    - 方差和标准差
    - 离散系数

◎关键词汇

总量指标　相对指标　算术平均数　调和平均数　几何平均数　众数　中位数　极差　平均差　标准差　离散系数

◎独立思考

1. 什么是平均指标？它们各有什么作用？
2. 在计算加权算术平均数时，权数采用频数和频率，计算结果是否相同？

3. 什么是中位数和众数？它们在统计应用中有哪些用途？
4. 什么是标志变异指标？它有哪些作用？
5. 什么是标准差系数？在什么情况下要计算标准差系数？

◎基本训练

一、单项选择题

1. 反映社会经济现象发展总规模、总水平的综合指标是（　　）。
A. 质量指标　　B. 总量指标
C. 相对指标　　D. 平均指标
2. 总量指标按反映时间状况的不同，分为（　　）。
A. 数量指标和质量指标　　B. 时期指标和时点指标
C. 总体单位总量和总体标志总量　　D. 实物指标和价值指标
3. 某厂 2018 年完成产值 2 000 万元，2019 年计划增长 10%，实际完成 2 310 万元，超额完成计划（　　）。
A. 5.5%　　B. 5%
C. 115.5%　　D. 15.5%
4. 反映不同总体中同类指标对比的相对指标是（　　）。
A. 结构相对指标　　B. 比较相对指标
C. 强度相对指标　　D. 计划完成程度相对指标
5. 下列相对数中，属于不同时期对比的指标有（　　）。
A. 结构相对数　　B. 动态相对数
C. 比较相对数　　D. 强度相对数
6. 在（　　）条件下，简单算术平均数和加权算术平均数计算结果相同。
A. 权数不等　　B. 权数相等
C. 变量值相同　　D. 变量值不同
7. 权数对算术平均数的影响作用，实质上取决于（　　）。
A. 作为权数的各组单位数占总体单位数比重的大小
B. 各组标志值占总体标志总量比重的大小
C. 标志值本身的大小
D. 标志值数量的多少
8. 我国人口中，男女人口的性别比为 105：100，这是（　　）。
A. 比例相对指标　　B. 比较相对指标
C. 强度相对指标　　D. 平均指标
9. 比较两个不同水平数列总体标志的变异程度，必须利用（　　）。
A. 标准差　　B. 离散系数
C. 平均差　　D. 全距
10. 甲乙两数列的平均数分别为 100 和 14.5，它们的标准差为 12.8 和 3.7，则（　　）。
A. 甲数列平均数的代表性高于乙数列
B. 乙数列平均数的代表性高于甲数列
C. 两数列平均数的代表性相同
D. 两数列平均数的代表性无法比较

二、多项选择题

1. 根据标志值在总体中所处的特殊位置确定的平均指标有（　　）。

A. 算术平均数　　B. 调和平均数
C. 几何平均数　　D. 众数
E. 中位数

2. 影响加权算术平均数的因素有(　　)。
A. 总体标志总量　　B. 分配数列中各组标志值
C. 各组标志值出现的次数　　D. 各组单位数占总体单位数比重
E. 权数

3. 标志变异指标有(　　)。
A. 全距　　B. 平均差
C. 标准差　　D. 离散系数
E. 相关系数

4. 在组距数列的条件下,计算中位数的公式为(　　)。

A. $M_e=L+\dfrac{\dfrac{\sum f}{2}-S_{m+1}}{f_m}\cdot d$　　B. $M_e=U-\dfrac{\dfrac{\sum f}{2}-S_{m-1}}{f_m}\cdot d$

C. $M_e=L+\dfrac{\dfrac{\sum f}{2}-S_{m-1}}{f_m}\cdot d$　　D. $M_e=U-\dfrac{\dfrac{\sum f}{2}-S_{m+1}}{f_m}\cdot d$

E. $M_e=U+\dfrac{\dfrac{\sum f}{2}-S_{m-1}}{f_m}\cdot d$

5. 几何平均数的计算公式有(　　)。

A. $\sqrt[n]{X_1\cdot X_2\cdot\ldots\cdot X_{n-1}\cdot X_n}$　　B. $\dfrac{X_1\cdot X_2\cdot\ldots\cdot X_{n-1}\cdot X_n}{n}$

C. $\dfrac{\dfrac{X_1}{2}+X_2+\ldots+X_{n-1}+\dfrac{X_n}{2}}{n-1}$　　D. $\sqrt[\sum f]{\prod X^f}$

E. $\sqrt[n]{\prod X}$

◎实战演练一

【目标】 描述统计分析指标是认识事物规律的重要的统计分析方法。上机实训对集中趋势、离中趋势指标的计算、方法的选择和应用的介绍,帮助同学们巩固理解集中趋势、离中趋势指标分析的相关知识。

【内容】 请搜集某一具体企业各产品销售情况,分析该企业各产品销售情况并分析原因。

【步骤】

(1)搜集资料,整理好分析表。

(2)运用 Excel 从集中趋势与离散趋势两方面对影响该企业各产品销售情况进行分析。

◎实战演练二

为了解现阶段技术工人对当前工作的满意度,有关部门做了调查研究。作为研究的一部分,一个由 30 名技术工人组成的样本被要求写出他们对工作、工资和升职机会的满意度。这三个方面满意度的评分都是从 0～100,且较高的分值表示较大的满意度。最后的结果如表 3－24 所示。

表 3—24 技术工人满意度数据

职员	公司类型	工作	薪资	升职机会	职员	公司类型	工作	薪资	升职机会
1	美资	74	47	63	16	美资	85	57	67
2	日资	72	76	37	17	美资	71	25	74
3	德资	75	53	92	18	德资	71	36	55
4	美资	89	66	62	19	美资	70	38	54
5	德资	69	47	16	20	日资	71	49	58
6	美资	85	56	64	21	日资	90	27	67
7	德资	89	80	64	22	日资	73	56	55
8	美资	88	36	47	23	美资	72	60	45
9	德资	88	55	52	24	日资	65	42	68
10	美资	84	42	66	25	日资	94	60	52
11	美资	90	62	66	26	美资	84	28	62
12	德资	72	59	79	27	美资	71	45	68
13	日资	82	37	54	28	日资	72	37	86
14	德资	90	56	23	29	日资	84	60	29
15	美资	64	43	61	30	美资	82	49	91

根据上面的资料，利用本项目所学的知识，对资料进行分组、汇总，计算一些重要的集中度指标和离散程度指标，并对有关指标进行必要的分析，讨论以下问题：

1. 根据完整的数据集和三个工作满意度的变量，判断哪个方面的工作是技术工人最满意的，哪个方面是最不满意的。如果有需要，你认为在哪些方面应该进行改进。试讨论。

2. 根据显示变异程度的描述统计量，技术工人对哪一方面的工作满意度差别最大？请解释。

◎实战演练三

1. 某企业 360 名工人生产某种产品的资料如表 3—25 所示：

表 3—25 360 名工人生产分组资料

工人按日产量分组(件)	工人数(人)	
	7 月	8 月
20 以下	30	18
20～30	78	30
30～40	108	72
40～50	90	120
50～60	42	90
60 以上	12	30
合　计	360	360

试分别计算7月、8月平均每人日产量，并简要说明8月平均每人日产量变化的原因。

2. 某地甲乙两个农贸市场三种主要蔬菜价格及销售额资料如表3—26所示。

表3—26　　甲乙两个农贸市场三种主要蔬菜价格及销售额资料

品　种	价　格（元/千克）	销售额（万元）	
		甲市场	乙市场
甲	0.30	75.0	37.5
乙	0.32	40.0	80.0
丙	0.36	45.0	45.0

试计算比较该地区哪个农贸市场蔬菜平均价格高，并说明原因。

3. 现有甲乙两国钢产量和人口资料如表3—27所示。

表3—27　　甲乙两国钢产量和人口资料

	甲　国		乙　国	
	2018年	2019年	2018年	2019年
钢产量（万吨）	3 000	3 300	5 000	5 250
年平均人口数（万人）	6 000	6 000	6 000	7 192

试通过计算动态相对指标、强度相对批标和比较相对指标来简单分析甲乙两国钢产量的发展情况。

4. 某班有学生150人，统计学的平均成绩为78分，标准差为8分；经济学的平均成绩为72分，标准差为7.5分。试比较该班级在统计学与经济学两科目上的成绩。

5. 有甲乙两个品种的粮食作物，经播种实验后得知甲品种的平均每公顷产量为998千克，标准差为162.7千克；乙品种实验的资料如表3—28所示。

表3—28　　乙品种实验的资料

每公顷产量（千克/公顷）	播种面积（公顷）
900	1.1
950	0.9
1 000	0.8
1 050	1.2
1 100	1

试研究两个品种的平均每公顷产量，以确定哪一品种具有较大的稳定性，更有推广价值。

项目四　动态指标描述分析

知识目标

- 了解动态数列的概念、种类及及其编制原则
- 熟练掌握平均发展水平计算方法
- 熟练掌握平均发展速度、平均增长速度的计算方法
- 掌握最小二乘法和季节变动测定法，并能进行统计分析

能力目标

- 能进行动态比较分析
- 能进行动态平均分析
- 能根据动态数列进行长期趋势测定

思政目标

- 培养学生用发展的观点分析问题
- 树立社会责任感和使命感

重点难点

- 各种动态数列分析指标的计算和应用
- 长期趋势、季节变动的测定与分析

任务引入

上一项目中，我们分析了 2021 年我国四个直辖市城镇单位按登记注册类型分城镇单位就业人员年平均工资水平，大家肯定会问，那么过去几年工资水平的变化如何呢？本项目的讨论将从时间序列即动态指标描述分析的角度展开。表 4—1 数据，根据国家统计局官网的“统计数据”栏目中的“数据查询”下的“年度数据”和“地区数据”汇总整理得到，具体采集的是“按登记注册类型分城镇单位就业人员年平均工资”中的“城镇单位就业人员年平均工资”。

表 4—1　　2017—2021 年我国直辖市城镇单位就业人员年平均工资　　单位：元

直辖市 \ 年份	2021 年	2020 年	2019 年	2018 年	2017 年
北京市	194 651	178 178	166 803	145 766	131 700
天津市	123 528	114 682	108 002	100 731	94 534
上海市	191 844	171 884	149 377	140 400	129 795
重庆市	101 670	93 816	86 559	78 928	70 889
全国	106 837	97 379	90 501	82 413	74 318

请根据表 4—1 的数据，分析 2017—2021 年我国四个直辖市城镇单位就业人员年平均工资水平的变化情况，请比较项目三的引入案例，理解本项目分析的内容以及动态指标分析特点。

任务一　动态数列分析的认识

一、动态数列分析的意义

社会经济现象在时间上的发展变化过程称为动态。应用统计方法研究社会经济现象数量方面的发展变化过程并预测其发展趋势的方法，称为动态分析法。

要进行动态分析，首先要编制动态数列。动态数列是指把反映社会经济现象的同一指标在不同时间上的指标数值，按时间先后顺序排列起来形成的数列，又称时间数列。它可以反映现象在一个较长时间内的发展变化过程及其规律性。例如，表 4—1 列示了我国 2017—2021 年四个直辖市城镇单位就业人员年平均工资动态数列，体现了四个直辖市近 5 年工资水平的变化情况。

动态数列形式上包含两部分：一是现象所属的时间，现象所属的时间可以是年份、季度、月份或其他任何时间形式。如表 4—2 分析的是 2017—2021 年各年份。二是现象在不同时间上对应的指标数值，也称动态数的发展水平。如表 4—2 反映了国内生产总值、年底总人口、城镇单位就业人员年平均工资等变量。

表 4—2　　**中国国内生产总值等动态数列**

指标 年份	国内生产总值 (亿元)	第三产业增加值 占 GDP 比重	年底总人口 (万人)	城镇单位就业人员 年平均工资(元)
2021	1 149 237	53.47%	141 260	106 837
2020	1 013 567	54.46%	141 212	97 379
2019	986 515.2	54.27%	141 008	90 501
2018	919 281.1	53.27%	140 541	82 413
2017	832 035.9	52.68%	140 011	74 318

资料来源：中华人民共和国国家统计局网。

二、动态数列的种类

根据不同的研究任务，动态数列分别可用绝对数、相对数和平均数编制。因此，动态数列可分为绝对数动态数列、相对数动态数列和平均数动态数列。

(一)绝对数动态数列

绝对数动态数列是指将反映现象总规模、总水平的某一总量指标在不同时间上的观察数值按时间先后顺序排列起来所形成的数列，是计算相对数、平均数动态数列的基础。

按其指标所反映时间状况的不同，绝对数动态数列又分为时期数列和时点数列。

时期数列中所排列的指标为时期指标，各时期上的数值分别反映现象在这一段时期内所达到的总规模、总水平，是现象在这一段时期内发展过程的累积总量。观察值具有可加性及数值大小与所属时期长短有密切联系的特点，如表 4—2 第 2 列。

时点数列中所排列的指标为时点指标，各时点上的数值分别反映现象在各该时点上所达到的总规模、总水平，是现象在某一时点上的数量表现。观察值具有时间上的不可加性及各时点上观察值大小与相邻两时点间间隔长短无密切联系的特点，如表 4—2 第 4 列。

时期数列与时点数列的区别如表 4—3 所示。

表 4—3 时期数列与时点数列的区别

区别的项目	时期数列	时点数列
从所反映的现象的性质看	反映现象在某一时期内发展的总量	反映现象在某一时点的状况或水平
从指标有无可加性看	数列中各项指标可以相加，以反映总量的变动情况	数列中各项指标不能相加，加总后的值没有意义
从指标大小与时间关系看	指标值的大小与所属时期长短直接有关，时期越长，指标值越大；反之，则越小	指标值大小与间隔时间的长短没有直接联系，间隔时间长，不一定值就大；反之，也不一定
从指标数值资料来源看	指标值通过连续统计所得	各个指标值只需在某个时点进行登记即可，不需连续统计

（二）相对数动态数列

把某一相对指标在不同时间上的指标数值按时间先后顺序排列起来而形成的动态数列，称为相对数动态数列。它反映所研究现象之间数量对比关系或相互联系的发展变化过程。如表 4—2 中的第三产业占 GDP 比重。

相对指标是由两个相互联系的总量指标对比而成的，同理，相对数动态数列是由两个总量指标动态数列对比计算产生的。相对数动态数列可以是由两个时期数列、两个时点数列或一个时期一个时点数列对比计算派生出来。由于相对数动态数列中的相对指标计算基期水平各不相同，因此，在一般情况下相对数动态数列中的各项指标值不能直接相加。

（三）平均数动态数列

将某一平均指标在不同时间上的指标值，按时间的先后顺序排列起来形成的动态数列，称为平均数动态数列。它反映现象一般水平的发展变化趋势。如表 4—2 中的职工年平均工资，再如由各时期平均成本、平均人数及平均成绩等平均指标编制的动态数列，都属于平均数动态数列。

三、编制动态数列应注意的问题

编制动态数列的目的，是为了进行动态数列分析，因而，保证数列中各项观察值具有可比性，是编制动态数列的基本原则。所谓可比性，是要求各观察值所属时间、总体范围、经济内容、计算方法、计算价格、计量单位等可比。

（一）各项观察值所属时间可比

即要求各观察值所属时间的一致性。对时期数列而言，由于各观察值的大小与所属时期的长短直接相关，因此各观察值所属时间的长短应该一致，否则不便于对比分析。对于时点数列，虽然两时点间隔长短与观察值无明显关系，但为了更好地反映现象的发展变化状况，两时点的间隔也应尽可能相等。

（二）各项观察值总体范围可比

这是就所属空间范围而言，如地区范围、隶属范围、分组范围等。当动态数列中某些观察值总体范围不一致时，必须进行适当调整使其一致，否则前后期指标数值不能直接对比。

(三)各项观察值经济内容可比

指标的经济内容是由其理论内涵所决定的,随着社会经济条件的变化,有些指标的经济内容发生了变化。对于名称相同而经济内涵不一致的指标,尤其要注意这一点,务必使各时间上的观察值内涵一致,否则就不具备可比性。例如,我国的工业总产值指标,有的年份包括了乡村企业的工业产值,有的年份则不包括。

(四)各项观察值的计算方法可比

对于指标名称总体范围和经济内容都相同的指标计算方法不同也会导致数值差异,有时甚至是极大的差异。例如国内生产总值(GDP),按照生产法、支出法、分配法计算的结果就有差异。因此,同一动态数列中,各个时期(时点)指标值的计算方法要统一。如果从某一时期计算方法做了重大改变,那么发布资料必须注明,以便动态比较时调整。

(五)计算价格和计量单位可比

统计指标的计算价格种类很多,有现行价格和不变价格之分。不变价格为了适应客观经济条件的变化也在不断调整,形成了多个时期的不变价格,编制动态数列遇到前后时期所用的计算价格不同,就需要调整,使其统一。对于实物指标的动态数列,则要求计量单位保持一致,否则也要调整。

任务二 动态数列的水平分析

动态数列水平分析指标有发展水平、平均发展水平、增长量、平均增长量四种。

一、发展水平

发展水平是指动态数列中每个时间上对应的指标数值,又称动态数列水平。它反映社会经济现象在各个时间上所达到的规模、水平和发展程度,同时也是计算其他动态数列分析指标的基础。

发展水平在动态数列中,用 $t_i(i=1,\ldots,n)$ 表示现象所属的时间,a_i 表示现象在不同时间上的观察值。

若观察的时间范围为 $t_1,t_2,\ldots,t_n$,相应的观察值表示为 $a_1,a_2,\ldots,a_n$,其中 a_1 称为最初发展水平,a_n 称为最末发展水平。

若将整个观察时期内的各观察值与某个特定时期 t_0 做比较时,时间 t 可表示为 t_0,$t_1,\ldots,t_n$,相应的观察值表示为 $a_0,a_1,\ldots,a_n$,其中 a_0 称为基期水平,a_n 称为报告期水平。

二、平均发展水平

平均发展水平是指将动态数列中各项发展水平加以平均而求得的平均数,又称为动态平均数,它表明现象在某段时期内发展变化的一般水平。它和一般平均数(静态平均数)既有共同之处又有区别。

共同之处是:二者都是将变量值的个别数量差异抽象化,概括出现象在数量上达到的一般水平。

但二者又有明显的区别,主要表现在:动态平均数抽象的是现象在不同时间上的数量差异，因而它能够从动态上说明现象在一定时期内发展变化的一般趋势；静态平均数抽象的是总体各单位某一数量标志值在同一时间上的差异，因此，它是从静态上说明现象总体各单位的一般水平。

由于不同动态数列中观察值的表现形式不同，平均发展水平有不同的计算方法。

(一)绝对数动态数列的平均发展水平

绝对数动态数列平均发展水平的计算方法是最基本的，它是计算相对数或平均数动态数列平均发展水平的基础。绝对数动态数列有时期数列和时点数列之分，平均发展水平的计算方法也有所区别。

(1)由时期数列计算平均发展水平，其计算公式为：

$$\bar{a}=\frac{a_1+a_2+\ldots+a_n}{n}=\frac{\sum a}{n}$$

上式中，$\bar{a}$ 为平均发展水平，n 为观察值的个数。

【统计实例 4－1】 根据表 4－2 中的国内生产总值序列，计算 2015—2018 年平均国内生产总值。

解：根据时期数列计算平均发展水平的公式为：

$$\bar{a}=\frac{\sum a}{n}=\frac{688\ 858+746\ 395+427\ 032+469\ 575}{4}=582\ 965(\text{亿元})$$

(2)由时点数列计算平均发展水平。在社会经济统计中一般是将一天看作一个时点，即以“一天”作为最小时间单位。这样时点数列可认为有连续时点和间断时点数列之分；而间断时点数列又有间隔相等与间隔不等之别。其平均发展水平的计算方法略有不同，分述如下：

①由连续时点数列计算平均发展水平。在统计中，对于逐日排列的时点资料，视其为连续时点资料。这样的连续时点数列，其平均发展水平公式可按以下公式计算，即：

$$\bar{a}=\frac{\sum a}{n}$$

例如，存款(贷款)平均余额指标，通常就是由报告期内每日存款(贷款)余额之和除以报告期日历数而求得。

【统计实例 4－2】 某股票连续 5 个交易日价格资料如表 4－4 所示，试计算其 5 日平均价。

表 4－4　**某股票连续 5 个交易日价格资料**　单位：元

日期	6 月 1 日	6 月 2 日	6 月 3 日	6 月 4 日	6 月 5 日
收盘价	16.2	16.7	17.5	18.2	17.8

解：$\bar{a}=\frac{\sum a}{N}=\frac{16.2+16.7+17.5+18.2+17.8}{5}=17.28(\text{元})$

另一种情形是，资料登记的时间单位仍然是 1 天，但实际上只在指标值发生变动时才记录一次。此时需采用加权算术平均数的方法计算平均发展水平，权数是每一指标值的持续天数。

计算公式如下：

$$\bar{a}=\frac{\sum af}{\sum f}$$

【统计实例 4－3】 某种商品 5 月的库存量记录如表 4－5 所示，计算 5 月平均日库存量。

表 4—5 某种商品 5 月库存资料

日期(天)	1—4	5—10	11—20	21—26	27—31
库存量(台)	50	55	40	35	30

解:该商品 5 月平均日库存量为:

$$\bar{a}=\frac{\sum af}{\sum f}=\frac{50\times 4+55\times 6+40\times 10+35\times 6+30\times 5}{4+6+10+6+5}=42(\text{台})$$

②由间断时点数列计算平均发展水平。实际统计工作中,很多现象并不是逐日统计其时点数据,而是隔一段时间(如一月、一季度、一年等)登记其期末时点数据。这样得到的时点数列称为间断时点数列。如果每隔相同的时间登记一次,所得数列就称为间隔相等的间断时点数列;如果每两次登记时间的间隔不尽相同,所得数列就称为间隔不等的间断时点数列。

当其时点资料是以月度、季度、年度为时间间隔单位时,我们已不可能像连续时点资料那样求得准确的时点平均数。这种情况下,我们可以根据资料所属时间的间隔特点,选用不同的计算公式。对于间隔相等的资料,采用“首末折半”;对于间隔不等的资料,采用“间隔加权”的方法计算平均发展水平。

【统计实例 4—4】 某商业企业 2022 年第二季度某种商品的库存量如表 4—6 所示,试求该商品第二季度月平均库存量。

表 4—6 某商业企业 2022 年第二季度某商品库存量

	3 月末	4 月末	5 月末	6 月末
库存量(百件)	66	72	64	68

解:4 月平均库存量 $=\frac{66+72}{2}=69$(百件)

5 月平均库存量 $=\frac{72+64}{2}=68$(百件)

6 月平均库存量 $=\frac{64+68}{2}=66$(百件)

第二季度平均库存量 $=\frac{69+68+66}{3}=67.67$(百件)

为简化计算过程,上述计算步骤可表示为:

$$\text{第二季度平均库存量}=\frac{\frac{66+72}{2}+\frac{72+64}{2}+\frac{64+68}{2}}{3}=\frac{\frac{66}{2}+72+64+\frac{68}{2}}{3}$$

$$=67.67(\text{百件})$$

根据上述计算过程可推导出计算公式为:

$$\bar{a}=\frac{\frac{a_1+a_2}{2}+\frac{a_2+a_3}{2}+\cdots+\frac{a_{n-1}+a_n}{2}}{n-1}$$

$$=\frac{\frac{a_1}{2}+a_2+\cdots+a_{n-1}+\frac{a_n}{2}}{n-1}$$

该公式形式上表现为首末两项观察值折半，故称为“首末折半法”。这种方法适用于间隔相等的间断时点数列求平均发展水平。

【统计实例 4—5】 某地区 2022 年社会劳动者人数资料如表 4—7 所示，试计算当年社会劳动者平均人数。

表 4—7　　**某地区 2022 年社会劳动者人数资料**　　单位：万元

时　间	1 月 1 日	5 月 31 日	8 月 31 日	12 月 31 日
社会劳动者人数	362	390	416	420

解：对资料进行观察分析，属间隔不等的间断时点资料，采用“间隔加权”方法。

$$\bar{a}=\frac{\frac{(a_1+a_2)}{2}f_1+\frac{(a_2+a_3)}{2}f_2+...+\frac{(a_{n-1}+a_n)}{2}f_{n-1}}{f_1+f_2+...+f_{n-1}}$$

$$=\frac{\frac{362+390}{2}\times5+\frac{390+416}{2}\times3+\frac{416+420}{2}\times4}{5+3+4}$$

$$=396.75(\text{万人})$$

(二)相对数或平均数动态数列的平均发展水平

相对数和平均数由两个有联系的相对数对比求得，用符号表示即 $c=\frac{a}{b}$。因此，由相对数或平均数数列计算平均发展水平，不能直接根据该相对数或平均数数列中各项观察值简单平均计算(即不应当用 $\bar{c}=\sum c/n$ 的公式)，而应当先分别计算构成该相对数或平均数数列的分子数列和分母数列的平均发展水平，再对比求得。用公式表示为：

$$\bar{c}=\frac{\bar{a}}{\bar{b}}$$

【统计实例 4—6】 某企业 2022 年第四季度职工人数资料如表 4—8 所示，计算工人占职工人数的平均比重。

表 4—8　　**某企业 2022 年四季度职工人数资料**

	9 月末	10 月末	11 月末	12 月末
工人人数(人)	342	355	358	364
职工人数(人)	448	456	469	474
工人占职工比重(%)	76.34	77.85	76.33	76.79

解：$\bar{c}=\frac{\bar{a}}{\bar{b}}=\frac{a_1/2+a_2+a_3+...+a_n/2}{b_1/2+b_2+b_3+...+b_n/2}$

$$=\frac{342/2+355+358+364/2}{448/2+456+469+474/2}\times100\%=76.91\%$$

【统计实例 4—7】 某企业下半年劳动生产率资料如表 4—9 所示，计算平均月劳动生产率和下半年平均职工劳动生产率。

表 4—9　　　　某企业下半年劳动生产率资料

	6 月	7 月	8 月	9 月	10 月	11 月	12 月
(a)总产值(万元)	87	91	94	96	102	98	91
(b)月末职工人数(人)	460	470	480	480	490	480	450
(c)劳动生产率(元/人)	1 948	1 957	1 979	2 000	2 103	2 021	1 957

解：从表 4—9 中可以看到，劳动生产率的分子总产值是时期指标，分母职工人数是时点指标，计算平均月劳动生产率应用下列公式：

$$\bar{c}=\frac{\bar{a}}{\bar{b}}$$

$$=\frac{(\sum a)/n}{(b_1/2+b_2+b_3+\ldots+b_n/2)/(n-1)}$$

代入表中资料：

$$\bar{c}=\frac{(91+94+96+102+98+91)/6}{(460/2+470+480+480+490+480+450/2)/(7-1)}$$

$$=2\ 003.5(\text{元/人})$$

若计算下半年平均职工劳动生产率，则有两种计算形式。一种是用下半年平均月劳动生产率乘月份个数 n 得出，即 $n\bar{c}=2\ 003.5\times6=12\ 021$(元/人)。另一种则采用下列公式计算：

$$\bar{c}=\frac{\sum a}{(b_1/2+b_2+b_3+\cdots+b_n/2)/(n-1)}$$

代入表中资料：

$$\bar{c}=\frac{91+94+96+102+98+91}{(460/2+470+480+480+490+480+450/2)/(7-1)}$$

$$=12\ 021(\text{元/人})$$

平均发展水平计算方法总结如表 4—10 所示。

表 4—10　　　　平均发展水平计算总结

<table>
<tr><td rowspan="6">序时平均方法</td><td rowspan="5">总量指标</td><td>时期数列</td><td colspan="3">简单算术平均</td></tr>
<tr><td rowspan="4">时点数列</td><td rowspan="2">连续时点</td><td>间隔相等</td><td>简单算术平均</td></tr>
<tr><td>间隔不等</td><td>加权算术平均</td></tr>
<tr><td rowspan="2">间断时点</td><td>间隔相等</td><td>两次简单平均</td></tr>
<tr><td>间隔不等</td><td>先简单后加权</td></tr>
<tr><td>相对指标、平均指标</td><td colspan="4">视情况选用：先平均再相除、先加总再相除、加权算术平均、加权调和平均等</td></tr>
</table>

三、增长量

增长量是报告期水平与基期水平之差，用以说明现象在一定时期内增长的绝对数量。由于所选择基期的不同，增长量可分为逐期增长量和累积增长量。

逐期增长量是报告期水平与其前一期水平之差，说明本期较上期增减的绝对数量，用公式表示为：

$$a_i - a_{i-1} \quad (i=1,2,\ldots,n)$$

累积增长量是报告期水平与某一固定基期水平之差，说明报告期与某一固定时期相比增减的绝对数量。用公式表示为：

$$a_i - a_0 \quad (i=1,2,\ldots,n)$$

逐期增长量与累积增长量之间存在一定的关系：各逐期增长量的和等于相应时期的累积增长量；两相邻时期累积增长量之差等于相应时期的逐期增长量。用公式分别表示为：

$$\sum_{i=1}^{n}(a_i - a_{i-1}) = a_n - a_0$$

$$a_i - a_0 - (a_{i-1} - a_0) = a_i - a_{i-1} (i=1,2,\ldots,n)$$

具体计算实例如表 4—11 所示。

表 4—11　**2014—2022 年国内生产总值**　单位：亿元

指　标	2014 年	2015 年	2016 年	2017 年	2018 年	2019 年	2020 年	2021 年	2022 年
国内生产总值	643 563.1	688 858.2	746 395.1	832 035.9	919 281.1	986 515.2	1 013 567	1 149 237	1 210 207.2
逐期增长量	—	45 295.1	57 536.9	85 640.8	87 245.2	67 234.1	27 051.8	135 670	60 970.2
累积增长量	—	45 295.1	102 832	188 472.8	275 718	342 952.1	370 003.9	505 673.9	566 644.1

资料来源：中华人民共和国国家统计局网。

四、平均增长量

平均增长量是观察期各逐期增长量的平均发展水平，用于描述现象在观察期内平均每期增减的数量。它可以根据逐期增长量求得，也可以根据累积增长量求得。计算公式为：

$$平均增减量 = \frac{\sum_{i=1}^{n}(a_i - a_{i-1})}{n} = \frac{a_n - a_0}{n}$$

上式中，n 为逐期增长量个数。

【统计实例 4—8】 以表 4—11 中的资料为基础，计算期间的国内生产总值平均增长量。

解：国内生产总值平均增长量$=\frac{45\ 295.1+\ldots+60\ 970.2}{8}=70\ 860.51$（亿元）

任务三　动态数列的速度分析

动态数列的速度指标有发展速度、增长速度、平均发展速度、平均增长速度 。

一、发展速度

发展速度是报告期发展水平与基期发展水平之比，用于描述现象在观察期内相对的发展变化程度。

由于采用的基期不同，发展速度可以分为环比发展速度和定基发展速度。环比发展速度是报告期水平与前一时期水平之比，说明现象逐期发展变化的程度；定基发展速度是报告期水平与某一固定时期水平之比，说明现象在整个观察期内总的发展变化程度。

设动态数列的观察值为 $a_i(i=1,2,\ldots,n)$，发展速度为 R，环比发展速度和定基发展速度的一般形式可以写为：

环比发展速度：$R_i=\frac{a_i}{a_{i-1}} \quad (i=1,\ldots,n)$

定基发展速度：$R_i=\frac{a_i}{a_0} \quad (i=1,\ldots,n)$

环比发展速度与定基发展速度之间存在着重要的数量关系：观察期内各个环比发展速度的连乘积等于相应时期的定基发展速度；两个相邻的定基发展速度，用后者除以前者，等于相应时期的环比发展速度。即：

$$\prod\frac{a_i}{a_{i-1}}=\frac{a_n}{a_0}(\prod\text{为连乘符号})$$

$$\frac{a_i}{a_0}\div\frac{a_{i-1}}{a_0}=\frac{a_i}{a_{i-1}}$$

利用上述关系，可以根据一种发展速度去推算另一种发展速度。

另外，在实际工作中，为了消除季节变动的影响，通常计算年距发展速度，用以说明本期发展水平与上年同期水平相比所达到的相对程度。计算公式为：

$$\text{年距发展速度}=\frac{\text{本年本期发展水平}}{\text{去年同期发展水平}}$$

例如，某商业中心 2021 年第四季度销售羽绒服装 2 054 套，2022 年第四季度销售羽绒服装 3 129 套，比上年同期增长了 1 075 套[年距增长量＝3 129－2 054＝1 075(套)]，是去年同期的 152.33%(年距发展速度＝3 129÷2 054×100%＝152.33%)。

二、增长速度

增长速度也称增减率，是增长量与基期水平之比，用于说明报告期水平较基期水平的相对增减程度。它可以根据增长量求得，也可以根据发展速度求得。其基本计算公式为：

$$\begin{aligned}\text{增减速度}&=\frac{\text{增减量}}{\text{基期水平}}=\frac{\text{报告期水平}-\text{基期水平}}{\text{基期水平}}\\&=\text{发展速度}-1\end{aligned}$$

从上式可以看出，增长速度等于发展速度减 1，但各自说明的问题是不同的。发展速度说明报告期水平较基期发展到多少；而增长速度说明报告期水平较基期增减多少(扣除了基数)。当发展速度大于 1 时，增长速度为正值，表示现象的增长程度；当发展速度小于 1 时，增长速度为负值，表示现象的降低程度。

由于采用的基期不同，增长速度也可分为环比增长速度和定基增长速度。前者是逐期增长量与前一时期水平之比，用于描述现象逐期增减的程度，后者是累积增长量与某一固定时期水平之比，用于描述现象在观察期内总的增减程度。

设增长速度为 G，环比增长速度和定基增长速度的公式可写为：

$$\text{环比增长速度}:G_i=\frac{a_i-a_{i-1}}{a_{i-1}}=\frac{a_i}{a_{i-1}}-1 \quad (i=1,\ldots,n)$$

$$\text{定基增长速度}:G_i=\frac{a_i-a_0}{a_0}=\frac{a_i}{a_0}-1 \quad (i=1,\ldots,n)$$

需要指出，环比增长速度与定基增长速度之间没有直接的换算关系。在由环比增长速度推算定基增长速度时，可先将各环比增长速度加 1 后连乘，再将结果减 1，即得定基增长速度 。

【统计实例 4—9】 以表 4—11 中的国内生产总值为例，计算如表 4—12 所示。

表 4—12 **2014—2022 年国内生产总值** 单位：亿元

年 份		2014 年	2015 年	2016 年	2017 年	2018 年	2019 年	2020 年	2021 年	2022 年
国内生产总值		643 563.1	688 858.2	746 395.1	832 035.9	919 281.1	986 515.2	1 013 567	1 149 237	1 210 207.2
增长量	逐期增长量	—	45 295.1	57 536.9	85 640.8	87 245.2	67 234.1	27 051.8	135 670	60 970.2
	累积增长量	—	45 295.1	102 832	188 472.8	275 718	342 952.1	370 003.9	505 673.9	566 644.1
发展速度（%）	环比		107.0	108.4	111.5	110.5	107.3	102.7	113.4	105.3
	定基		107.0	116.0	129.3	142.8	153.3	157.5	178.6	188.0
增长速度（%）	环比		7.0	8.4	11.5	10.5	7.3	2.7	13.4	5.3
	定基		7.0	16.0	29.3	42.8	53.3	57.5	78.6	88.0

资料来源：中华人民共和国国家统计局网。

在统计实践中，为了消除季节变动的影响，还常计算年距增长速度，计算公式为：

$$\text{年距增长速度}=\frac{\text{本年本期年距增长量}}{\text{上年同期发展水平}}=\text{年距发展速度}-1$$

◎案例分析

2020 年 4 月 70 个大中城市环比房价涨幅

2020 年 5 月 18 日上午，国家统计局准时发布了 4 月 70 个大中城市商品住宅销售价格变动情况统计数据。70 个大中城市中，房价上涨的城市为 50 个，较 3 月增加 12 个；降价城市 11 个；房价持平的城市为 9 个。

随着疫情好转，2020 年 4 月全国楼市出现回暖，商品住宅销售价格稳中略涨。今年 4 月天津新房价格趋稳，环比微涨 0.2%、同比下降 0.4%。二手房价格环比下跌 0.2%、同比下降 3.3%。

从过去一年的数据来看，天津新房价格首次出现同比下降，二手房经过连续 10 个月下降之后，同比 2019 年 4 月，跌幅扩大至 3.3%。

资料来源：《新浪财经》，2020 年 5 月 19 日。

三、平均发展速度

平均发展速度是各个时期环比发展速度的平均数，用于描述现象在整个观察期内平均发展变化的程度。

计算平均发展速度的常用方法是水平法。水平法又称几何平均法，它是根据各期的环比发展速度采用几何平均法计算出来的。计算公式为：

$$\overline{R}=\sqrt[n]{\frac{a_1}{a_0}\times\frac{a_2}{a_1}\times\ldots\times\frac{a_n}{a_{n-1}}}=\sqrt[n]{\frac{a_n}{a_0}}$$

上式中，$\overline{R}$ 为平均发展速度；n 为环比发展速度的个数，它等于观察数据的个数减 1。

【统计实例 4—10】 已知国内生产总值 2015—2022 年环比发展速度见如表 4—12 所示，

计算平均发展速度。

解：$\overline{R}=\sqrt[8]{107\%\times108.4\%\times...\times105.3\%}=\sqrt[8]{188.045\%}=108.21\%$

◎温馨提醒

关于开多次方，可用科学计算器，也可用 Excel 等工具来实现。这里介绍 Excel 的 POWER 函数，函数的语法是 POWER(number, power)，如计算[统计实例 4—10]结果，在 Excel 中输入 POWER(1.88045, 1/8)即可。

从水平法计算平均发展速度的公式中可以看出，$\overline{R}$ 实际上只与序列的最初观察值 a_0 和最末观察值 a_n 有关，而与其他各观察值无关，这一特点表明，水平法旨在考察现象在最后一期所达到的发展水平。因此，如果我们所关心的是现象在最后一期应达到的水平，采用水平法计算平均发展速度比较合适。

四、平均增长速度

平均增长速度说明现象逐期增减的平均程度。平均增长速度($\overline{G}$)与平均发展速度仅相差一个基数，即：

$$\overline{G}=\overline{R}-1$$

平均增长速度为正值，表明现象在某段时期内逐期平均递增的程度，也称平均递增率；若为负值，表明现象在某段时间内逐期平均递减的程度，也称平均递减率。

五、速度指标的分析与应用

对于大多数动态数列，特别是有关社会经济现象的动态数列，我们经常利用速度来描述其发展的数量特征。尽管速度在计算与分析上都比较简单，但在实际应用中，有时也会出现误用乃至滥用速度的现象。因此，在应用速度分析实际问题时，应注意以下几方面的问题。

(1)当动态数列中的观察值出现 0 或负数时，不宜计算速度。比如，假如某企业连续五年的利润额分别为 5 万元、2 万元、0 万元、−3 万元、2 万元，对这一序列计算速度，要么不符合数学公理，要么无法解释其实际意义。在这种情况下，适宜直接用绝对数分析。

(2)在有些情况下，不能单纯就速度论速度，要注意速度与基期绝对水平的结合分析。我们先看一个例子。

【统计实例 4—11】 假定有两个生产条件基本相同的企业，各年的利润额及有关的速度值如表 4—13 所示。

表 4—13　　甲乙两个企业的有关资料

年份	甲企业		乙企业	
	利润额(万元)	增长率(%)	利润额(万元)	增长率(%)
2020	500	—	60	—
2021	600	20	84	40

解：如果不看利润额的绝对值，仅就速度对甲乙两个企业进行分析评价，可以看出乙企业

的利润增长速度比甲企业高出1倍。如果就此得出乙企业的生产经营业绩比甲企业好得多，这样的结论就是不切实际的。因为速度是一个相对值，它与对比的基期值的大小有很大关系。大的速度背后，其隐含的增长绝对值可能很小；小的速度背后，其隐含的增长绝对值可能很大。这就是说，由于对比的基点不同，可能会造成速度数值上的较大的差异，进而造成速度上的虚假现象。上述例子表明，由于两个企业的生产起点不同，基期的利润额不同，才造成了二者速度上的较大差异。从利润的绝对额来看，两个企业的速度每增长1%所增加的利润绝对额是不同的。在这种情况下，我们需要将速度与绝对水平结合起来分析，通常要计算增长1%的绝对值来弥补速度分析中的局限性。

增长1%绝对值表示速度每增长1%而增加的绝对数量，其计算公式为：

$$\text{增长}1\%\text{绝对值}=\frac{\text{逐期增长量}}{\text{环比增长速度}\times 100}=\frac{\text{前期水平}}{100}$$

根据表4—13的资料计算，甲企业速度每增长1%，增加的利润额为5万元，而乙企业则为0.6万元，甲企业远高于乙企业。这说明甲企业的生产经营业绩不是比乙企业差，而是更好。

◎案例分析

2022年国内贸易和对外经济统计分析

2022年社会消费品零售总额439 733亿元，比上年下降0.2%。按经营地统计，城镇消费品零售额380 448亿元，下降0.3%；乡村消费品零售额59 285亿元，与上年基本持平。按消费类型统计，商品零售额395 792亿元，增长0.5%；餐饮收入额43 941亿元，下降6.3%。

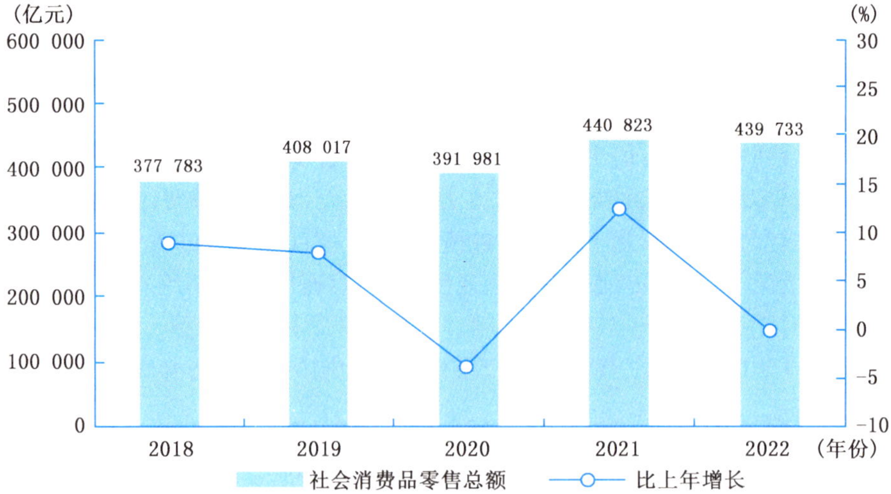

资料来源：《中华人民共和国2022年国民经济和社会发展统计公报》。

图4—1 2018—2022年社会消费品零售总额及其增长速度

2022年货物进出口总额420 678亿元，比上年增长7.7%。其中，出口239 654亿元，增长10.5%；进口181 024亿元，增长4.3%。货物进出口顺差58 630亿元，比上年增加15 330亿元。对"一带一路"沿线国家进出口总额138 339亿元，比上年增长19.4%。其中，出口

78 877 亿元，增长 20.0%；进口 59 461 亿元，增长 18.7%。对《区域全面经济伙伴关系协定》(RCEP)其他成员国进出口额 129 499 亿元，比上年增长 7.5%。

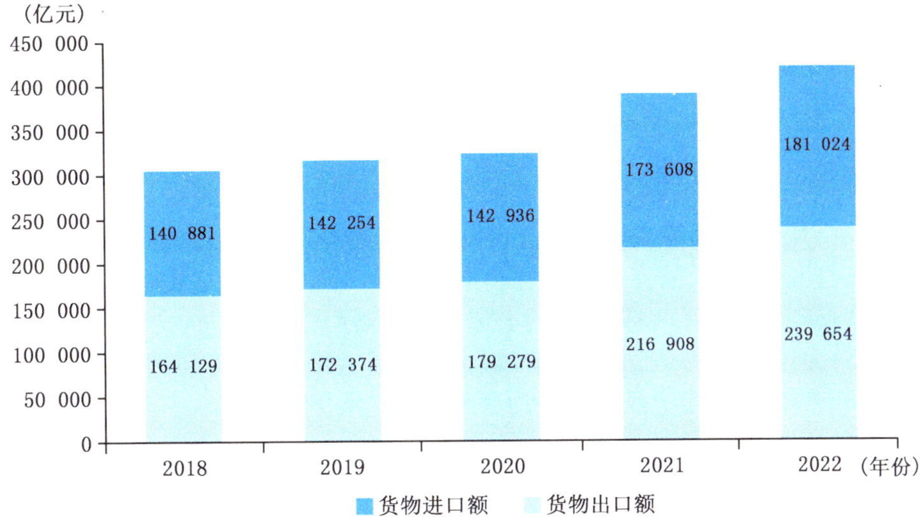

资料来源：《中华人民共和国 2022 年国民经济和社会发展统计公报》。

图 4—2 2018—2022 年货物进出口总额

请根据上述案例资料分析：上述资料哪些属于动态指标的研究，哪些属于静态指标的研究？此外，从这些数据中，你可以得出哪些有用的信息？

任务四 动态数列变动规律的趋势分析

一、动态数列的变动因素及分析模型

编制动态数列，进行动态数列分析，除了考察现象发展过程中的水平和速度之外，还需要用数学模型来对动态数列做一些在定性认识基础上的定量分析，找出制约现象发展的基本因素或主要原因。动态数列的变动主要受以下四大因素的变动影响：

(1)长期趋势(T)。指社会经济现象按一定方向不断长期发展变化(向上或向下发展)的趋势。

(2)季节变动(S)。指社会经济现象随着季节的更替而发生的有固定规律性的变动。

(3)循环变动(C)。也称波浪式变动，指反复高低变化的一种变动。

(4)偶然变动(I)。也称不规则变动，指由于自然或社会的偶然因素引起的社会经济现象的变动。

若设 Y 代表动态数列的各项数值，则上述因素对动态数列的影响可用下面两个数学模型来表示：

$$Y=T+S+C+I$$

$$Y=T\cdot S\cdot C\cdot I$$

其中最常用的是乘法模型。乘法模型的基本假设是,四个因素是由不同的原因形成的,但相互之间存在一定的关系,它们对事物的影响是相互的,因此动态数列中各观察值表现为各种因素的乘积。利用乘法模型可以将四个因素很容易地从动态数列中分离出来,因而乘法模型在动态数列分析中被广泛应用。本节及以后各节介绍的动态数列构成分析方法,也均以乘法模型为例。

二、长期趋势测定的方法

本部分主要讨论长期趋势变动的分析方法。长期趋势是动态数列的主要构成要素,它是指现象在较长时期内持续发展变化的一种趋向或状态。通过对动态数列长期趋势变动的分析,人们可以掌握现象活动的规律性,并对其未来的发展趋势做出判断或预测。测定长期趋势的分析方法有许多,如指数平滑法、部分平均法、时距扩大法、移动平均法、最小二乘法等。由于后两种方法较常用,故主要介绍移动平均法和最小二乘法。

(一)移动平均法

移动平均法是对原动态数列按事先选择的时期长度,采用逐项递移的办法,计算出一系列移动平均数,从而形成一个新的动态数列,作为原动态数列对应时期的趋势值。这种派生数列,把原数列中偶然因素的影响削弱了,使整个数列的趋势更加明显。

设动态数列的指标为 $a_i(i=1,2,...,n)$,若取 3 项移动平均,则各时期趋势值的计算公式为:

$$\bar{a}_2=\frac{a_1+a_2+a_3}{3},\bar{a}_3=\frac{a_2+a_3+a_4}{3},...,\bar{a}_{n-1}=\frac{a_{n-2}+a_{n-1}+a_n}{3}$$

若取 5 项移动平均,则各时期趋势值的计算公式为:

$$\bar{a}_3=\frac{a_1+a_2+a_3+a_4+a_5}{5},\bar{a}_4=\frac{a_2+a_3+a_4+a_5+a_6}{5},...,$$

$$\bar{a}_{n-2}=\frac{a_{n-4}+a_{n-3}+a_{n-2}+a_{n-1}+a_n}{5}$$

【统计实例 4—12】 现以我国 2003—2021 年的全国城镇单位就业人员年平均工资为例,用移动平均法对原数列进行修匀,编制新的动态数列(如表 4—14 所示)。

表 4—14　2003—2021 年的全国城镇单位就业人员年平均工资平均趋势值　单位:元

年份	城镇单位就业人员年平均工资	3 年移动平均	5 年移动平均	4 年移动平均	2 年移动平均
2003 年	13 969	—	—	—	—
2004 年	15 920	16 029.666 67	—	—	—
2005 年	18 200	18 325.333 33	18 733.2	17 236.25	—
2006 年	20 856	21 259	21 719	19 924.25	18 580.25
2007 年	24 721	24 825	24 983.8	23 168.75	21 546.5
2008 年	28 898	28 621	28 651.6	26 679.75	24 924.25
2009 年	32 244	32 560.333 33	32 840.2	30 600.5	28 640.125

续表

年份	城镇单位就业人员年平均工资	3年移动平均	5年移动平均	4年移动平均	2年移动平均
2010年	36 539	36 860.666 67	37 249.8	34 870	32 735.25
2011年	41 799	41 702.333 33	41 766.8	39 337.75	37 103.875
2012年	46 769	46 683.666 67	46 590	44 147.5	41 742.625
2013年	51 483	51 537.333 33	51 688	49 102.75	46 625.125
2014年	56 360	56 624	56 842	54 160.25	51 631.5
2015年	62 029	61 986	62 351.8	59 360.25	56 760.25
2016年	67 569	67 972	68 537.8	65 069	62 214.625
2017年	74 318	74 766.666 67	75 366	71 582.25	68 325.625
2018年	82 413	82 410.666 67	82 436	78 700.25	75 141.25
2019年	90 501	90 097.666 67	90 289.6	86 152.75	82 426.5
2020年	97 379	98 239	—	94 282.5	90 217.625
2021年	106 837	—	—	—	—

资料来源:中华人民共和国国家统计局网。

偶数项移动平均数对应的中点是在两个时期之间(如表4—14的第五栏所示),故其平均的结果不能直接作为某一时期的趋势值,必须对其进行2项平均移正(如表4—14的最后一栏所示),才能得到原数列对应的趋势值。公式表示为:

$$\bar{a}_{2-3}=\frac{a_1+a_2+a_3+a_4}{4},\bar{a}_{3-4}=\frac{a_2+a_3+a_4+a_5}{4},\ldots,\bar{a}_{n-2-n-1}=\frac{a_{n-3}+a_{n-2}+a_{n-1}+a_n}{4}$$

2项移正平均法的计算公式为:

$$\bar{a}_3=\frac{\bar{a}_{2-3}+\bar{a}_{3-4}}{2},\bar{a}_4=\frac{\bar{a}_{3-4}+\bar{a}_{4-5}}{4},\ldots,\bar{a}_{n-2}=\frac{\bar{a}_{n-3-(n-2)}+\bar{a}_{n-2-(n-1)}}{2}$$

为简便计算,可将上面两步合并起来,其公式为:

$$\bar{a}_3=\frac{\bar{a}_{2-3}+\bar{a}_{3-4}}{2}=\frac{\frac{a_1+a_2+a_3+a_4}{4}+\frac{a_2+a_3+a_4+a_5}{4}}{2}=\frac{\frac{a_1}{2}+a_2+a_3+a_4+\frac{a_5}{2}}{5-1}$$

后面的值依此类推。

由此可见,使用偶数项移动平均时,必须一次取 $k+1$ 项资料(k 为移动平均项数),将首末两项折半后平均,此法也可称为首末折半法。

采用移动平均法则确定长期趋势应注意以下几点:

1. 移动平均法的作用在于通过修匀原动态数列,削弱偶然因素变动的影响,以显现出原长期趋势。因此,移动平均的时间长度应适中。一般包括一个波动周期。只有这样,才能消除周期性变动的影响,呈现出数列的长期趋势。

2. 如果动态数列周期性波动不明显,则宜对其做奇数项移动平均,以便直接得到原数列的长期趋势;如果采用偶数项移动平均,则需注意进行两次修匀,才能求得趋势值。

3. 用移动平均法修匀动态数列,所得新数列项数要少于原数列。移动平均项数列数越多,修匀效果越好,但信息量损失就越多。因此,移动平均法不能直接用于外推预测。

◎资料卡片

在证券分析中，所谓的分时均线、5 日均线、10 日均线、半年线等都是移动平均法做出的。图 4—3 为中国平安 2023 年 3 月 28 日的周 K 线图。

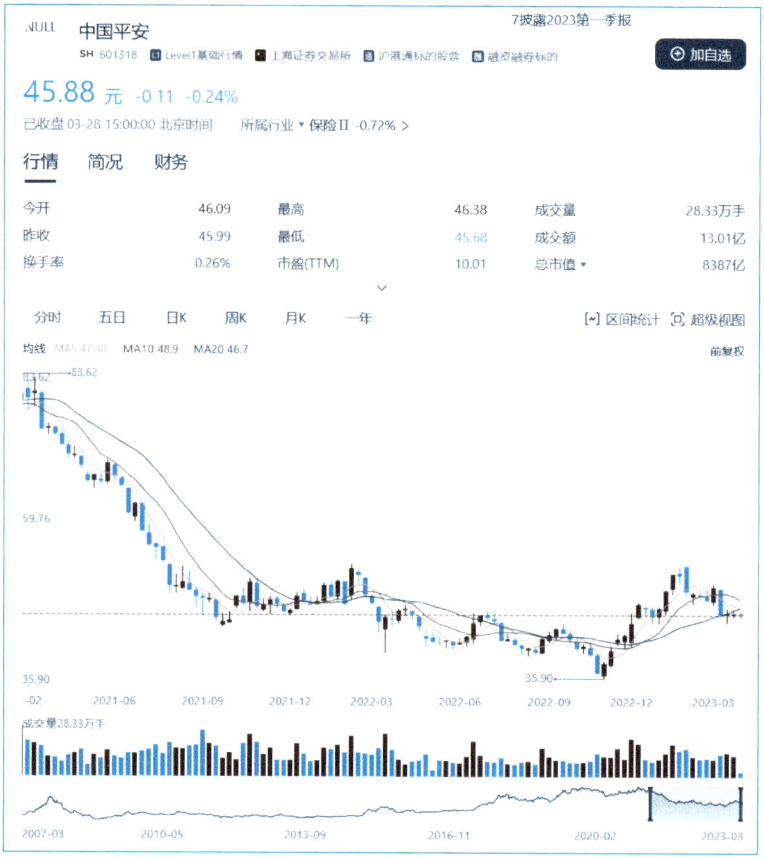

图 4—3 中国平安 2023 年 3 月 28 日的周 K 线图

(二)最小二乘法

如果动态数列的逐期增长量相对稳定，即现象的发展按照线性趋势变化时，可用下列线性模型来描述：

$$y_c = a + bt$$

上式中：y_c 表示动态数列的趋势值；t 表示时间的序号；参数 a、b 通常利用最小二乘法求得。a 代表直线趋势方程的起点值；b 代表直线趋势方程的斜率，即 t 每变动一个单位时，长期趋势值增加(或减少)的数值。

最小二乘法是根据回归分析中的最小二乘原理，对动态数列配合一条趋势线，使之满足动态数列的实际观测值(y)与趋势值(y_c)的离差平方和达到最小值，即$\sum(y-y_c)^2=$最小值。

根据最小二乘法的要求，计算未知参数 a、b 的标准方程组如下：

整理得 $$\begin{cases}\sum y = na + b\sum t \\ \sum ty = n\sum t + b\sum t^2\end{cases}$$

解得 $\begin{cases} b=\dfrac{n\sum ty-\sum t\sum y}{n\sum t^2-(\sum t)^2} \\ a=\bar{y}-b\bar{t} \end{cases}$

上式中，n 代表时间的项数，$\bar{y}=\sum y/n$，$\bar{t}=\sum t/n$，其他符号所代表的意义不变。

在对动态数列按最小二乘法进行趋势配合的运算时，为使计算更简便些，将各年份（或其他时间单位）简记为 1，2，3，4，...并用坐标移位方法将原点 0 移到动态数列的中间项，使 $\sum t=0$。当项数 n 为奇数时，中间项为 0，当为偶数时，中间的两项分别设为 -1，1 这样间隔便为 2，各项依次设成：... -5，-3，-1；1，3，5，...这样求解公式便可简化为：

$$\begin{cases} \sum y=na \\ \sum ty=b\sum t^2 \end{cases} \rightarrow \begin{cases} a=\sum y/n=\bar{y} \\ b=\sum ty/\sum t^2 \end{cases}$$

【统计实例 4－13】 游览点历年观光游客资料如表 4－15 所示，用最小二乘法进行长期趋势分析。

表 4－15　　某游览点历年观光游客的最小二乘法计算

年份	时间 t	游客（百人）y	t^2	ty	y_c
2016	1	100	1	100	99.08
2017	2	112	4	224	112.72
2018	3	125	9	375	126.36
2019	4	140	16	560	140.00
2020	5	155	25	775	153.64
2021	6	168	36	1 008	167.28
2022	7	180	49	1 260	180.92
合　计	28	980	140	4 302	980.00

解：由表 4－14 得，$\sum t=28$，$\sum y=980$，$\sum t^2=140$，$\sum ty=4\ 302$，代入公式得：

$$\begin{cases} b=\dfrac{7\times 4\ 302-28\times 980}{7\times 140-28\times 28}=\dfrac{2\ 674}{196}=13.64 \\ a=980/7-13.64\times 4=140-54.56=85.44 \end{cases}$$

从而求得直线趋势方程：$y_c=85.44+13.64t$

把各 t 值代入上式，便求得相对应的趋势值 y_c（如表 4－15 的右栏所示）。这里需要指出的是，对表 4－15 的游客历年数用直线趋势配合，是因为各年的逐期增长量大体相当，具备了直线型动态数列的特征。

表 4－16 是同一资料按简化公式的计算。

表 4－16　　某游览点历年观光游客的最小二乘法计算

年份	时间 t	游客（百人）y	t^2	ty	y_c
2016	-3	100	9	-300	99.08
2017	-2	112	4	-224	112.72
2018	-1	125	1	-125	126.36
2019	0	140	0	0	140.00
2020	1	155	1	155	153.64
2021	2	168	4	336	167.28
2022	3	180	9	540	180.92
合　计	0	980	28	382	980.00

由简化公式得 $\begin{cases} a=\dfrac{980}{7}=140 \\ b=\dfrac{382}{28}=13.64 \end{cases}$

即 $y_c=140+13.64t$。

将各 t 值代入上式，便求得各年的趋势值 y_c（如表 4—16 所示）。

最小二乘法在对原数列做长期趋势的测定时，通过趋势值 y_c 来修匀原数列，得到比较接近原值的趋势值。利用所求的直线趋势方程还能对近期的数列做出预测，例如，根据表 4—16 求出直线趋势方程，代入 $t=4$，便能预测 2023 年的游客人数，即：

$y_c=140+13.64\times4=194.56$（百人）

◎温馨提醒

特别要提醒注意的是，这里的直线方程 $y_c=a+bt$，不涉及变量 t 与变量 y 之间的任何因果关系，也没有考虑误差的任何性质，因此它仅仅是一个直线拟合公式，并不是什么回归模型。还需要指出的是，作为较长期的一种趋势，利用所拟合的数学方程式预测时，必须假定趋势变化的因素到预测年份仍然起作用。注意，由于例题只是为了说明分析计算的方法，因此为简便起见，一般选用的数据都比较少。实际应用时，数据应丰富些，方能更好地反映长期趋势。

三、季节变动的测定和预测

季节变动是指一些现象由于受自然条件或经济条件的影响在一个年度内随着季节的更替而发生比较有规律的变动，例如，农产品的生产量、某些商品的销售量等，都会因时间的变化而分为农忙农闲、淡季旺季。季节变动往往会给社会生产和人们的经济生活带来一定影响。研究季节变动，就是为了认识这些变动的规律性，以便更好地安排、组织社会生产与生活。

（一）测定季节变动的方法

测定季节变动的方法从是否排除长期趋势的影响看可分为两种：一种是不排除长期趋势的影响，直接根据原动态数列来测定；另一种是依据消除长期趋势后的动态数列来测定。前者常用简单平均法，后者常用移动平均趋势剔除法。但是，不管采用哪种方法，都需具备连续多年的各月（季）资料，以保证所求的季节指数具有代表性，从而能比较客观地描述现象的季节变动。

1. 简单平均法

根据表 4—17 某商店某商品销售量的月（季）的动态数列，用简单平均法测定季节变动的计算步骤如下：

（1）分别就每年各月（季）的数值加总后，计算各年的月（季）的平均数，求得 2022 年的平均销售量为 3 517 件。

（2）将各年同月（季）的数值加总，计算若干年内同月（季）的平均数，如求得 1 月的 4 年平均销售量为 3 500 件。

（3）根据若干年内每个月的数值总计，计算若干年总的月（季）平均数，即求出 4 年各月总平均销售量为 3 393.75。

（4）将若干年内同月（季）的平均数与总的月（季）平均数相比，即求得用百分数表示的各月

(季)的季节比率,又可以称为季节指数。其计算公式为:

$$季节指数(\%)=\frac{各年同月(或季)平均数}{全时期各月(或季)总平均数}\times 100\%$$

如 1 月的季节指数=35/33.937 5×100%=103.13%

【统计实例 4—14】 已知某商店某商品 2019—2022 年各月销售量数据如表 4—17 所示,利用按月(季)平均法计算各季的季节指数。

表 4—17 **某商店某商品销售量的季节变动分析** 单位:百件

年份	1月	2月	3月	4月	5月	6月	7月	8月	9月	10月	11月	12月	平均
2022	40	34	36	34	35	32	28	34	34	37	38	40	35.17
2021	38	32	40	32	32	30	30	33	36	36	36	42	34.75
2020	32	36	37	31	31	29	31	33	32	35	37	52	34.67
2019	30	26	35	29	30	28	28	33	32	32	35	36	31.17
合计	140	128	148	126	128	119	119	133	134	140	146	170	135.76
月平均	35	32	37	31.5	32	29.75	29.75	33.25	33.5	35	36.5	42.5	33.937 5
季节指数(%)	103.13	94.29	109.02	92.82	94.29	87.66	86.19	97.97	98.71	103.13	107.55	125.23	100.00

由表 4—17 的资料可知,某商店某商品销售的季节指数以 12 月的 125.23%为最高,11 月的 107.55%为其次;而以 7 月的 86.19%为最低,6 月的 87.66%为次低。

$$月份季节比率=\frac{1\ 月某商品销售平均数}{各月平均商品销售平均数}$$

$$=\frac{35}{33.937\ 5}\times 100\%=103.13\%$$

其余各月的季节指数依此类推。至于表 4—17 右下角的 100%是将各月的季节指数加总后除一年的 12 个月求得的。

2. 移动平均趋势剔除法

移动平均趋势剔除法是利用移动平均法消除原动态数列中的长期趋势的影响,然后再来测定它的季节变动。应用移动平均趋势剔除法有两种不同情况:一种是长期趋势与季节变动之间为乘积关系,另一种是长期趋势与季节变动为和的形式。

(1)采取乘积形式求季节指数,计算步骤如下:

①根据各年的按月(季)资料(Y_i)进行移动平均求长期趋势 Y_c;

②将实际数值除以趋势值即得$\frac{Y_i}{Y_c}$;

③把$\frac{Y_i}{Y_c}$按月(季)排列,再按月(季)求其季节指数 SI;

④加总平均季节指数,其总和应为 1200%(400%),如果不等于此数,则做相应调整。

(2)减法剔除趋势值求季节变差。

①用移动平均法求出长期趋势;

②剔除长期趋势:首先计算同期平均数;其次分摊余数得季节变差 SV,把同期平均数合计数分摊到各时期的同期平均数中,即 $SV=同期平均数-\frac{\sum 同期平均数}{时期数}$。

【统计实例 4—15】 已知某商店开业满三年，各季度蚕丝被销售量数据如下，第一年一至四季度销售量为 216，63，18，255，第二年一至四季度销售量为 245，75，22，378，第三年一至第四季度销售量分别为 288，99，26，399，利用移动平均趋势剔除法计算各季的季节指数和季节变差。

解：(1)根据上述计算步骤求季节指数，列表 4—18 和表 4—19。

表 4—18　长期趋势计算

季度		销售量(万条)Y_i	四项移动平均	二次移正平均 Y_c	$\frac{Y_i}{Y_c}\times 100\%$	Y_i-Y_c
第一年	Ⅰ	216	—	—	—	—
	Ⅱ	63	—	—	—	—
	Ⅲ	18	138	141.625	12.71	−123.625
	Ⅳ	255	145.25	146.75	173.76	108.25
第二年	Ⅰ	245	148.25	148.75	164.71	96.25
	Ⅱ	75	149.25	164.625	45.56	−89.625
	Ⅲ	22	180	185.375	11.87	−163.375
	Ⅳ	378	190.75	193.75	195.097	184.25
第三年	Ⅰ	288	196.75	197.25	146.01	90.75
	Ⅱ	99	197.75	200.375	49.41	−101.375
	Ⅲ	26	203	—	—	—
	Ⅳ	399	—	—	—	—

表 4—19　除法剔除长期趋势后季节指数计算

	第一季度	第二季度	第三季度	第四季度	合计
第一年	—	—	12.71	173.76	
第二年	164.71	45.56	11.87	195.097	
第三年	146.01	49.41	—	—	
合计	310.72	94.97	24.58	368.857	
平均	155.36	47.485	12.29	184.429	399.564
校正系数	1.001 09	1.001 09	1.001 09	1.001 09	
季节指数(%)	155.53	47.54	12.30	184.63	400

可见，该商店这一产品的销售第一与第四季度是旺季，第二和第三季度是淡季。

(2)根据上述计算步骤和表 4—19，得到表 4—20，得到季节变差。

第一步,用移动平均法求出长期趋势,见表4—18第4列和第6列。

第二步,剔除长期趋势:

首先计算同期平均数,求得表4—20中的第6行,即平均数。

其次分摊余数得季节变差SV,把同期平均数合计数分摊到各时期的同期平均数中。即:

$$第一季度\ SV=同期平均数-\frac{\sum 同期平均数}{时期数}=93.5-0.75/4=93.3125$$

表4—20后面的值用同样的方法得到。

表4—20 减剔除长期趋势后季节指数计算

	第一季度	第二季度	第三季度	第四季度	合计
第一年	—	—	—123.625	108.25	
第二年	96.25	—89.625	—163.375	184.25	
第三年	90.75	—101.375	—	—	
合计	187	—191	—287	292.5	
平均	93.5	—95.5	—143.5	146.25	0.75
校正系数	—0.1875	—0.187 5	—0.187 5	—0.187 5	
季节指数(%)	93.312 5	—95.687 5	—143.687 5	146.062 5	0

可见,季节变差也能得到相同的结果。季节变差的意义是以移动平均的长期趋势为基础,各季度上下波动的标准幅度。其计量单位与原始资料相同。

(二)季节变动预测的方法

利用动态数列资料进行外推预测,在确定年度以下的预测值时,必须考虑季节变动对现象总变动的影响。而季节性因素影响有时是长期稳定的,有时则可能有变化,因此季节预测模型也就有各种不同的方法。常用的季节预测模型有以下两种。

1. 简单季节预测模型

若没有明显的长期趋势,或允许不考虑长期趋势存在,就可以应用简单季节预测模型进行外推预测。基本做法是直接以各月(季)的季节指数调整各月(季)的预测值。其具体做法有以下两种。

(1)如果已测得下一年的全年预测值,则各月(季)的预测值等于月(季)平均预测值乘以该月(季)的季节指数。

假定在[统计实例4—14]的基础上,已预测得知2023年总销售额为43 200件,则平均每月观测值为3 600件,用该数乘以按月(季)平均法求得的季节指数,即得2023年各月销售量的预测值(如表4—21所示)。

表4—21 某商店某商品2023年上半年销售量预测值

年份	1月	2月	3月	4月	5月	6月	平均
季节指数(%)	103.13	94.29	109.02	92.82	94.29	87.66	100
预测值(百件)	37.13	33.94	39.25	33.42	33.94	31.56	36

(2)如果已知下一年第一个月(季)的实际数,则以后各月(季)的预测值可用这个月(季)的实际数乘以以后各月(季)季节指数与这个月(季)季节指数的比值求得。

如已知 2023 年第 1 月该商店某商品的实际销售量为 38,则:

第 2 月的预测值=38×94.29/103.13=34.72(百件)

第 3 月的预测值=38×109.02/103.13=40.17(百件)

后面各月的值依此类推。

2. 季节调整的预测模型

当动态数列数据既具有明显的长期趋势又受到季节变动的影响时,这就需要首先将原动态数列除以相应的季节指数以消除季节变动的影响。然后对消除了季节变动的动态数列数据配合趋势预测模型进行预测。最后再将预测值乘以相应的季节指标对其加以调整,以达到更准确的预测效果。其计算公式如下:

某月(季)预测值=该月(季)长期趋势值×该月(季)季节指数

如预测 2023 年第 10 月销售量为 4 000 件,该月季节指数为 103.13%,则该月份季节预测销售额为:

2023 年第 10 月销售量预测值=40×103.13%=41.25(百件)

上机实训　用 Excel 计算动态数列并进行分析

上机实训课件

动态指标描述分析

动态数列分析是统计分析中的重要内容,运用 Excel 可以方便、快捷地计算动态数列分析各项分析指标。由于本项目中前三个任务的 Excel 操作相对简便,本部分只分析 Excel 在动态趋势分析与观测中的应用。Excel 在"数据分析"宏中提供了三种动态数列计算方法,即常用的移动平均法、指数平滑法和回归法,利用这些宏可以计算出估计值、标准差、残差和拟合图。同时,如果配合使用 Excel 的"数据分析",某些宏与某些函数可以完成数学曲线拟合法。限于篇幅,本部分只分析移动平均法和最小二乘法。

一、移动平均法

在 Excel 中,可以使用 AVERAGE 函数结合填充手柄功能计算移动平均趋势值,也可以使用数据分析工具中的"移动平均"工具。下面仍以[统计实例 4－12]为例说明移动平均工具的操作方法。

首先,将年份和城镇单位就业人员平均工资输入表中 A、B 两列。除了手动录入,可以选择从国家统计局国家数据中采集(data. stats. gov. cn)。打开官网后,点击"年度数据",在指标中选择"就业人员和工资",点击"城镇单位就业人员平均工资和指数",选择近 20 年,把数据复制到 Excel,根据对应的年份和城镇单位就业人员平均工资,利用转置和排序升序整理数据。

上机实训统计资料项目四

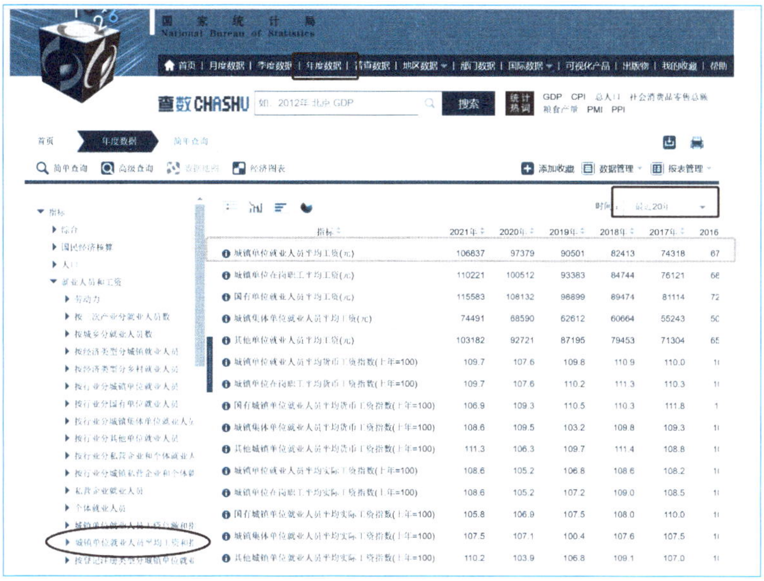

图 4—4 国家统计局国家数据采集数据界面

然后在“数据”菜单中点击“数据分析”选项，从其对话框的“分析工具”列表中选择“移动平均”对话框中进行以下操作：

第一步，在“输入区域”框中键入数据所在的单元格区域，本例为 B3:B21。该区域没有标志，所以不需要选“标志位于第一行”复选框（如图 4—5 所示）。

图 4—5 移动平均对话框

第二步，在“间隔”框中键入移动平均的时间长度。系统默认为 3，如要进行 3 年移动平均，可省略；如果要进行 5 年移动平均，就键入 5。

第三步，在输出区域框中，键入放置计算结果区域左上角的单元格行列号，本例键入 C3。如果需要在给出移动平均值的同时给出原数据的标准差，就可选定“标准误差”复选框；如果还需要给出移动平均统计图，就可选定“图标输出”复选框。

完成以上操作后回车确认，即在指定的区域输出计算结果。计算结果如图 4—6 和图 4—7 所示。

	A	B	C	D	E
1	2003—2021年的全国城镇单位就业人员平均工资平均趋势值				
2	年份	城镇单位就业人员平均工资			
3	2003年	13969	#N/A	#N/A	
4	2004年	15920	#N/A	#N/A	
5	2005年	18200	16029.66667	#N/A	
6	2006年	20856	18325.33333	#N/A	
7	2007年	24721	21259	2774.891262	
8	2008年	28898	24825	3414.62769	
9	2009年	32244	28621	3728.310699	
10	2010年	36539	32560.33333	3896.37637	
11	2011年	41799	36860.66667	4216.754422	
12	2012年	46769	41702.33333	4686.435592	
13	2013年	51483	46683.66667	4935.985132	
14	2014年	56360	51537.33333	4897.714614	
15	2015年	62029	56624	5016.82965	
16	2016年	67569	61986	5280.215519	
17	2017年	74318	67972	5792.398179	
18	2018年	82413	74766.66667	6580.47664	
19	2019年	90501	82410.66667	7398.009257	
20	2020年	97379	90097.66667	7679.794311	
21	2021年	106837	98239	8008.264742	

图 4—6 利用移动平均宏计算的结果

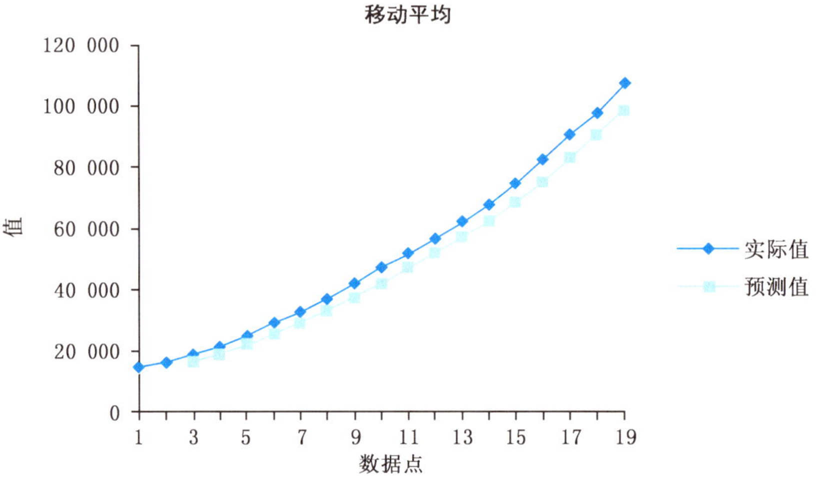

图 4—7 移动平均趋势

在图 4—6 中，分别产生了 3 项移动平均的估计值 C5:C21 和估计的标准差 D7:D21。正如图中 C5 单元格的表达式所示，C5 中的表达式“=AVERAGE(B3:B5)”是对 B3:B5 单元计算算术平均数，而 D7 单元格中的表达式“=SQRT(SUMXMY2 (B5:B7,C5:C7)/3)”相当于标准差公式：

$$S=\sqrt{\frac{\sum(X-\bar{X})^2}{n}}$$

授课视频

项目四
移动平均法

关于 Excel 中“移动平均”的计算，需要说明两点：一是图 4—7 图例说明中的“预测值”，即移动平均值，由于移动平均法是以移动平均值作为趋势估计值，因此也将其称为“趋势值”；二是移动平均值的位置不是在被平均的 N 项数值的中间位置，而是直接排放在这 N 个时期的最后一期，这一点与通常意义上移动平均值应排放在 N 时期的中间时期有所不同。

图 4—7 还绘制出实际观察值与 3 项移动平均估计值之间的拟合曲线，可以看出，移动平均值削弱了上下波动，如果这种波动不是季节波动而是不规则变动，显然，移动平均就可以削弱不规则变动。对于该例进行 4 项移动平均的结果与 3 项移动平均的结果明显不同。也就是说，当数列有季节周期时，只要移动平均的项数和季节波动的周期长度一致，移动平均值就可以消除季节周期，并在一定程度上消除不规则变动，从而揭示出数列的长期趋势。

二、最小二乘法

授课视频

项目四
最小二乘法

在 Excel 中虽没有提供数学曲线拟合法的直接计算工具，但是通过配合使用某些宏与函数可以完成直线或曲线趋势的数学拟合。

下面将以[统计实例 4—13]和表 4—15 的数据为例介绍最小二乘法。

利用图形向导和添加趋势线可以完成直线趋势的数学拟合。其具体过程如下：

首先，选中数据，插入图表，利用图形向导生成折线图。操作如图 4—8 所示。

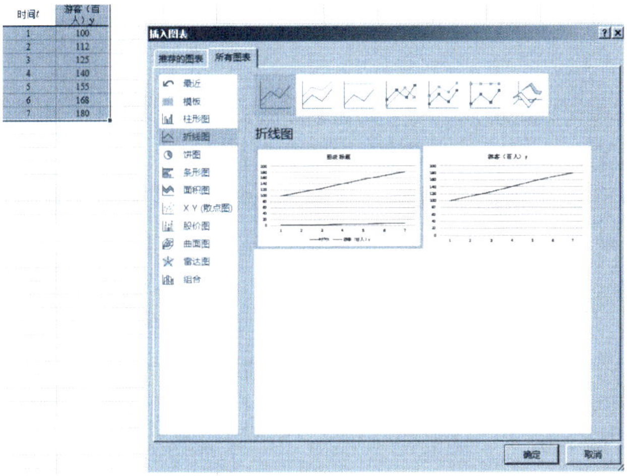

图 4—8　生成折线图

其次，点击折线，打开“图表元素”，在对生成的草图进行必要的修饰后，得到时序图。然后，选择“趋势线”。操作如图 4—9 所示。

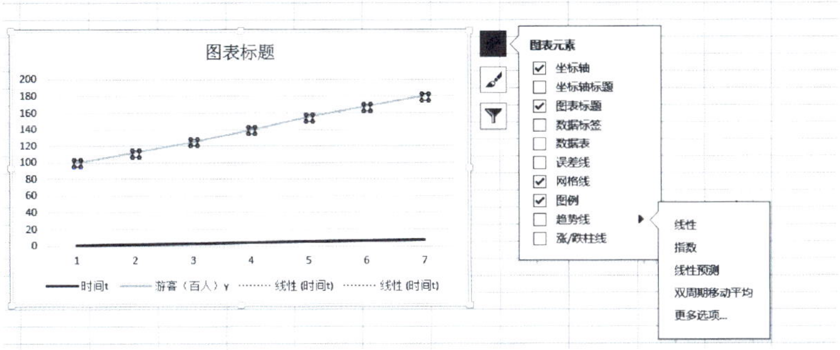

图 4—9　添加趋势线

最后，在“趋势线”“更多选项”下的“设置趋势线”操作中，选择“线性”趋势线，然后选中“显示公式”和“显示 R 平方值”两项，得到趋势线的直线趋势方程及 R 平方值。操作如图 4—10 所示。

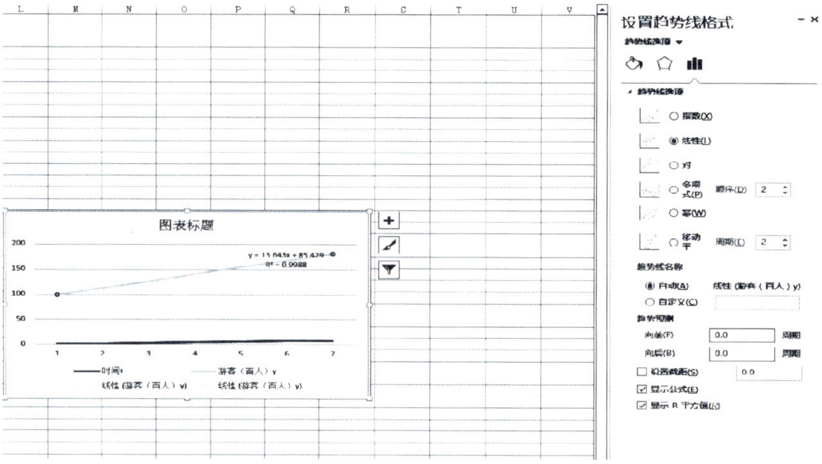

图 4—10 趋势线和趋势线方程

◎知识归纳

1. 社会经济现象在时间上的发展变化过程称为动态。应用统计方法研究社会经济现象数量方面的发展变化过程并预测其发展趋势的方法，称为动态分析法。

2. 绝对数动态数列是指将反映现象总规模、总水平的某一总量指标在不同时间上的观察数值按时间先后顺序排列起来所形成的数列，是计算相对指标和平均指标、进行各种动态数列分析的基础。

3. 发展水平是指动态数列中每个时间上对应的指标数值，又称动态数列水平。它反映社会经济现象在各个时间上所达到的规模、水平和发展程度，同时也是计算其他动态数列分析指标的基础。

4. 平均发展水平是指将动态数列中各项发展水平加以平均而求得的平均数，又称动态平均数，它表明现象在某段时期内发展变化的一般水平。

5. 增长量是报告期水平与基期水平之差，用于说明现象在一定时期内增长的绝对数量。由于所选择基期的不同，增长量可分为逐期增长量和累积增长量。

6. 平均增长量是观察期各逐期增长量的平均发展水平，用于描述现象在观察期内平均每期增减的数量。它既可以根据逐期增长量求得，也可以根据累积增长量求得。

7. 发展速度是报告期发展水平与基期发展水平之比，用于描述现象在观察期内相对的发展变化程度。

8. 增长速度也称增减率，是增长量与基期水平之比，用于说明报告期水平较基期水平的相对增减程度。

9. 平均发展速度是各个时期环比发展速度的平均数，用于描述现象在整个观察期内平均发展变化的程度。

10. 平均增长速度说明现象逐期增减的平均程度。

11. 移动平均法是对原动态数列按事先选择的时期长度，采用逐项递移的办法，计算出一系列移动平均数，从而形成一个新的动态数列，作为原动态数列对应时期的趋势值。

12. 最小二乘法是根据回归分析中的最小二乘原理，对动态数列配合一条趋势线，使之满足动态数列的实际观测值(y)与趋势值(y_c)的离差平方和达到最小值，即$\sum(y-y_c)^2$=最小值。

13. 将若干年内同月(季)的平均数与总的月(季)平均数相比，即求得用百分数表示的各月(季)的季节比率，又称季节指数。

◎知识图表

- 动态指标描述分析
  - 动态数列分析的认识
    - 动态数列分析的意义
    - 动态数列的种类
    - 编制动态数列应注意的问题
  - 动态数列的水平分析
    - 发展水平
    - 平均发展水平
    - 增长量
    - 平均增长量
  - 动态数列的速度分析
    - 发展速度
    - 增长速度
    - 平均发展速度
    - 平均增长速度
    - 速度指标的分析与运用
  - 动态数列变动规律的趋势分析
    - 动态数列变动因素及分析模型
    - 长期趋势测定的方法
    - 季节变动的测定和预测

◎关键词汇

动态分析法　绝对数动态数列　发展水平　平均发展水平　增长量　平均增长量　发展速度　增长速度　平均发展速度　最小二乘法　季节指数

◎独立思考

1. 时期数列与时点数列有哪些区别?
2. 什么是平均发展水平? 其计算分哪几种情况?
3. 什么是增长量? 逐期增长量和累计增长量有何不同? 二者关系如何?
4. 环比发展速度和定基发展速度二者关系如何? 环比增长速度和定基增长速度之间是否也存在相同的

关系？

5. 测定长期趋势、季节变动各有哪些方法？

◎基本训练

一、单项选择题

1. 根据时期数列计算动态平均数应采用(　　)。

A. 几何平均法　　B. 加权算术平均法

C. 简单算术平均法　　D. 首末折半法

2. 间隔相等的时点数列计算动态平均数应采用(　　)。

A. 几何平均法　　B. 加权算术平均法

C. 简单算术平均法　　D. 首末折半法

3. 下列数列中属于动态数列的是(　　)。

A. 学生按学习成绩分组形成的数列　　B. 工业企业按地区分组形成的数列

C. 职工按工资水平高低排列形成的数列　　D. 出口额按时间先后顺序排列形成的数列

4. 已知某企业 1 月、2 月、3 月、4 月的平均职工人数分别为 190 人、195 人、193 人和 201 人，则该企业一季度平均职工人数的计算方法为(　　)。

A. $\frac{190+195+193+201}{4}$　　B. $\frac{190+195+193}{3}$

C. $\frac{(190/2)+195+193+(201/2)}{4-1}$　　D. $\frac{(190/2)+195+193+(201/2)}{4}$

5. 已知各期环比增长速度为 2%、5%、8%和 7%，则相应的定基增长速度的计算方法为(　　)。

A. 102%×105%×108%×107%－100%　　B. 102%×105%×108%×107%

C. 2%×5%×8%×7%　　D. 2%×5%×8%×7%－100%

6. 平均发展速度是(　　)。

A. 定基发展速度的算术平均数　　B. 环比发展速度的算术平均数

C. 环比发展速度的几何平均数　　D. 增长速度加上 100%

7. 若要观察现象在某一段时期内变动的基本趋势，则需测定现象的(　　)。

A. 季节变动　　B. 循环变动

C. 长期趋势　　D. 不规则变动

8. 定基增长速度与环比增长速度的关系是(　　)。

A. 定基增长速度是环比增长速度的连乘积

B. 定基增长速度是环比增长速度之和

C. 各环比增长速度加 1 后的连乘积减 1

D. 各环比增长速度减 1 后的连乘积减 1

9. 计算序时平均数时，“首末折半法”适用于(　　)。

A. 时期数列计算序时平均数

B. 间隔相等的时点数列计算序时平均数

C. 间隔不等的时点数列计算序时平均数

D. 由两个时点数列构成的相对数动态数列计算序时平均数

10. 平均增长速度是(　　)。

A. 环比增长速度的算术平均数　　B. 总增长速度的算术平均数

C. 平均发展速度减去百分之百　　D. 环比发展速度的序时平均数

二、多项选择题

1. 时点数列的各指标值(　　)。

A. 可以连续计量　　B. 其大小与时间长短无关

C. 反映现象在某一时刻上状况的总量　　D. 反映现象在某一时期上状况的总量

E. 直接相加没有独立的实际意义

2. 构成动态数列的两个基本要素是(　　)。

A. 指标名称　　B. 指标数值

C. 指标单位　　D. 现象所属的时间

E. 现象的处理地点

3. 根据动态数列中不同时期的发展水平所求的平均数称为(　　)。

A. 平均发展水平　　B. 算术平均数

C. 几何平均数　　D. 动态平均数

E. 平均发展速度

4. 动态数列中的发展水平具体包括(　　)。

A. 期初水平和期末水平　　B. 报告期水平和基期水平

C. 平均发展水平　　D. 中间水平

E. 增长量

5. 根据不同的研究任务，动态数列可以分为(　　)。

A. 时期数列　　B. 时点数列

C. 绝对数动态数列　　D. 相对数动态数列

E. 平均数动态数列

◎实战演练一

【目标】 动态数列分析是认识事物发展规律的重要的统计分析方法。学生通过上机实训对动态数列性质的识别、动态描述指标的计算、动态数列因素分解、预测方法的选择和实施预测全过程的介绍，巩固动态数列分析的相关知识和经验。

【内容】 请收集某一具体企业一段时间的总产值、产品价格及产量资料，分析该企业这些因素这段时间变化的情况及原因。

【步骤】

(1)收集资料，整理好分析表。

(2)建立季节变动分析表。

(3)运用 Excel 测定长期直线趋势和季节变动方法，分析影响总产值的变动因素。

◎实战演练二

1. 某只股票 2022 年各统计时点的收盘价如表 4—22 所示，计算该股票 2022 年的年平均价格。

表 4—22　　某股票 2022 年各统计时点收盘价数据

统计时点	1 月 1 日	3 月 1 日	7 月 1 日	10 月 1 日	12 月 31 日
收盘价(元)	15.2	14.2	17.6	16.3	15.8

2. 某企业 2022 年 9 月—12 月月末职工人数资料如表 4—23 所示。

表 4—23　　某企业 2022 年 9 月—12 月月末职工人数资料

日　期	9 月 30 日	10 月 31 日	11 月 30 日	12 月 31 日
月末人数(人)	1 400	1 510	1 460	1 420

计算该企业第四季度的平均职工人数。

3. 2017—2022 年各年底某企业职工人数和工程技术人员数资料如表 4—24 所示。

表 4—24　　2017—2022 年各年底某企业职工人数和工程技术人员数资料

年　份	2017	2018	2019	2020	2021	2022
职工人数(人)	1 000	1 020	1 085	1 120	1 218	1 425
工程技术人员(人)	50	50	52	60	78	82

试计算工程技术人员占全部职工人数的平均比重。

4. 某机械公司 2022 年第四季度各月产值和职工人数资料如表 4—25 所示，试计算该季度平均劳动生产率。

表 4—25　　某机械公司 2022 年第四季度各月产值和职工人数资料

月　份	10 月	11 月	12 月
产值(元)	400 000	462 000	494 500
平均职工人数(人)	400	420	430
月平均劳动生产率(元)	1 000	1 100	1 150

5. 某化工企业 2017—2022 年的化肥产量资料如表 4—26 所示。

表 4—26　　某化工企业 2018—2022 年的化肥产量资料

年份	2018	2019	2020	2021	2022
化肥产量(万吨)	400			484	
环比增长速度(%)	—	5			12.5
定基发展速度(%)	—		111.3		

利用指标间关系将表中所缺数字补充完整。

6. 某地区粮食总产量如表 4—27 所示。

表 4—27　　地区粮食总产量

年　份	2013	2014	2015	2016	2017	2018	2019	2020	2021	2022
产量(万吨)	230	236	241	246	252	257	262	276	281	286

要求：

(1)试检查该地区粮食生产发展趋势是否接近于直线型。

(2)如果是直线型，则用最小二乘法配合直线趋势方程。

(3)预测 2023 年的粮食产量。

7. 某产品专卖店 2020—2022 年各季度销售额资料如表 4—28 所示。

表 4—28 **某产品专卖店 2020—2022 年各季度销售额资料** 单位:万元

年份	一季度	二季度	三季度	四季度
2020	51	75	87	54
2021	65	67	82	62
2022	76	77	89	73

要求:

(1)按简单平均法和移动平均趋势剔除法计算季节指数。

(2)计算 2022 年无季节变动情况下的销售额。

项目五 统计指数分析

知识目标

- 理解狭义指数的含义和种类
- 掌握综合指数的编制方法
- 掌握平均数指数的编制方法
- 了解常用指数的含义及编制方法
- 掌握指数体系的概念及两因素分析原理

能力目标

- 能根据已知资料编制综合指数和平均数指数
- 能应用指数体系进行两因素分析

思政目标

- 培养学生用辩证的思考方式分析问题
- 培养理性洞察力和创新精神

重点难点

- 建立指数体系进行因素分析
- 现实生活中常用指数的编制方法

任务引入

小李家附近有一家超市，购物特别方便，所以小李平时所需的日常生活用品都在这家超市购买。细心的小李发现这个月有些商品的价格和上个月相比有些变化。比如大米上个月是每千克 4 元，这个月涨到了 4.5 元，猪肉从每斤 10 元涨到了 10.5 元等；也有一些东西降价了，比如挂面从每斤 2 元降到了 1.8 元，电磁炉从一台 360 元降到了 200 元等。小李想，就单个商品来说，一看就知道涨价了还是跌价了，大米这个月比上个月涨了 12.5%（4.5/4×100%－100%），挂面降了 10%（1.8/2×100%－100%），都不难算。但是各种商品总的来看，到底是涨价了还是跌价了呢？要是还买和上个月同样多的东西，会不会多花钱呢？

小李考虑的问题，你能帮他解决吗？

任务一 统计指数概述

一、指数的概念

指数是社会经济统计中历史最悠久、应用最广泛、同社会经济生活关系最密切的一个组成部分。它产生于 18 世纪欧洲资本主义迅速发展时期，经济学家为了测定物价的变动，开始尝试编制物价指数。此后 200 多年，指数逐步扩展到工业生产、工资、成本、生活费用、股票等各个方面。其中，消费品价格指数、生活费用价格指数同人们的日常生活休戚相关；生产资料价格指数、股票价格指数等则直接影响人们的投资活动，成为社会经济的晴雨表。目前人们对于指数概念的认识，一般有以下两种理解，即广义指数和狭义指数。

广义指数：指一切反映社会经济现象变动的相对数，如动态相对数、比较相对数、计划完成相对数等。

【统计实例 5－1】 2022 年全国居民人均消费支出 24 538 元，比上年增长 1.8%，扣除价格因素，实际下降 0.2%。其中，人均服务性消费支出 10 590 元，比上年下降 0.5%，占居民人均消费支出的比重为 43.2%。按常住地分，城镇居民人均消费支出 30 391 元，增长 0.3%，扣除价格因素，实际下降 1.7%；农村居民人均消费支出 16 632 元，增长 4.5%，扣除价格因素，实际增长 2.5%。我们把这些相对数都叫作指数。

狭义指数：是用来反映不能直接加总和直接对比的复杂社会经济现象数量综合变动的相对数。它是一种特殊形式的相对数。例如，在研究多种产品的产量总变动和单位成本总变动，以及多种商品的销售量总变动和价格总变动中，由于不同的产品和商品有不同的使用价值和计量单位，因此它们的产量、单位成本、销售量、价格等是不能直接相加的，我们无法直接将它们不同时期的同类指标对比计算指数，在这种情况下，我们就需要利用狭义指数的方法解决复杂现象不能加总和对比的问题。这也正是本项目所讨论的主要内容。

二、统计指数的作用

(1)统计指数可以综合反映社会经济现象总体变动的方向和程度。这是统计指数尤其是狭义指数的主要作用。指数的计算结果一般用百分比表示。这个百分比大于或小于 100%，表示升降变动的方向或程度。例如，2020 年 1 月我国居民消费价格指数为 105.4%，说明 2020 年我国居民消费价格总指数比上年的 1 月上涨了 5.4%。此外，我国统计部门公布的我国居民零售价格指数、工业品出厂价格指数、股票价格指数等，都是利用指数的原理和方法编制的。

(2)统计指数可以分析和测定社会经济现象的各个构成因素对经济现象总量变动的影响程度。社会经济现象的数量变化是许多因素共同影响的结果。例如，工业品产量的变动取决于工人人数和工人劳动生产率的变动；农产品收获量的变动取决于播种面积和单位面积产量的变动；旅游总收入的变动取决于游客总人次和平均每一人次支出的变动等。统计指数是利用各因素之间的联系编制的，各个因素指数又相互联系构成指数体系。因此，可以利用指数体系来分析现象总变动中各个因素变动的影响。

(3)研究现象的长期变动趋势。利用连续编制的指数数列,可分析复杂现象总体长时间发展变化趋势。如利用居民消费价格指数的连续编制,可反映我国居民消费价格变动趋势(如图5—1所示)。

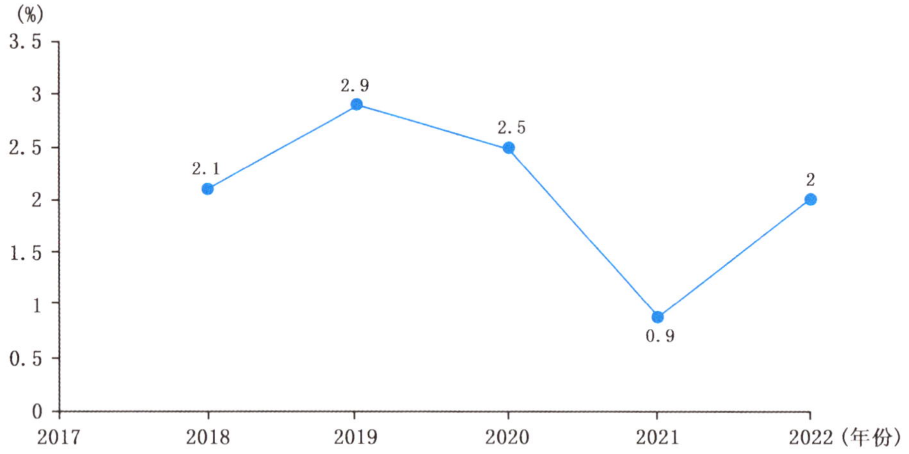

资料来源:中华人民共和国国家统计局网。

图5—1 2018—2022年居民消费价格指数

三、统计指数的种类

1. 按指数反映的对象范围分类

按指数反映的对象范围不同,统计指数可分为个体指数和总指数。

个体指数是反映个别事物动态变化的相对数。个体指数是指说明单项事物变动或差异程度的相对数。如2022年原油产量指数为103.02%;天然气产量指数为106.02%。其计算公式为:

$$个体质量指标指数\ k_p=\frac{p_1}{p_0}$$

上式中:p_0 为基期质量指标;p_1 为报告期质量指标。

$$个体数量指标指数\ k_q=\frac{q_1}{q_0}$$

上式中:q_0 为基期数量指标;q_1 为报告期数量指标。

可见,个体指数就是指同一种现象的报告期与基期指标数值对比得到的发展速度指标。

总指数是综合说明不能同度量的许多个别事物构成的复杂现象总体综合变动的相对数。如工业产品总产量指数、商品零售物价总指数等。在现代统计指数理论中,编制总指数有两种主要形式,即综合指数和平均指数。其中,综合指数是编制总指数的基础,平均指数是综合指数的变形和运用。

介于个体指数和总指数之间,还有一种类(组)指数。实质上,类(组)指数也是总指数,因为它也包含了不能直接加总的多种事物。类(组)指数是统计分组与总指数运用相结合的必然产物。如工业总产量指数分为重工业和轻工业产量指数;零售物价指数分为食品类、衣着类、日用品类等价格指数。

2. 按说明现象的性质分类

按说明现象的性质不同，统计指数可分为数量指标指数和质量指标指数。

数量指标指数是说明现象总规模、总数量变动的相对数。如产品产量指数、商品销售量指数、职工人数指数等都是数量指标指数。

质量指标指数是说明现象总体内涵数量变动情况的指数。它可以反映事物的质量标准效果和程度。如价格指数、成本指数、劳动生产率指数、平均工资指数等。

3. 按采用的基期分类

按采用的基期不同，统计指数可分为定基指数和环比指数。

定基指数是在一个指数数列中，每个指数都是以某一固定时期为基期。它说明了社会经济现象各个时期较固定时期发展变化的趋势和程度。环比指数是在一个指数数列中，各指数都以前一时期为基期。它说明了社会经济现象各个时期较前一时期发展变化的趋势和程度。

【统计实例 5—2】 根据我国 2017—2022 年国内生产总值的资料，计算各年的环比指数和定基指数(如表 5—1 所示)。

表 5—1　　2017—2022 年国内生产总值资料

年　份	2017 年	2018 年	2019 年	2020 年	2021 年	2022 年
国内生产总值(亿元)	832 035.9	919 281.1	986 515.2	1 013 567	1 149 237	1 210 207.2
环比指数(以上年为 100%)(%)	100.00	110.49	107.31	102.74	113.39	105.31
定基指数(以 2017 年为 100%)(%)	—	110.49	118.57	121.82	138.12	145.45

资料来源：中华人民共和国国家统计局网。

◎情景思考

你能区分表 5—2 中各指数的种类吗？

表 5—2　　各种相关指数

指　数	个体指数	总指数	数量指标指数	质量指标指数
某一产品单位成本指数				
三种产品的价格指数				
居民消费价格指数				
企业产量指数				
企业工人劳动生产率指数				
某种商品销售量指数				

任务二　综合指数的编制

总指数主要有两种编制形式：综合指数和平均数指数。综合指数是编制总指数的基本形式。综合指数是直接以被研究现象总体中的两个总量指标为基础编制的总指数。综合指数的基本原理是首先将所研究现象总体中不能加总对比的个别现象，通过其他因素作媒介，转化为可同度量单位的量，然后加总对比，以综合反映所研究现象总体的变动方向和变动程度。

由于研究社会经济现象有数量指标与质量指标之分，因此综合指数也就有数量指标综合指数与质量指标综合指数之别。

一、数量指标综合指数的编制

【统计实例 5—3】 现以表 5—3 某商店三种商品销售量为例，来说明数量指标综合指数的编制方法。

表 5—3　　某商店三种商品销售量和价格资料

商品名称	计量单位	销售量		价格(元)		销售额(元)		
		基期 q_0	报告期 q_1	基期 p_0	报告期 p_1	基期 p_0q_0	报告期 p_1q_1	假定 p_0q_1
(甲)	(乙)	(1)	(2)	(3)	(4)	(5)=(3)×(1)	(6)=(4)×(2)	(7)=(3)×(2)
甲	双	1 000	2 000	20	21	20 000	42 000	40 000
乙	件	2 000	3 000	10	10	20 000	30 000	30 000
丙	套	2 000	2 500	4	4.5	8 000	11 250	10 000
合计	—	—	—	—	—	48 000	83 250	80 000

资料栏（第1～6列）　　计算栏（第7～9列）

表 5—3 中的三种商品销售量，其个体指数分别为：

$$k_{甲}=\frac{q_1}{q_0}=\frac{2\ 000}{1\ 000}\times 100\%=200\% \quad k_{乙}=\frac{q_1}{q_0}=\frac{3\ 000}{2\ 000}\times 100\%=150\%$$

$$k_{丙}=\frac{q_1}{q_0}=\frac{2\ 500}{2\ 000}\times 100\%=125\%$$

但要综合说明这三种商品销售量总的变动方向和程度，则需要编制销售量总指数。编制销售量总指数，要求把各种商品报告期和基期的销售量分别加总，然后对比两个时期的销售总量。但是由于各种商品的使用价值不同、计量单位不同，因而其销售量不能直接加总，也就无法对比两个时期的销售总量。因此，在编制销售量总指数时，可运用综合指数的基本原理，合理解决以下三个问题。

1. 确定同度量因素

表 5—3 中三种商品的使用价值、计量单位不同，销售量加总没有意义。但是，人类劳动所创造的产品，除了有使用价值外，还有价值。我们可以通过单位商品价格这个媒介，将具体劳动所创造的反映产品使用价值的实物量，转换为劳动所创造的反映商品价值的价值量，即将各种商品的销售量乘以各自的单价，得出销售额：

$$商品销售量\times 单位价格=销售额$$

商品销售量是研究对象，即要说明变动方向和变动程度的事物，统计中称为指数化因素；单位价格将不能同度量的销售量转化为可以同度量的销售额，起媒介作用，统计中称为同度量因素，这一因素不仅起着媒介作用，还有权数的作用。通过单位价格这个同度量因素，将两个时期各种商品的销售量转化为销售额后，我们就可以将这三种商品在两个时期的销售额分别加总，再对比两个时期的销售总额，于是可得销售额总指数公式：

$$\overline{k_{pq}}=\frac{\sum q_1 p_1}{\sum q_0 p_0}$$

式中，$\overline{k_{pq}}$ 代表销售额总指数，q_1 代表各种商品报告期销售量，q_0 代表各种商品基期销售量，p_1 代表各种商品报告期单价，p_0 代表各种商品基期单价。

则表5—3中三种商品的销售额总指数为：

$$\overline{k_{pq}}=\frac{2\ 000\times21+3\ 000\times10+2\ 500\times4.5}{1\ 000\times20+2\ 000\times10+2\ 000\times4}\times100\%=\frac{83\ 250}{48\ 000}\times100\%=173.43\%$$

计算结果表明，报告期销售总额比基期增长了73.43%，增加的绝对额为35 250元(83 250－48 000)。

至此，通过商品销售价格这个同度量因素，解决了三种商品销售量不能同度量的问题。但是，这里计算的是销售额总指数，而销售额的变动既有销售量变动的影响，同时也有价格变动的影响。因此，要编制单纯反映销售量综合变动情况的总指数，就必须从销售额的变动中排除价格因素变动的影响。

2. 固定同度量因素

要从两个时期的销售额对比中单纯地反映出多种商品销售量的变动方向和程度，就必须把与两个时期的商品销售量相乘的价格固定起来，也就是假定报告期和基期的价格相同，这样才能实现编制销售量总指数的任务。根据这个基本原理建立起来的数量指标综合指数的一般公式为：

$$\overline{k_q}=\frac{\sum q_1 p}{\sum q_0 p}$$

式中，$\overline{k_q}$ 代表销售量总指数(数量指标指数)，p 代表各种商品两个时期相同的价格。但是商品价格有基期价格、报告期价格、不变价格等不同价格，将商品价格固定为其中任何一种，都可以计算销售量总指数。现用不同价格作为同度量因素予以分析。

(1)以基期价格 p_0 作为同度量因素，其销售量总指数的公式为：

$$\overline{k_q}=\frac{\sum q_1 p_0}{\sum q_0 p_0}$$

上式称为基期加权综合指数公式，1864年由德国学者拉斯贝尔(Laspeyres)首次提出，因而也称拉氏公式。运用这一公式，以表5—3中的资料计算某商店三种商品销售量总指数，得：

$$\overline{k_q}=\frac{2\ 000\times20+3\ 000\times10+2\ 500\times4}{1\ 000\times20+2\ 000\times10+2\ 000\times4}\times100\%=\frac{8\ 000}{4\ 800}\times100\%=166.67\%$$

计算结果表明，报告期三种商品销售量比基期增长了66.67%；由于销售量的增长，销售额增加了3 200元(8 000－4 800)。

(2)以报告期价格 p_1 作为同度量因素，其销售量总指数的公式为：

$$\overline{k_q}=\frac{\sum q_1 p_1}{\sum q_0 p_1}$$

上式称为报告期加权综合指数公式，1874年由德国学者派许(Paasche)首先提出使用，因而也称派氏公式。运用这一公式，以表5—3中的资料计算某商店三种商品销售量总指数，得：

$$\overline{k_q}=\frac{2\ 000\times21+3\ 000\times10+2\ 500\times4.5}{1\ 000\times21+2\ 000\times10+2\ 000\times4.5}\times100\%=\frac{83\ 250}{50\ 000}\times100\%=167.04\%$$

计算结果表明，报告期三种商品销售量比基期增长了67.04%，由于销售量的增长，销售额增长了33 250元(83 250－50 000)。

(3)以某一不变价格 P_n 作为同度量因素，其销售量总指数的公式为：

$$\overline{k_q}=\frac{\sum q_1 p_n}{\sum q_0 p_n}$$

上式中，p_n 代表某一特定年份 n 的价格水平。

上式称为固定加权综合指数公式，1818年由扬格(Young)提出，因而也称扬格公式。这一公式的特点是，同度量因素一经选定，多年不变，不因比较时期的改变而改变。

上述的计算分析说明了这样一个道理：同一数量指标指数的同度量因素，固定在不同时期会得出不同的结果。那么，数量指标指数的同度量因素究竟固定在什么时期为宜呢？在实际应用中，不能一概而论，要根据统计研究的目的和研究对象的特点确定。一般来讲，编制数量指标综合指数时，应当采用基期的质量指标作为同度量因素。

二、质量指标综合指数的编制

仍使用表5－3中的资料，以某商店三种商品销售价格为例来说明质量指标综合指数的编制方法。

表5－3中的资料表明，三种商品的销售价格个体指数分别为：

$$k_{甲}=\frac{p_1}{p_0}=\frac{21}{20}\times100\%=105\% \quad k_{乙}=\frac{p_1}{p_0}=\frac{10}{10}\times100\%=100\% \quad k_{丙}=\frac{p_1}{p_0}=\frac{4.5}{4}\times100\%=112.5\%$$

但要综合说明这三种商品价格总的变动方向和程度，则需要计算价格总指数。

表面看来，商品的价格都以货币表示，计量单位相同，似乎可以相加，加总后对比，就可求得价格总指数。其实不然。

首先，各种不同商品的价格代表着不同使用价值的商品价值，简单相加是毫无意义的。

其次，各种商品的销售是不同的，如果不考虑各种商品销售量的大小，不加区别地直接将它们在报告期和基期的价格分别相加并对比，那么价格变动幅度大的商品，即使销售量很小，其价格变动对价格总变动的影响仍很大，这显然是不合理的。

最后，各种商品的价格都是单位价格，而商品数量的计量单位是可大可小的(如论重量的商品可以吨、千克、克等为单位)，那么，随着使用单位的不同，其单位价格也会扩大或缩小，随着计量单位的改动，将各种商品的单位价格相加计算的总指数，会得出许多不同的结果，这显然是不科学的。

因此，在编制价格总指数时，仍需运用综合指数的基本原理，合理解决三个问题。

1. 确定同度量因素

如前所述，商品的销售价格是单位商品的价值尺度，某种商品的价格乘以该种商品的销售量，就等于该种商品的销售额，即：

单位价格×商品销售量＝销售额

此时，单位价格是指数化因素，即要说明变动方向和变动程度所指的事物；商品销售量是同度量因素，它将不能同度量的价格转化为可以同度量的销售额，起着媒介作用。通过销售量这个同度量因素将两个时期各种商品的价格转化为销售额后，我们就可以将这三种商品在两个时期的销售额分别加总，再对比，得出销售额总指数。

2. 固定同度量因素

销售额的变动不仅受价格变动的影响，同时还受销售量变动的影响。因此，要编制单纯反映价格综合变动情况的总指数，就必须将同度量因素固定不变，排除同度量因素变动的影响。

与编制销售量指数一样，在编制价格总指数时，要从两个时期的销售额对比中单纯反映商品价格的变动方向和程度，就必须把与两个时期的商品价格相乘的销售量固定起来，也就是假定报告期和基期的商品销售量相同，这样才能实现编制价格总指数的任务。根据这一原理建立起来的质量指标综合指数的一般公式为：

$$\overline{k_p}=\frac{\sum p_1 q}{\sum p_0 q}$$

上式中，$\overline{k_p}$ 代表价格总指数(质量指标指数)，q 代表各种商品两个时期相同的销售量。销售量有基期销售量、报告期销售量、某一特定销售量等，有一个销售量，就确定了一个价格指数。现用不同销售量作为同度量因素予以分析。

(1)以基期销售量 q_0 作为同度量因素，其价格总指数的公式为：

$$\overline{k_p}=\frac{\sum p_1 q_0}{\sum p_0 q_0}$$

上式属于基期加权综合指数公式，即拉氏公式。运用上式，以表 5－3 中的资料计算某商店三种商品价格总指数，得：

$$\overline{k_p}=\frac{21\times 1\ 000+10\times 2\ 000+4.5\times 2\ 000}{20\times 1\ 000+10\times 2\ 000+4\times 2\ 000}\times 100\%=\frac{50\ 000}{48\ 000}\times 100\%=104.17\%$$

计算结果表明，报告期三种商品价格总水平比基期上升 4.17%；由于价格总水平的上升，销售额增加了 2 000 元(50 000－48 000)。

(2)以报告期销售量 q_1 作为同度量因素，其价格总指数的公式为：

$$\overline{k_p}=\frac{\sum p_1 q_1}{\sum p_0 q_1}$$

上式属于报告期加权综合指数公式，即派氏公式。运用上式，以表 5－3 中的资料计算某商店三种商品价格总指数，得：

$$\overline{k_p}=\frac{21\times 2\ 000+10\times 3\ 000+4.5\times 2\ 500}{20\times 2\ 000+10\times 3\ 000+4\times 2\ 500}\times 100\%=\frac{83\ 250}{80\ 000}\times 100\%=104.06\%$$

计算结果表明，报告期三种商品价格总水平比基期上升 4.06%；由于价格总水平的上升，销售额增加了 3 250 元(83 250－80 000)。

(3)以某一不变价格 q_n 作为同度量因素，其销售价格总指数的公式为：

$$\overline{k_p}=\frac{\sum p_1 q_n}{\sum p_0 q_n}$$

上式属于固定加权综合指数公式，即扬格公式。在质量指标综合指数的编制中，作为同度量因素的数量指标，往往依据特定的计划要求或某一标准数量来确定。

上述的计算分析说明了这样一个道理：同一质量指标指数的同度量因素，固定在不同时期会得出不同的结果。那么，质量指标指数的同度量因素究竟固定在什么时期合适呢？这是编制质量指标指数时必须解决的又一个重要问题。

一般来讲，编制质量指标综合指数时，应当采用报告期的数量指标作为同度量因素。

任务三　平均指数的编制

平均指数也称平均数指数，是以被研究现象总体中的个体指数为基础，对若干个体指数进行加权平均而编制的总指数。在统计实践中，由于受资料的限制，利用综合指数计算，有时有困难。因此，总指数的编制方法除采用综合指数的形式外，还可采用平均指数的形式。它是综合指数的变形，但又具有相对独立的意义，在统计实践中应用非常广泛。

平均指数的计算形式基本分两种：一种是加权算术平均指数；另一种是加权调和平均指数。在具体计算中应用哪一种方法计算平均指数，应根据掌握的资料来确定。

一、加权算术平均指数

加权算术平均指数是对个体指数按加权算术平均方式平均，即以个体指数为变量值，以基期的销售资料为权数，对个体指数进行加权平均，反映现象总体数量方面的变动。主要用来编制数量指标指数，而且资料相对容易取得。

现以商品销售量总指数为例加以说明。若用 $\overline{k_q}$ 代表商品销售量总指数，用 $\overline{k_q}$ 代表各种商品销售量个体指数，用 q_0p_0 作权数，则商品销售量总指数的加权算术平均指数公式为：

$$\overline{k_q}=\frac{\sum k_q q_0 p_0}{\sum q_0 p_0}$$

【统计实例 5—4】 以表 5—3 资料为例，利用平均指数计算，过程如表 5—4 所示。

表 5—4　　**某商店三种商品销售量指数计算表**

商品名称	计量单位	销售量		基期销售额(元)	销售量个体指数(%)	假定销售额(元)
		基期 q_0	报告期 q_1	q_0p_0	$k_q=\frac{q_1}{q_0}$	$k_q q_0 p_0=q_1p_0$
甲	双	1 000	2 000	20 000	200	40 000
乙	件	2 000	3 000	20 000	150	30 000
丙	套	2 000	2 500	8 000	125	10 000
合计	—	—	—	48 000	—	80 000

$$\overline{k_q}=\frac{\sum kqp_0q_0}{\sum q_0p_0}=\frac{80\ 000}{48\ 000}\times100\%=166.67\%$$

$$\sum k_q q_0 p_0-\sum p_0 q_0=80\ 000-48\ 000=32\ 000(元)$$

计算结果表明，三种商品销售量的变动平均增长了 66.67%；由于销售量的增长，销售额增加了 32 000 元。这个结果与采用综合指数公式的计算结果完全相同。

加权算术平均数的计算，既可用绝对数加权，也可用相对数加权，利用相对指标计算平均指数。其计算公式为：

$$\overline{k_q}=\sum k_q\frac{q_0p_0}{\sum q_0p_0}$$

若用 w 代表比重，则上式又改变为：

$$\overline{k_q}=\sum k_q \frac{w}{\sum w}$$

由于计算方法不同，因此，结果相同或略有差异。利用相对数计算最大的优点就是资料相对容易取得，资料不全时也可以编制经验权数或使用固定权数。

二、加权调和平均指数

加权调和平均指数是对个体指数按加权调和平均方式平均，即以个体指数为变量值，以报告期的销售资料为权数，对质量指标个体指数进行加权平均，反映现象总体质量方面的变动程度。主要用来编制质量指标指数，而且资料相对容易取得。

现以商品价格总指数为例加以说明。若用 $\overline{k_p}$ 代表商品价格总指数，用 K_p 代表各种商品价格个体指数，用 q_1p_1 作权数，则商品价格总指数的加权调和平均指数公式为：

$$\overline{k_p}=\frac{\sum p_1q_1}{\sum \frac{p_1q_1}{k_p}}$$

【统计实例 5—5】 仍以表 5—3 资料为例，用加权调和平均指数公式计算，其过程如表 5—5 所示。

表 5—5　　某商店三种商品销售价格指数计算

商品名称	计量单位	价格		报告期(元)	价格个体指数(%)	销售额(元)
		基期 p_0	报告期 p_1	销售额 p_1q_1	$k_p=\frac{p_1}{p_0}$	$\frac{p_1q_1}{k_p}$
甲	双	20	21	42 000	105.0	40 000
乙	件	10	10	30 000	100.0	30 000
丙	套	4	4.5	11 250	112.5	10 000
合计	—	—	—	83 250	—	80 000

根据资料，用加权调和平均数指数方法计算：

$$\overline{k_p}=\frac{\sum p_1q_1}{\sum \frac{p_1q_1}{k_p}}=\frac{83\ 250}{80\ 000}$$

$$\sum p_1q_1-\frac{\sum p_1q_q}{k_p}=83\ 250-80\ 000=3\ 250(\text{元})$$

计算结果与前面完全相同，只是使用的资料不同。

加权调和平均数的计算，既可用绝对数加权，也可用相对数(比重)加权，若用 w 代表比重，则上式又变为：

$$\overline{k_p}=\frac{\sum w}{\sum \frac{1}{k_p}w}$$

从上面的举例中可以看出，平均指数与综合指数虽然形式不同，但结果相同。因为平均指数公式中所用的权数是根据综合指数的原理和要求，从相应的综合指数公式中的有关综合指标转化而来的，所以人们习惯把平均指数公式称为综合指数的变形公式。但从应用条件来看，平均指数更加宽松与灵活。在商品或产品品种不多的情况下，比较容易取得两个时期各品种的数量指标和质量指标资料，可以应用综合指数公式计算总指数，也可用平均指数公式计算总指数。如果品种很多，像商业部门经营的商品品种成千上万，无法取得两个时期各品种的销售量和价格资料，但能取得个体指数 k_q 或 k_p，又比较容易取得权数资料 p_0q_0 和 p_1q_1，这时，则不能用综合指数公式，只能用平均指数公式计算总指数。例如，若取得价格个体指数 k_p 报告期销售额 p_1q_1，就可用加权调和平均指数公式来计算价格总指数；如果取得销售量个体指数 k_q 和基期销售额 p_0q_0，就可用加权算术平均指数公式计算销售量总指数；如果取得两个时期的实际销售额 p_0q_0 或 p_1q_1 和销售量或价格中任何一种个体指数 k_p 或 k_q，则销售量总指数和价格总指数均可以计算。

◎知识拓展

什么是经济发展新动能指数

经济发展新动能指数是指以新产业、新业态、新商业模式为主要内容的统计指标体系，利用“三新”调查基础数据，采用线性加权的综合评价方法构建而成的复合指数，用来反映经济新动能发展趋势和进程。

任务四 指数体系和因素分析法

一、指数体系的建立

（一）指数体系的概念

一般把在经济上具有一定联系，并且具有一定数量对等关系的三个或三个以上的指数所构成的整体称为指数体系。例如，

商品销售额指数＝商品价格指数×商品销售量指数

原材料消耗总额指数＝产品产量指数×单耗指数×原材料价格指数

工业总产值指数＝产品产量指数×产品价格指数

产品总成本指数＝产品产量指数×单位成本指数

我们把等式的左边称为总变动指数，把等式的右边称为因素指数。可见，总变动指数等于因素指数的连乘积。

（二）指数体系的基本形式

1. 相对数形式

对象指数等于各个因素指数的连乘积，即

$$\frac{\sum q_1p_1}{\sum q_0p_0}=\frac{\sum q_1p_0}{\sum q_0p_0}\times\frac{\sum q_1p_1}{\sum q_1p_0}$$

2. 绝对数形式

对象指数的增减额等于各因素指数影响的增减额之和，即

$$\sum q_1p_1-\sum q_0p_0=(\sum q_1p_0-\sum q_0p_0)+(\sum q_1p_1-\sum q_1p_0)$$

(三)指数体系的作用

(1)它是因素分析法的基本依据,即通过指数体系可以分析复杂总体现象变动中各个构成因素变动的影响情况。

(2)利用指数体系,可以推算某些未知因素。例如,由商品销售额指数和价格指数,就可推算出商品销售量指数。

(3)可以用来验证指数计算结果的正确性。

◎情景思考

1. 同样多的人民币,却少购买商品12%,问物价上涨了多少?

2. 粮食总产量增长5%,而播种面积却减少4%,问粮食单位面积产量会有什么变化?

3. 某企业某种商品单位成本上升10%,产量下降10%,总成本没升也没降,这种说法对吗?为什么?

二、指数体系的应用——因素分析

因素分析法是指在统计分析中利用指数体系分析社会经济现象总变动中各个因素变动影响的方向和程度的方法。其特点如下:

(1)分析的对象是受多因素影响的现象,该现象的总量可以被分解为两个或两个以上因素的乘积,每个因素的变动对现象的总变动都有影响。分析的目的是要测定各个因素影响的方向与程度。

(2)因素分析法的基本特点是测定其中一个因素的影响时,要假定其他因素不变。

(3)因素分析法的基本依据是指数体系,其结果可用相对数或绝对数表示。

(一)因素分析的步骤

(1)构造有实际经济意义的指标体系:

分析对象:$S=ab$(因素指标)

(2)将指标体系转换为指数体系:

$$\frac{s_1}{s_0}=\frac{a_1}{a_0}\times\frac{b_1}{b_0}$$

(3)计算所研究现象的总变动指数与总变动的绝对值。

(4)计算各因素指标的指数与绝对值。

(5)用指数体系的两种表现形式检验上述结果。

(6)分析结论。

(二)总量指标变动的两因素分析

1. 简单现象总体总量指标指数的两因素分析

【统计实例5-6】 某企业职工年工资情况资料如表5-6所示,计算工资总额的变动并对其进行因素分析。

表5-6 某企业职工年工资情况资料

指　标	符　号	基　期	报告期
工资总额(万元)	E	500	567

续表

指　标	符　号	基　期	报告期
职工人数(人)	f	1 000	1 050
平均工资(元/人)	X	5 000	5 400

【分析】 工资总额(E)=职工人数(f)×平均工资(X)

$$\frac{E_1}{E_0}=\frac{X_0 f_1}{X_0 f_0}\times\frac{X_1 f_1}{X_0 f_1}=\frac{f_1}{f_0}\times\frac{X_1}{X_0}$$

$$E_1-E_0=(X_0 f_1-X_0 f_0)+(X_1 f_1-X_0 f_1)$$
$$=X_0(f_1-f_0)+f_1(X_1-X_0)$$

工资总额的变动：

$$k_E=\frac{E_1}{E_0}=\frac{567}{500}\times100\%=113.4\%;E_1-E_0=567-500=67(\text{万元})$$

其中：

(1)受职工人数变动的影响为：$k_f=\frac{f_1}{f_0}=\frac{1\ 050}{1\ 000}\times100\%=105\%$

$$X_0(f_1-f_0)=5\ 000\times(1\ 050-1\ 000)=25(\text{万元})$$

(2)受平均工资变动的影响为：$k_X=\frac{X_1}{X_0}=\frac{5\ 400}{5\ 000}\times100\%=108\%$

$$f_1(X_1-X_0)=1\ 050\times(5\ 400-5\ 000)=42(\text{万元})$$

(3)综合影响：$\begin{cases}113.4\%=105\%\times108\%\\67\text{ 万元}=25\text{ 万元}+42\text{ 万元}\end{cases}$

以上计算表明，该企业职工工资总额报告期比基期增长 13.4%，增加 67 万元，是由于职工人数增长 5%，工资总额增加 25 万元，由于职工平均工资上升 8%，工资总额增加 42 万元，两因素共同影响的结果。

◎温馨提醒

简单现象总体因素分析的特点：相对数分析可以不引入同度量因素，但绝对数分析必须引入同度量因素。

2. 复杂现象总体总量指标变动的两因素分析

【统计实例 5—7】 现以表 5—7 中的资料计算总产值的变动并对其进行因素分析。

表 5—7　　某企业生产三种产品产量及出厂价格资料

产品名称	计量单位	产　量		出厂价格(百元)		总产值(百元)		
		报告期 q_1	基期 q_0	报告期 p_1	基期 p_0	假定 q_1p_0	报告期 q_1p_1	基期 q_0p_0
甲	套	22	20	35	35	770	770	700
乙	吨	45	40	12	10	450	540	400
丙	台	6	5	65	60	360	390	300
合计	—	—	—	—	—	1 580	1 700	1 400

解：要求分析该企业总产值的变动及影响因素。

根据指数体系：

$$总产值指数=产量指数\times价格指数$$

$$总产值指数\ \overline{K}_{pq}=\frac{\sum p_1q_1}{\sum p_0q_0}=\frac{1\ 700}{1\ 400}\times100\%=121.43\%$$

总产值增加的绝对值：

$$\sum p_1q_1-\sum p_0q_0=1\ 700-1\ 400=300(百元)$$

其中：由于产量变动对总产值的影响：

$$产量总指数\ \overline{K}_q=\frac{\sum q_1p_0}{\sum q_0p_0}=\frac{1\ 580}{1\ 400}\times100\%=112.86\%$$

产量增长使产值增加的绝对额：

$$\sum q_1p_0-\sum q_0p_0=1\ 580-1\ 400=180(百元)$$

由于价格变动对总产值的影响：

$$价格总指数\ \overline{K}_p=\frac{\sum p_1q_1}{\sum p_0q_1}=\frac{1\ 700}{1\ 580}\times100\%=107.59\%$$

价格上升使产值增加的绝对值：

$$\sum p_1q_1-\sum p_0q_1=1\ 700-1\ 580=120(百元)$$

以上计算结果的指数体系关系为：

从相对数分析：121.43%=112.86%×107.59%

从绝对数分析：30 000 元=18 000 元+12 000 元

以上计算表明，该企业生产的三种产品总产值报告期比基期增长 21.43%，增加 30 000 元，是由于产量增长 12.86%，产值增加 18 000 元，由于价格上升 7.58%，产值增加 12 000 元，两因素共同影响的结果。

（三）平均指标指数及因素分析

平均指标即总体平均数，与某些总量指标可以分解为两个因素指标的乘积一样，总体平均数也可以分解为两个因素指标的乘积。之前讲过加权算术平均数的计算式为：

$$\bar{x}=\frac{\sum xf}{\sum f}=\sum x\cdot\frac{f}{\sum f}$$

上式中：$\bar{x}$ 表示总体平均指标；x 表示各组平均水平；$\frac{f}{\sum f}$表示各组的次数比重。

上述计算式说明，在分组的情况下，社会经济现象总体水平的变动受到两个因素的影响：一是各组变量值(x)的大小，二是各组次数(f)多少或频率$\frac{f}{\sum f}$的大小。

无论是组平均水平的变动，还是总体结构的变动，都会对总体平均水平产生影响。当结构变动影响很大时，往往会出现组平均数和总体平均数不一致的矛盾现象。

如何分别测出组平均数和总体结构这两个因素指标在平均指标的总变动中各起多大作用，同样需要借助指数解决。

平均指标指数两因素分析的对象是总体平均水平的变动，分析的目的是测定组平均数与总体结构两个因素的变动对总平均数的影响方向和影响程度；测定时是假定其中一个因素的数量不变，从而测定另一个因素的影响方向和影响程度；分析的基本依据是平均指标指数体系，即两个因素指数的乘积等于总变动指数，两个因素影响差额的总和等于平均指标实际发生的总差额;分析的结果也有两种表示方法,既可以用相对数表示,也可以用绝对数表示。

1. 平均指标指数体系

平均指标指数是将两个时期的总体平均数对比而得到的相对数,又称可变构成指数,简称可变指数。它反映总体平均数的总的变动程度,是总变动指数。

如用 $\bar{x}_1$ 代表报告期的平均指标,$\bar{x}_0$ 代表基期的平均指标,则有:

$$\text{可变构成指数}\bar{k}_{\text{可变}}=\frac{\bar{x}_1}{\bar{x}_0}=\frac{\dfrac{\sum x_1 f_1}{\sum f_1}}{\dfrac{\sum x_0 f_0}{\sum f_0}}$$

在平均指标所包含的两个因素中,总体结构 $\frac{f}{\sum f}$ 对于组平均数 x 来讲具有数量指标的性质,而组平均数 x 相对总体结构来讲是质量指标。按照确定同度量因素的一般原则:在测定组平均数变动对总体平均指标总变动的影响时,应把总体结构这个同度量因素固定在报告期水平上;而在测定总体结构变化对总体平均指标总变动的影响时,应把组平均数这个同度量因素固定在基期水平上。

将总体结构 $\frac{f}{\sum f}$ 这个因素固定不变,单纯地测定组平均水平 x 的变动对总体平均数影响程度的指数,称为固定构成指数,用 $\bar{k}_{\text{固定}}$ 表示。其计算式为:

$$\text{固定构成指数}=\frac{\dfrac{\sum x_1 f_1}{\sum f_1}}{\dfrac{\sum x_0 f_1}{\sum f_1}}=\frac{\bar{x}_1}{\bar{x}_n}=\frac{\text{报告期平均工资}}{\text{假定平均工资}}$$

将组平均水平 x 这个因素固定不变,单纯地测定总体结构 $\frac{f}{\sum f}$ 的变动对总体平均数影响程度的指数,称为结构影响指数,用 $\bar{k}_{\text{结构}}$ 表示。其计算公式为:

$$\text{结构影响指数}=\frac{\dfrac{\sum x_0 f_1}{\sum f_1}}{\dfrac{\sum x_0 f_0}{\sum f_0}}=\frac{\bar{x}_n}{\bar{x}_0}=\frac{\text{假定平均工资}}{\text{基期平均工资}}$$

上述两式中,$\bar{x}_n$ 表示按基期组平均数和报告期的构成计算出的假定平均数。

根据总体平均指标=∑(组平均数×总体结构)这一数量关系,可以建立如下指数体系:

可变构成指数=固定构成指数×结构影响指数

即

$$\bar{k}_{\text{可变}}=\bar{k}_{\text{固定}}\times\bar{k}_{\text{结构}}$$

$$\text{相对数指数体系:}\frac{\bar{x}_1}{\bar{x}_0}=\frac{\bar{x}_1}{\bar{x}_n}\times\frac{\bar{x}_n}{\bar{x}_0}$$

$$\text{绝对差额体系:}\bar{x}_1-\bar{x}_0=(\bar{x}_1-\bar{x}_n)+(\bar{x}_n-\bar{x}_0)$$

总平均指标实际增减额=组平均数变化引起的增减额+总体结构变化引起的增减额

2. 平均指标指数体系的两因素分析

【统计实例 5-8】 有关资料如表 5-8 所示,试计算平均工资指数,来说明平均指标的两因素分析方法。

表 5—8 某企业工人平均工资指数计算

工人级别	月平均工资(元)		工人平均人数(人)		工资总额(元)		
	基期	报告期	基期	报告期	基期	报告期	假定的
	x_0	x_1	f_0	f_1	$x_0 f_0$	$x_1 f_1$	$x_0 f_1$
老工人	350	359	280	180	98 000	64 620	63 000
新工人	205	216	120	420	24 600	90 720	86 100
合计	306.5	258.9	400	600	122 600	155 340	149 100

解：报告期总平均工资：$\bar{x}_1=\dfrac{\sum x_1 f_1}{\sum f_1}=\dfrac{155\ 340}{600}=258.9$(元)

基期总平均工资：$\bar{x}_0=\dfrac{\sum x_0 f_0}{\sum f_0}=\dfrac{122\ 600}{400}=306.5$(元)

假定总平均工资：$\bar{x}_n=\dfrac{\sum x_0 f_1}{\sum f_1}=\dfrac{149\ 100}{600}=248.5$(元)

下面分别计算三个指数：

$$\text{可变构成指数}=\frac{\bar{x}_1}{\bar{x}_0}=\frac{\dfrac{\sum x_1 f_1}{\sum f_1}}{\dfrac{\sum x_0 f_0}{\sum f_0}}=\frac{258.9}{306.5}\times100\%=84.47\%$$

$$\text{总平均工资变动额}=\bar{x}_1-\bar{x}_0=258.9-306.5=-47.6(\text{元})$$

计算结果表明，该厂平均工资报告期比基期下降 15.53%，平均每人减少 47.6 元。其中：

(1)由于新、老工人工资水平的变化对总平均工资的影响

$$\text{固定构成指数}=\frac{\dfrac{\sum x_1 f_1}{\sum f_1}}{\dfrac{\sum x_0 f_1}{\sum f_1}}=\frac{\bar{x}_1}{\bar{x}_n}=\frac{258.9}{248.5}\times100\%=104.19\%$$

$$\bar{x}_1-\bar{x}_n=258.9-248.5=10.4(\text{元})$$

(2)由于工人人数结构变动对总平均工资的影响

$$\text{结构影响指数}=\frac{\dfrac{\sum x_0 f_1}{\sum f_1}}{\dfrac{\sum x_0 f_0}{\sum f_0}}=\frac{\bar{x}_n}{\bar{x}_0}=\frac{248.5}{306.5}\times100\%=81.08\%$$

$$\bar{x}_n-\bar{x}_0=248.5-306.5=-58(\text{元})$$

上述三个指数之间的关系为：

$$84.47\%=104.19\%\times81.08\%$$

$$-47.6\text{ 元}=10.4\text{ 元}+(-58)\text{元}$$

根据以上结果可知：由于各组工人的工资水平提高，总平均工资提高了 4.19%，提高的绝对额为平均每人 10.4 元；由于工人内部结构变化，总平均工资降低了 18.92%，降低的绝对额为平均每人 58 元；两个因素共同变动所作用的结果，使该厂全部工人的总平均工资实际降低了 15.53%，下降的绝对额为平均每人 47.6 元。

为什么各组平均工资水平提高了4.19%，实际平均每人增加10.4元，而该厂总平均工资水平却下降15.53%，平均每人减少47.6元呢？

进一步分析可知，根据表5—8的资料可以计算出报告期和基期的工人结构情况：

低工资的新工人基期占30%，报告期占70%；高工资的老工人基期占70%，报告期占30%。可见，低工资的新工人由基期的30%提高到报告期的70%；而高工资的老工人却由基期的70%下降为报告期的30%。这才导致组平均工资与总平均工资不一致的矛盾。

任务五　识别常用的经济指数

统计指数在社会经济统计中应用很广泛，下面介绍几种主要的应用。

一、居民消费价格指数

居民消费价格指数在国外称为消费者价格指数(Consumer Price Index，CPI)，是度量一组代表性消费品及服务项目价格水平随时间而变动的指数，反映居民家庭所购买的生活消费品和服务价格水平变动的情况。通常被用来作为反映通货膨胀或通货紧缩程度的指标，观察和分析价格水平变动对居民货币工资的影响，作为研究居民生活和宏观经济分析与决策、价格总水平监测与调控的依据。我国现行居民消费价格指数主要是采用固定加权算术平均指数方法来编制的，要点如下：

1. 商品和服务项目的分类与代表品的选择

居民消费价格指数包括居民用于日常生活的全部消费品和服务项目。现行国家统计制度规定，将居民消费的商品分为八大类：(1)食品；(2)烟酒及用品；(3)衣着；(4)家庭设备用品及服务；(5)医疗保健及个人用品；(6)交通和通信；(7)娱乐教育文化用品及服务；(8)居住。每个大类包括若干个中类，中类之下又有基本分类，基本分类中包括若干代表规格品。例如，衣着大类分为服装、衣着材料、鞋帽袜及其他衣着四个中类；在鞋帽袜中类下又分为鞋类、袜子、帽子三个基本分类。

由于社会商品的种类极其繁多，每种商品的牌号、型号、规格、等级、花色、式样等千差万别，要编制包括所有商品规格的价格指数，在客观上是不可能的，因此必须从全部商品中选择一些购销量较大的商品作为代表规格品，用这些代表规格品的价格升降情况综合反映全部商品价格变动的趋势和程度。

2. 代表市场与代表企业的选择

按照选择代表市场的原则，全国选了146个城市和80个县城，共226个市县作为代表市场，并规定地方可适当增选若干中小城市及县城。每个代表市场上每种商品或服务项目，又选若干企业(商店或农贸市场)调整，一般是大中城市选3～4个商店和3～5个农贸市场，小城市和县城选2～3个商店和1～2个农贸市场。为保证价格资料的连续性，各地区可选若干辅助调查点备用，以便在正式调查点缺少价格时采用辅助调查点的价格资料。

3. 价格资料的收集与平均价格的计算

价格调查所收集的价格资料，必须是实际成交的价格，即居民通过各种渠道(商店、工厂、集贸市场、餐饮业等)购买所实际支付的价格，不受挂牌价格的限制。

价格调查的频率依价格变动的频率而定：价格变动频繁者每月不可少于6次，国家控价的商品或服务项目每月或每季1次，其余的每月调查2～3次。

为简便起见，平均价一般用简单算术平均法计算。即地区（市场）平均价格由调查点价格简单算术平均计算而成，月平均价由各时点的价格简单算术平均计算而成，年平均价由各月平均价的简单算术平均计算而成。

4. 权数的确定

CPI中的权数，是指每一类别商品或服务项目的消费支出在居民全部商品和服务项目总消费支出中所占的比重。我国CPI中的权数，主要是根据全国13万户城乡居民家庭各类商品和服务项目的消费支出详细比重确定的。这些资料可以在国家统计局公开编辑出版的有关年鉴中查到。现行制度规定，CPI中的权数每五年调整一次。但同时也考虑到，随着我国国民经济的持续快速发展，城乡居民生活水平不断提高，消费结构也在发生变化，加之我们每年都有城乡居民消费支出抽样调查资料，因此每年还要根据全国13万户城乡居民家庭消费支出的变动及相关资料对权数进行一次相应的调整。

由于城乡居民消费构成差别较大，各地和全国均应分别计算三种权数，即城市居民、农村居民和不分城乡的所有居民的三种消费物价指数的权数。

5. CPI的汇总计算

我国采用的汇总计算方法与其他国家基本是一样的。主要区别在于世界上大多数国家仅仅汇总计算国家一级的CPI，计算分州、分城市等分区域CPI的国家不多。我国的情况相对特殊一些，既有分省的CPI，部分市县也计算CPI。基本汇总计算过程是：

首先，市县统计部门根据国家统计局制定的《流通和消费价格统计调查制度》，按照统一的统计标准、统计口径和计算方法要求，结合当地居民消费的实际情况计算本市县的CPI。

其次，国家统计局各调查总队对辖区内市县统计部门计算的CPI数据进行审核确认后，按人口和消费水平加权汇总计算本省（区、市）的CPI。

最后，国家统计局审核确认各省（区、市）计算的CPI数据后，按人口和消费水平加权汇总计算全国的CPI。

6. 计算方法的选择

世界各国的消费物价指数多采用加权算术平均法计算，我国也采用加权算术平均法。其计算公式为：

$$\bar{K}_p=\frac{\sum k_p p_0 q_0}{\sum p_0 q_0}=\sum k_p W(w=p_0 q_0/\sum p_0 q_0)$$

具体计算过程为：

（1）基本分类商品价格指数的计算

第一，计算某基本分类所属各规格品的环比价格指数。

$$k_{ti}=\frac{p_{ti}}{p_{(t-1)i}} \qquad (i=1,2,\cdots,n)$$

上式中，K_{ti} 代表 t 期第 i 种代表规格品的环比价格指数，如果所属代表规格品有 n 种，就可以分别计算 n 个环比价格指数。

第二，计算各规格品环比价格指数的几何平均数。

$$k_t=\sqrt{k_{t1}\times k_{t2}\times\cdots\times k_{tn}}\times 100\%$$

上式中，k_t 表示基本分类指数；$K_{t1}, K_{t2}, \cdots, K_{tn}$ 分别为第1个至第 n 个代表规格的环比价格指数。

(2)计算中类指数

基本分类指数乘以相应的权数,便得到中类指数。计算公式如下:

$$k_{中类}=\sum\frac{k_t w_{t-1}}{\sum w_{t-1}}$$

(3)计算大类指数

各中类指数乘以相应的权数,便得到大类指数。计算公式的形式同中类指数。

(4)计算总指数

大类指数乘以相应的权数,便得到总指数。计算公式如下:

$$k_{总}=\sum\frac{k_{t类} w_{t-1}}{\sum w_{t-1}}$$

【统计实例 5—9】 根据表 5—9 资料计算某地区居民各类消费品价格指数。

表 5—9 **某地区居民消费品价格指数计算**

商品类别及名称	计量单位	平均牌价(元)		权数	指数(%)
		基期 p_0	报告期 p_1		
总指数	—	—	—	100	102.24
一、食品类	—	—	—	45	100.3
(一)粮食中类	—	—	—	[25]	102.1
1.大米基本分类	—	—	—	(60)	102.4
早米(散装)	千克	2.2	2.2	〈40〉	100
东北米(真空包装)	千克	2.93	3	〈40〉	102.4
月牙米(袋装)	千克	2.29	2.4	〈20〉	104.8
2.面粉基本分类	—	—	—	(10)	104.4
3.粮食制品基本分类	—	—	—	(20)	101.8
4.其他	—	—	—	(10)	98.2
(二)副食品	—	—	—	[48]	98.5
(三)烟酒茶	—	—	—	[13]	103.5
(四)其他食品	—	—	—	[14]	100
二、衣着	—	—	—	8	98.7
三、家庭设备用品	—	—	—	6	97.8
四、交通及通信工具	—	—	—	7	118.6
五、娱乐教育文化用品	—	—	—	2	100.8
六、医疗保健用品	—	—	—	10	99.6
七、居住	—	—	—	12	100.1
八、服务项目	—	—	—	10	110.5

解：(1)计算大米基本分类指数：

$$k_{大米}=\sqrt[3]{100.0\%\times102.4\%\times104.8\%}=102.4\%$$

(2)计算食品类指数

$$K_{粮食}=\sum\frac{K_t w_{t-1}}{\sum w_{t-1}}=\frac{102.1\%\times25+98.5\%\times48+103.5\%\times13+100\%\times14}{100}$$

$$=100.26\%$$

(3)计算总指数，即居民消费价格指数

$$k_{总}=\sum\frac{k_{t类}w_{t-1}}{\sum w_{t-1}}=\frac{\begin{array}{c}100.26\%\times45+98.7\%\times8+97.8\%\times6+118.6\%\times7\\+100.8\%\times2+99.6\%\times10+100.1\%\times12+110.5\%\times10\end{array}}{100}\times100\%$$

$$=102.22\%$$

这表明，该市居民消费价格指数为102.22%，消费价格综合上升2.22%。

◎知识拓展

房屋价格为什么没有纳入CPI的计算

作为居民，不管是房子还是粮食都是用来消费的，以此来思量，买房子应该纳入CPI，应该说这种想法是没有错的。但从价格统计工作来讲，计算CPI不能把房屋价格归纳进来。理由有三点：(1)国际标准不把买房价格归纳进来。这里说一下什么是统计的“国际标准”，统计的国际标准就是各个国家统计界统一遵循的做法。目前的统计国际标准是联合国统计局向各个成员国推荐的93SNA，其中把住房列入固定资本形成范畴(也就是列为投资范畴)，因此目前我国及国外统计部门计算CPI时都没有把房屋价格归纳进来。(2)居民买房子花费巨大，少则几十万元，多则上百万元。想想看，购买的房子是要逐年逐月地消费使用，现在的房屋理论上可以使用70年。也就是说房子购买与消费在时间上是严重脱节的，而CPI是按月调查当月消费的商品和服务项目的价格变化。(3)目前还没有无所不包的价格指数，即使编制出这样一个万能的价格指数，也很难说明问题，现实中也不好用。

◎案例分析

国家统计局公布：2023年1月份，全国居民消费价格指数(CPI)同比上涨2.1%。其中，城市上涨2.1%，农村上涨2.1%；食品价格上涨6.2%，非食品价格上涨1.2%；消费品价格上涨2.8%，服务价格上涨1.0%。

1月份，全国居民消费价格环比上涨0.8%。其中，城市上涨0.8%，农村上涨0.5%；食品价格上涨2.8%，非食品价格上涨0.3%；消费品价格上涨0.7%，服务价格上涨0.8%。

试分析：2023年1月CPI变化有什么特点？

【分析】

2023年1月CPI变化特点主要有：

1月份，受春节效应和疫情防控政策优化调整等因素影响，居民消费价格有所上涨。

从环比看，CPI由上月持平转为上涨0.8%。其中，食品价格上涨2.8%，涨幅比上月扩大2.3个百分点，影响CPI上涨约0.52个百分点。食品中，受春节等季节性因素影响，鲜菜、鲜菌、鲜果、薯类和水产品价格分别上涨19.6%、13.8%、9.2%、6.4%和5.5%，涨幅比上月均有扩大；生猪供给持续增加，猪肉价格下降10.8%，降幅比上月扩大2.1个百分点。非食品价格由上月下降0.2%转为上涨0.3%，影响CPI上涨约0.25个百分点。非食品中，随着疫情防控政策优化调整，出行和文娱消费需求大幅增加，飞机票、交通工具租赁费、电影及演出票、旅游价格分别上涨20.3%、13.0%、10.7%和9.3%；受节前务工人员返乡及服务需求增加影响，家政服务、宠物服务、车辆修理与保养、美发等价格均有上涨，涨幅在3.8%～5.6%；受国际油价波动影响，国内汽油和柴油价格分别下降2.4%和2.6%。

从同比看，CPI上涨2.1%，涨幅比上月扩大0.3个百分点。其中，食品价格上涨6.2%，涨幅比上月扩大1.4个百分点，影响CPI上涨约1.13个百分点。非食品价格上涨1.2%，涨幅比上月扩大0.1个百分点，影响CPI上涨约0.98个百分点。非食品中，服务价格上涨1.0%，涨幅比上月扩大0.4个百分点；能源价格上涨3.0%，涨幅比上月回落2.2个百分点，其中汽油、柴油和液化石油气价格分别上涨5.5%、5.9%和4.9%，涨幅均有回落。

资料来源：中华人民共和国国家统计局网。

二、股票价格指数

股票价格指数综合反映股票市场价格的变动程度，它是影响投资人决策行为的重要因素，而且股票价格的波动和走向也是反映经济景气状况的敏感指标。

（一）运用综合指数编制的股票指数

股票价格指数的编制方法有多种，综合指数公式是其中的一种重要方法。我国的上证指数、美国标准普尔指数、中国香港恒生股票指数等，都是采用综合指数公式编制。其计算公式为：

$$\overline{k_p}=\frac{\sum p_1 q_0}{\sum p_0 q_0}$$

上式是以基期的股票发行量（或流通量）为同度量因素的拉氏综合指数，式中 q_0 代表基期股票发行量（或流通量）。

不同股价指数的样本范围和基期日期的选定都不同。例如美国标准普尔指数，样本范围包括500种股票（其中工业股票400种、公用事业股票40种、金融业股票40种、运输业股票20种），选择1941—1943年为基期。中国香港恒生指数选择了33种具有代表性的股票（成分股）为指数计算对象（其中金融业4种、公用事业6种、地产业9种、其他行业14种），选择1964年7月31日为基期。而我国的上海证券交易所股票价格指数包括全部上市股票，基期为1990年12月19日。

（二）运用平均指标指数编制的股票指数

著名的道琼斯股票价格平均指数就是运用平均的方法来编制的。基本方法就是：对编入指数的各种股票分别计算不同时间的简单平均价格，通过对比得到相应日期的股价指数。计算公式为：

$$k_p=\frac{\overline{p_t}}{\overline{p_0}}=\frac{\frac{\sum p_{ti}}{n}}{\frac{\sum p_{0i}}{n}}$$

道琼斯股票价格平均指数是以1928年10月1日为基数，因为这一天收盘时的道琼斯股票价格平均指数恰好约为100美元，所以就将其定为基准日。而以后股票价格同基期相比计算出的百分数，就成为各期的股票价格指数，所以现在的股票指数普遍用点来作单位，而股票指数每一点的涨跌就是相对于基数日的涨跌百分数。

道琼斯股票价格平均指数最初的计算方法是用简单算术平均法求得，当遇到股票的除权除息时，股票指数将发生不连续的现象。1928 年后，道琼斯股票价格平均指数采用了新的计算方法，即在股票除权或除息时采用连接技术，以保证股票指数的连续，从而使股票指数计算方法得到了完善，并逐渐推广到全世界。

目前，道琼斯股票价格平均指数编入股票为 65 种，其中包括 30 种工业股、20 种运输股、15 种公用事业股。

三、工业生产指数

工业生产指数(IPI)就是用加权算术平均数编制的工业产品实物量指数，是西方国家普遍用来计算和反映工业发展速度的指标，也是景气分析的首选指标。

工业生产指数是以代表产品的生产量为基础，用报告期除以基期取得产品产量的个体指数，以工业增加值计算权数来加权计算总指数的。因此，在工业生产指数的计算中，产品增加值的计算是权数计算的关键。

(一)工业生产指数的编制过程

计算工业生产指数的总体方案主要包括代表产品的确定，权数的计算与指数的计算几个方面，相应分为三个步骤：

(1)确定本级代表产品目录，这是计算工业生产指数的一个重要环节。

代表产品的选取是否科学合理，直接影响生产指数计算结果的准确性。我国月度选择了 500 多种代表产品。其选取的基本原则主要包括：从各个行业分品种和规格来选择代表产品，并注重价值量比较大，处于上升趋势和经济寿命期长，且在一定的时期内处于相对稳定的产品。

(2)收集权数基期的有关基础资料，计算并确定权数。

计算权数的基础资料主要包括代表产品的价格、单位产品增加值、分行业总产值和增加值、代表产品基期年产量等。

目前，我国初定权数基期固定在 1995 年，且 5 年不变。可以讲，确立一套权数，是编制工业生产指数难度最大的工作。

(3)根据代表产品的个体指数，并用各自的权数加权平均计算出分类指数(行业指数)和总指数。

(二)工业生产指数的优缺点

工业生产指数有其独特的优势：

(1)符合国际惯例，可与国际接轨，能直接用于国际上统计资料的对比。

(2)能较好地满足时效性要求。

(3)有助于提高数据的抗干扰能力，提高工业发展速度的数据质量。

(4)能够提供分行业发展速度，较好地避免行业交叉现象。

(5)能够满足新国民经济核算体系的需要。

需要指出，工业生产指数是相对指标，仅反映短期经济的景气状况和发展趋势，当研究速度和效益问题时，不能提供绝对量指标；同时也不能提供按企业标志分组的发展速度，这些数据仍需通过其他途径取得。

四、采购经理指数

采购经理指数(PMI)是一套月度发布的、综合性的经济监测指标体系，分为制造业 PMI、服务业 PMI，也有一些国家建立了建筑业 PMI。目前，全球已有 20 多个国家建立了 PMI 体系，世界制造业和服务业 PMI 已经建立。PMI 是通过对采购经理的月度调查汇总出来的指数，反映了经济的变化趋势。

PMI 具有及时性与先导性。由于采取快速、简便的调查方法，在时间上大大早于其他官方数据。

PMI 计算出来之后，可以与上月比较。如果 PMI 大于 50%，就表示经济上升；反之则趋于下降。一般来说，汇总后的制造业综合指数高于 50%，表示整个制造业经济在增长，低于 50%表示制造业经济在下降。

中国物流与采购联合会(CFLP)和中国国家统计局从 2005 年开始共同发布中国 PMI 数据，共有 700 多家企业针对 11 个分类指数接受调查。

◎资料卡片

国家统计局服务业调查中心和中国物流与采购联合会发布，2023 年 3 月份，我国制造业采购经理指数(PMI)为 51.9%，比上月下降 0.7 个百分点，高于临界点，表明制造业保持扩张态势，我国经济发展在企稳回升之中。

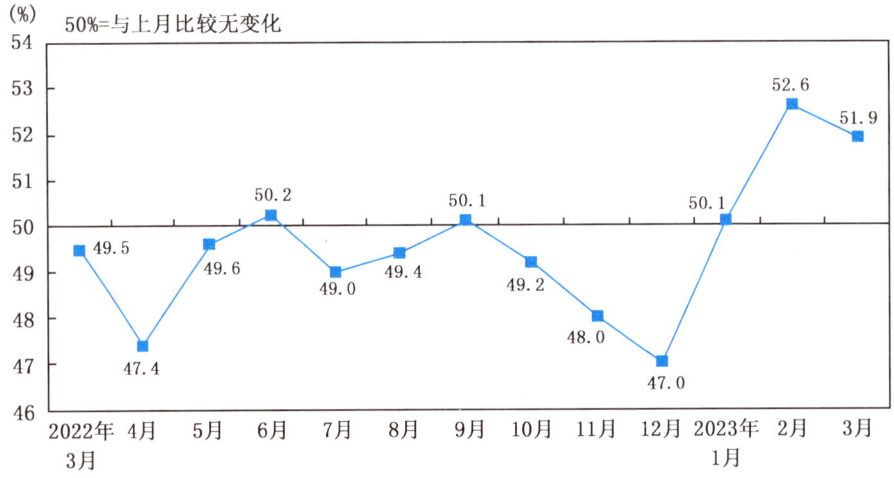

资料来源：中华人民共和国国家统计局网。

图 5—2 2022 年 3 月—2023 年 3 月我国制造业 PMI 走势

上机实训 用 Excel 计算指数并进行因素分析

在 Excel 中进行指数分析，我们主要使用输入公式的方法结合填充柄功能操作。现举两例加以说明。

上机实训课件

用Excel计算指数并进行因素分析

上机实训统计资料 项目五

授课视频

项目五 用Excel计算质量指标指数

一、用 Excel 计算平均数指数

【例 1】 根据图 5—3 的资料，计算三种产品的价格总指数。

首先，将资料输入 Excel 表的 A、B、C、D 列，再单击单元格 E2，输入"=C2 * 100/D2"，回车确认，并利用填充柄功能拖出 E3、E4 两栏的数据，再按"Σ"按钮得到 E 栏数据总和 195.8。最后单击任一空单元格，输入"=C5 * 100/E5"，回车确认，即得到三种产品的价格总指数 103.58%。

	A	B	C	D	E
1	产品名称	计量单位	报告期产值(万元)	价格指数(%)	假定产值(万元)
2	毛毯	条	72	120	60
3	毛呢	米	80.8	100	80.8
4	毛衫	件	50	90.91	55
5	合计		202.8	103.58	195.8

图 5—3 产品价格指数计算

二、用 Excel 计算平均指标指数并进行因素分析

【例 2】 根据表 5—10 的资料，对总平均工资的变动进行因素分析。

表 5—10 某企业新、老工人工资资料

工人分组	月平均工资(元)		工人数(人)	
	x_0	x_1	f_0	f_1
老工人	800	860	700	660
新工人	500	550	300	740
合　计			1 000	1 400

操作步骤为：

(1)将表 5—10 资料输入 Excel 表的 A、B、C、D、E 列中。

(2)在 F3 单元格输入"=D3/1000"，回车确认，并利用填充柄功能拖出 F4 的比重，然后按"Σ"按钮得到比重合计 1。G 列的操作同此。

(3)在 H3 单元格输入"=B3 * F3"，回车确认，并利用填充柄功能拖出 H4 的数据，然后按"Σ"按钮得到基期的总平均工资 710 元；I、H 列的操作一样，即得到报告期总平均工资 696.14 元和假定总平均工资 641.43 元。

授课视频

项目五 用Excel计算平均指标指数

(4)在 B7 单元格输入“=I5 * 100/H5”,回车确认,在 C7 单元格输入“=I5—H5”,回车确认,即得到总平均工资指数 98.05%,平均每人减少了 13.86 元。同样,B8 单元格输入“=I5 * 100/J5”、C8 单元格输入“=I5－J5”;B9 单元格输入“=J5 * 100/H5”,C9 单元格输入“=J5－H5”。

授课视频
项目五
用Excel
计算数量指标
指数

(5)完成以上操作,就可以得到指数体系(如图 5—4 所示)。

A	B	C	D	E	F	G	H	I	J
工人分组	月平均工资(元)		工人数(人)		人数比重		平均工资		
	x_0	x_1	f_0	f_1	$\frac{f_0}{\sum f_0}$	$\frac{f_1}{\sum f_1}$	$x_0 \frac{f_0}{\sum f_0}$	$x_1 \frac{f_1}{\sum f_1}$	$x_0 f_1/\sum f_1$
老工人	800	860	700	660	0.7	0.471 429	560	405.428 6	377.142 9
新工人	500	550	300	740	0.3	0.528 571	150	290.714 3	264.285 7
合计			1 000	1 400	1	1	710	696.142 9	641.428 6
	指数	增减值							
总平均工资	98.048 29	-13.857 1							
工资水平影响	108.530 1	54.714 29							
人数结构影响	90.342 05	-68.571 4							

图 5—4 平均工资变动因素分析计算

◎知识归纳

1. 统计指数是用来分析社会经济现象数量变动的对比性指标。广义指数是指一切说明社会经济现象数量变动的相对数。狭义的指数是一种特殊的相对数,即用来说明不能直接相加的复杂社会经济现象综合变动程度的相对数。

2. 综合指数的编制特点是先综合后对比。编制综合指数必须明确指数化指标和同度量因素,指数化指标是被测定的因素,同度量因素也称权数,作为同度量因素的指标固定在哪个时期上不是固定不变的。通常情况下,在计算数量指标综合指数时,常采用基期价格作为同度量因素;编制质量指标综合指数,采用报告期的数量指标作为同度量因素。

3. 平均数指数是总指数的另一种重要形式,它是通过个体指数采用加权平均的方法编制的,有加权算术平均数指数和加权调和平均数指数两种。平均指标指数是将两个时期的总体平均数对比而得到的相对数,又称可变构成指数。可变构成指数=固定构成指数×结构影响指数。

4. 经济上有联系、数量上保持着对等关系的若干个指数所构成的整体,称为指数体系,因素分析就是借助指数体系来分析现象总变动中各影响因素变动的影响程度。因素分析包括相对数分析和绝对数分析两种,前者是用各个指数计算结果来分析;后者则是利用各指数的分子与分母之差所形成的绝对值来分析。

◎知识图表

- 统计指数分析
  - 统计指数概述
    - 指数的概念
    - 统计指数的作用
    - 统计指数的种类
  - 综合指数的编制
    - 数量指标综合指数的编制
    - 质量指标综合指数的编制
  - 平均指数的编制
    - 加权算术平均指数
    - 加权调和平均指数
  - 指数体系和因素分析法
    - 指标体系的建立
    - 指标体系的应用——因素分析
  - 识别常用的经济指数
    - 居民消费价格指数
    - 股票价格指数
    - 工业生产指数
    - 采购经理指数

◎关键词汇

数量指标指数　质量指标指数　同度量因素　综合指数　平均数指数　可变构成指数　结构影响指数　固定构成指数　指数体系　因素分析

◎独立思考

1. 在现象总体变动分析中，统计指数的作用主要表现在哪些方面？
2. 统计指数的分类主要有哪些方面？
3. 在统计指数编制中，如何理解同度量因素的含义和时期的确定？
4. 平均指数的基本含义和计算形式是什么？
5. 平均指数和综合指数计算结论相同的条件是什么？

◎基本训练

一、单项选择题

1. 广义上的指数是指(　　)。

A. 价格变动的相对数　　B. 物量变动的相对数

C. 社会经济现象数量变动的相对数　　D. 简单现象总体数量变动的相对数

2. 统计指数按指数化指标反映的对象范围可分为(　　)。

A. 定基指数和环比指数　　B. 数量指标指数和质量指标指数

C. 个体指数和总指数　　D. 综合指数和平均数指数

3. 统计指数按指数化指标的性质不同，可分为(　　)。

A. 总指数和个体指数　　B. 数量指标指数和质量指标指数

C. 平均数指数和平均指标指数　　D. 综合指数和平均数指数

4. 统计指数划分为个体指数和总指数的依据是(　　)。

A. 反映的对象范围不同　　B. 指标性质不同

C. 采用的基期不同　　D. 编制指数的方法不同

5. 编制总指数的两种形式是(　　)。

A. 数量指标指数和质量指标指数　　B. 综合指数和平均数指数

C. 算术平均数指数和调和平均数指数　　D. 定基指数和环比指数

6. 编制数量指标指数时，同度量因素一般使用(　　)。

A. 报告期的数量指标　　B. 基期的数量指标

C. 报告期的质量指标　　D. 基期的质量指标

7. 编制质量指标指数时，同度量因素一般使用(　　)。

A. 报告期的数量指标　　B. 基期的数量指标

C. 报告期的质量指标　　D. 基期的质量指标

8. 综合指数是(　　)。

A. 用非全面资料编制的指数　　B. 平均数指数的变形应用

C. 总指数的基本形式　　D. 编制总指数的唯一方法

9. 某企业的职工工资水平比上年提高 5%，职工人数增加 2%，则企业工资总额增长(　　)。

A. 3%　　B. 10%

C. 7.1%　　D. 107.1%

10. 某造纸厂 2021 年的产量比 2020 年增长了 13.6%，总成本增长了 12.9%，则该厂 2019 年产品单位成本(　　)。

A. 减少 0.62%　　B. 减少 5.15%

C. 增加 12.9%　　D. 增加 1.75%

二、多项选择题

1. 下列属于质量指标指数的有(　　)。

A. 商品零售量指数　　B. 商品零售额指数

C. 商品零售价格指数　　D. 职工劳动生产率指数

E. 产品单位成本指数

2. 下列属于数量指标指数的有 (　　)。

A. 工业生产指数　　B. 劳动生产率指数

C. 职工人数指数　　D. 产品产量指数

E. 产品单位成本指数

3. 编制综合指数的原则是（　　）。

A. 质量指标指数以报告期的数量指标作为同度量因素

B. 质量指标指数以基期的数量指标作为同度量因素

C. 数量指标指数以基期的数量指标作为同度量因素

D. 数量指标指数以基期质量指标作为同度量因素

E. 数量指标指数以固定时期质量指标作为同度量因素

4. 对某商店某时期商品销售额变动情况分析，其指数体系包括（　　）。

A. 销售量指数　　B. 销售价格指数

C. 总平均价格指数　　D. 销售额指数

E. 个体指数

5. 进行平均指标变动的因素分析应编制的指数有（　　）。

A. 算术平均数指数　　B. 调和平均数指数

C. 可变构成指数　　D. 固定构成指数

E. 结构影响指数

◎实战演练一

【目标】 根据社会经济之间的联系正确构建指数体系，并能进行两因素分析。

【内容】 请收集某一具体企业基期、报告期总产值、产品价格及产量资料，分析该企业报告期总产值比基期上升（下降）的原因。

【步骤】

（1）收集资料，整理好分析表。

（2）建立关于总产值指数分析体系。

（3）运用 Excel 从绝对数与相对数两方面分析影响总产值的变动因素。

◎实战演练二

1. 已知某粮店三种商品的销售情况如表 5—11 所示。

表 5—11　　某商店三种商品销售情况

商品名称	销售量（千克）		单价（元/千克）		销售额（元）		
	2020 年	2021 年	2020 年	2021 年	p_0q_0	p_1q_1	p_0q_1
大米	1 200	1 500	3.6	3.4			
面粉	1 500	2 000	2.3	2.5			
食油	500	550	9.8	10.4			
合　计	—	—	—	—			

（1）请将上表填写完整。

（2）请求出销售额指数、拉氏销售量指数和派氏价格指数。

（3）请分析三种商品的销售额变动中销售量和价格两个因素的作用，对销售额指数进行因素分析。

2. 某市场三种商品的销售额和价格变动资料表 5—12 所示。

表 5－12　　某市场三种商品的销售额和价格变动

商品名称	报告期销售额(元)	价格上涨(＋)或下降(－)％
甲	600	20
乙	8 100	－10
丙	1 875	25

计算三种商品的价格总指数及价格变化对居民生活的影响。

3. 某企业生产甲、乙两种产品，资料如表 5－13 所示。

表 5－13　　某企业产品产量与成本

产　品	产量(件)		单位成本(元/件)	
	基期	报告期	基期	报告期
甲	1 000	1 100	10	12
乙	3 000	4 000	8	7

试求产量总指数、单位成本总指数和总成本总指数。

4. 某企业全员劳动生产率资料如表 5－14 所示。

表 5－14　　某企业全员劳动生产率

车　间	平均职工人数(人)		全员劳动生产率(元/人)	
	一季度	二季度	一季度	二季度
甲	900	600	1 588	2 000
乙	1 100	1 400	2 909	3 429

要求：试从相对数和绝对数两方面简要分析职工人数与车间劳动生产率对企业全员劳动生产率的影响程度。

5. 某企业工人和工资总额资料如表 5－15 所示。

表 5－15　　某企业工人和工资总额

车　间	工人数(人)		工资总额(百元)	
	基期	报告期	基期	报告期
甲	80	100	96	140
乙	120	150	180	240
丙	150	160	210	240

要求：从相对数和绝对数两方面简要分析工资水平和工人数的变动对工资总额变动的影响。

项目六 抽样调查与参数估计

知识目标

- 理解统计推断的基本概念和抽样推断的特点
- 掌握抽样平均误差、极限误差的计算
- 掌握主要统计指标的计算、抽样推断和估算方法
- 了解各种抽样组织形式的特点
- 重点掌握简单随机抽样组织形式的区间估计方法
- 掌握必要样本单位数的确定方法

能力目标

- 能根据抽样资料对总体指标进行区间估计
- 能在简单随机抽样组织形式中计算样本单位数

思政目标

- 培养学生运用整体与部分的关系分析问题
- 培养团队协助精神

重点难点

- 抽样误差概念的理解及计算
- 极限误差的理解及计算

任务引入

消费者调查股份有限公司是一家独立的机构，为各种类型的厂商调查消费者的态度和行为。在一项研究中，客户为了能预测用信用卡支付的数额，要求对消费者的消费特征进行调查研究。面对消费者数目庞大的总体，你如何通过调查少量单位推断消费者信用卡支付的数额？如何保证推断的指标达到要求的可靠程度？如何选择抽样组织方式？

任务一 统计抽样概述

一、抽样推断的概念和特点

抽样推断又称抽样调查，是指依据随机原则从被研究现象的总体中抽取一部分单位调查，并根据调查结果对所研究现象总体的数量特征做出具有一定可靠性的估计和推断，从而认识

该现象总体的一种调查方式。

抽样推断是认识现象总体的一种重要方法，在统计调查研究活动中广为应用。它具有以下特点：

1. 抽样调查是由部分推算整体的一种认识方法

抽样调查是一种非全面调查，但调查的目的却不在于了解部分单位的情况，它只是作为进一步推断的手段，目的仍在于要认识总体的数量特征。抽样推断原理解决了这一问题，它科学地论证了样本指标与相应的总体指标之间存在内在的联系，两者误差的分布也是有规律可循的，并提出一套利用抽样调查的部分信息推断总体数量特征的方法。这就大大提高了统计分析的认识能力，为信息采集和开发开辟了一条崭新的途径。

2. 抽样推断是建立在随机取样基础上的

随机原则就是总体中样本单位的中选或不中选，不受客观因素的影响，每一单位都有相等的中选可能性。把抽样推断建立在随机样本的基础上，才可能事先掌握各种样本出现的可能性，提供样本指标数值的分布情况，计算样本指标的抽样平均误差，同时估计样本指标与总体指标的抽样误差不超过一定范围的概率保证程度。只有坚持抽样的随机原则，抽样推断才可能利用概率论原理来研究样本指标与总体指标的关系，确定优良估计标准，为抽样设计寻求更有效的抽样组织形式建立科学的理论基础。

3. 抽样推断是运用概率估计的方法

利用样本指标来估计总体指标，在数学上运用不确定的概率估计法，而不是运用确定的数学分析法。抽样推断原则上把由样本观察值所决定的样本指标看作随机变量。在实践中抽取一个样本，并计算样本指标值作为相应总体指标的估计值，接着需要研究的问题便是用这样的样本指标值来代表相应的总体指标值，其可靠程度究竟有多大，这就是概率估计所要解决的问题。

4. 抽样推断的误差可以事先计算并加以控制

以样本指标估计相应的总体指标虽然也存在一定的误差，但它与其他统计估算不同，抽样误差范围可以事先通过有关资料加以计算，并且可以采取必要的组织措施控制这个误差范围，保证抽样推断的结果达到一定的可靠程度。也可以这样说，抽样调查就是根据事先给定的误差允许范围设计的，而抽样推断则是具有一定可靠程度的估计和判断，这些都是其他估算方法办不到的。

◎情景思考

抽样调查与全面调查、重点调查、典型调查的区别在哪里？

二、抽样推断的作用

抽样调查是统计学最重要的内容之一，它广泛应用于物理、生物、天气、医学、农业、商业、金融、教育等各个领域。抽样调查的应用之所以经久不衰，主要在于它具有明显的经济性、实用性和科学性。抽样调查的作用主要表现在以下几个方面。

(1)在实际工作中，由于受客观条件或环境的限制，往往不可能或没必要收集总体的全面资料，只可能或只需要利用样本资料推断总体的数量特征或推算总体的总指标，这样既可以提高工作效率，也可以节约工作成本和费用。对于无限总体，统计上无法全面调查了解，这要借助于抽样推断的方法来认识总体的数量特征。

(2)许多产品的例行质量检查是带有破坏性的或消耗性的。如灯泡寿命试验要一直长期点亮直到烧毁,这是破坏性的试验;食品、酒的质量品尝均属消耗性质量检验。这些总体都无法全面调查。

(3)对于某些现象,虽然可以全面调查,但需要花费大量的人力、物力、财力和时间,若采用抽样调查,可以达到事半功倍的效果。如要了解水库中的鱼苗数、森林的木材积蓄量、居民对主要耐用消费品的需求量等,适宜采用抽样调查进行推断。

(4)评价与修正全面调查的资料。如我国人口普查规定,在人口普查工作完毕后,还要按照规定的抽样方法抽取若干地区的人口复查。用抽样调查的资料,计算人口全面调查的差错率,再根据这个比率修正普查数据,从而保证人口调查资料的质量,使调查资料更为准确,更接近于实际的数值。

(5)控制工业生产过程的质量。对于成批或大量连续生产的产品生产过程,通过抽样方法可以及时提供有关产品质量信息,分析各种可能的原因,以便采取措施,排除障碍,使生产过程保持正常,从而起到控制生产过程质量的作用。

◎情景思考

抽样推断还可以在哪些领域应用?

三、抽样推断中的基本概念

(一)总体和样本

(1)总体也称全体,指所要认识的研究对象全体,它是由所研究范围内具有某种共同性质的全体单位所组成的集合体。总体的单位数通常都是很大的,甚至是无限的,这样才有必要组织抽样调查。一般用 N 表示总体的单位数。在组织抽样调查时首先要弄清总体的范围、单位的含义,以及可实施的条件,以清单、名册、图表等形式,编制抽样框作为抽样的母体。

(2)样本又称子样,它是从总体中随机抽取出来,作为代表这一总体的那部分单位构成的集合体。样本的单位数总是有限的,相对来说它的数目比较小,一般用 n 表示样本的单位数。

根据样本容量的大小,可将样本划分为大样本和小样本。一般来说,当 $n \geqslant 30$ 时,称为大样本;当 $n < 30$ 时称为小样本。

作为推断对象的总体是确定的,而且是唯一的。但作为观察对象的样本就不是这样。从一个总体可以抽取很多个样本,每次可能抽到哪个样本是不确定的,也是不唯一的,而是可变的。明白这一点对于理解抽样推断原理很重要。

(二)总体指标和样本指标

1. 总体指标

根据总体各单位的标志值或标志属性计算的,反映总体数量特征的综合指标称为总体指标或全及指标。由于总体是唯一确定的,因此全及指标的指标值也是确定的、唯一的,也称参数。

(1)对于总体中的数量标志,常用的总体指标有总体平均数 $\overline{X}$,总体方差 σ^2(总体标准差 σ)。

总体平均数 $\overline{X} = \dfrac{\sum X}{N}$ 或 $\overline{X} = \dfrac{\sum XF}{\sum F}$

总体方差 $\sigma^2=\frac{\sum(X-\overline{X})^2}{N}$ 或 $\sigma^2=\frac{\sum(X-\overline{X})^2F}{\sum F}$

总体标准差 $\sigma=\sqrt{\frac{\sum(X-\overline{X})^2}{N}}$ 或 $\sigma=\sqrt{\frac{\sum(X-\overline{X})^2F}{\sum F}}$

(2)对于总体中的品质标志,常用的总体指标有总体成数、总体成数总方差(总体成数标准差)。

有些社会经济现象,只表现为两种性质上的差异。例如,产品的质量表现为合格或不合格,对某一电视节目,观众表现为收看或不收看,学生成绩表现为及格或不及格等,这些只表现为是或否、有或无的标志称为交替标志,也称是非标志。

总体成数。交替标志只有两种表现,我们把具有某种表现或不具有某种表现的单位数分别记为 N_1 和 N_0,总体成数 P 表示总体中具有某种性质的单位数在总体全部单位数中所占的比重,Q 表示总体中不具有某种性质的单位数在总体中所占的比重。

总体成数 $P=\frac{N_1}{N}$ $Q=\frac{N_0}{N}$

同一总体两种成数之和等于 1。用式表示为:$P+Q=1$ 或 $Q=1-P$。

总体成数的平均数。交替标志表现了现象质的区别,因此计算其平均数首先需要量化处理交替标志的两种表现。用"1"表示具有某种表现,用"0"表示不具有某种表现,则交替标志的平均数及标准差计算如表 6—1 所示。

表 6—1 交替标志的平均数及标准差计算

	X	F	XF	$X-\overline{X}$	$(X-\overline{X})^2$	$(X-\overline{X})^2F$
是	1	N_1	N_1	P	$(1-P)^2$	$(1-P)^2N_1$
非	0	N_0	0	$0-P$	P^2	P^2N_0
		N	N_1	—		

总体成数的平均数 $\overline{X_P}=\frac{\sum XF}{\sum F}=\frac{N_1}{N}=P$

总体成数的标准差 $\sigma_P=\sqrt{\frac{\sum(X-\overline{K})^2F}{\sum F}}=\sqrt{\frac{(1-P)^2N_1+P^2N_0}{N}}$

$=\sqrt{Q^2P+P^2Q}=\sqrt{PQ}=\sqrt{P(1-P)}$

由此可见,总体成数的平均数就是具有某种表现的总体单位数占全部总体单位数的比重 P,总体成数的标准差就是具有某种标志表现的成数 P 与不具有某种标志表现的成数 Q 两者乘积的平方根,即 $\sigma_p=\sqrt{P(1-P)}$。

2. 样本指标

根据样本各单位标志值或标志属性计算的综合指标为样本指标。样本指标是样本变量的函数,用来估计总体指标,因此和常用的总体指标相对应,而有样本平均数、样本方差和样本成数等。它们一般以小写字母表示。

一个总体可以抽取多个样本,样本不同,样本指标的数值也各不相同。可见,样本指标的数值不是唯一确定的,而是一个随机变量。

常用的样本指标有:

样本平均数 $\bar{x}=\frac{\sum x}{n}$ 或 $\bar{x}=\frac{\sum xf}{\sum f}$

样本方差 $\sigma^2=\frac{\sum(x-\bar{x})^2}{n}$ 或 $\sigma^2=\frac{\sum(x-\bar{x})^2 f}{\sum f}$

样本标准差 $\sigma=\sqrt{\frac{\sum(x-\bar{x})^2}{n}}$ 或 $\sigma=\sqrt{\frac{\sum(x-\bar{x})^2 f}{\sum f}}$

样本成数 $p=\frac{n_1}{n}$ 样本成数标准差 $\sigma_p=\sqrt{p(1-p)}$

(三)重复抽样和不重复抽样

从抽样的方法来看,抽样可以有重复抽样和不重复抽样两种。

重复抽样也称回置抽样。它是这样安排的,要从总体 N 个单位中随机抽取一个容量为 n 的样本,每次从总体中抽取一个单位,连续 n 次抽样构成一个样本,但每次抽取一个单位,把结果登记下来,又重新放回参加下一次抽选。而不重复抽样有这样的特点:样本由 n 次连续抽取的结果构成,实质上等于一次同时从总体中抽 n 个样本单位,连续抽取的结果不是相互独立的,每次抽取的结果都影响下一次抽取,每抽一次总体单位数就少一个,因而每个单位的中选机会在各次是不相同的。

从总体 N 个单位中,用不重复抽样的方法,抽取 n 个单位样本,全部可能抽取的样本数目为 $N(N-1)(N-2)\cdots(N-n+1)$。

例如,总体有 A、B、C、D 四个单位,要从中以重复抽样的方法抽取 2 个单位构成样本。先从 4 个单位中抽取 1 个,共有 4 种取法。结果登记后再放回,然后再从相同的 4 个中抽取 1 个,也有 4 种取法。前后取两个构成一个样本,全部可能抽取的样本数目为 $4\times4=16$ 个,它们分别是 AA、AB、AC、AD、BA、BB、BC、BD、CA、CB、CC、CD、DA、DB、DC、DD。

上例中如果以不重复抽样的方法抽取 2 个单位构成样本。先从 4 个单位中抽取 1 个,共有 4 种取法;第二次再从留下的 3 个单位中抽取 1 个,共有 3 种取法。前后取两个构成一个样本,全部可能抽取的样本数目为 $4\times3=12$ 个,它们分别是 AB、AC、AD、BA、BC、BD、CA、CB、CD、DA、DB、DC。

从总体 N 个单位中抽取 n 个单位,用重复抽样组成的样本,可能得到的样本总数为 N^n;用不重复抽样组成的样本,可能得到的样本总数为 $m=\frac{N!}{(N-n)!}$。

◎情景思考

在相同的样本容量的要求下,重复抽样的样本个数与不重复抽样的样本个数哪个更多?

(四)样本容量和可能样本个数

样本容量是指一个样本所包含的单位数,用 n 表示。通常将样本单位数不少于 30 个的样本称为大样本,不及 30 个的称为小样本。社会经济统计的抽样调查多属于大样本调查。可能样本个数又称样本可能数目,是指从一个总体中可能抽取的样本个数,一个总体有多少样本,样本统计量就有多少种取值,从而形成该统计量的分布,此分布是抽样推断的基础。

四、抽样推断的主要内容

抽样推断的目的并不在于了解样本的数量特征,而是借助样本的数量特征,估计和检验总体分布的数量特征及某些未知因素。其主要内容包括参数估计和假设检验。

（一）参数估计

根据随机抽取的部分单位的特性推测估算总体的分布函数、分布参数或数字特征等的过程。它是推断统计的中心内容，其基本思想是对不同的估计问题构造不同的函数，反映部分单位与整体之间的主要关系信息，以此对总体做出推算和分析。

（二）假设检验

假设检验，也称显著性检验，即根据经验或认识提出某一假设，并判断该假设正确性的过程。它是在对总体的有关分布函数、分布参数或数字特征等信息做出某种假设的前提下，为了确定该假设的正确性，在总体中随机抽取部分单位，并利用部分与整体之间的关系对所提出的假设做出判断，以决定是否接受该假设。

◎情景思考

下列事项属于抽样调查的有（　　）。

（1）为了解某大学宿舍的卫生情况，调查该学校的五个宿舍

（2）调查某学校 10% 的学生，以便研究该学校学生的消费状况

（3）调查某厂四个分厂中的一个分厂，以便研究该工厂原材料的利用情况

（4）普查全国人口数量

任务二　抽样误差

我们知道，再好的估计也很难保证统计量的取值完全等于总体的被估计真值，只是希望估计量以最大的概率取得与总体真值相等的观察值，其具体概率值可以从已知的统计量分布律表中查到。在区间估计中，我们要估计出总体真值的可能范围（置信区间），就是要考虑以多大的可靠性剔除抽样误差，这样置信区间实质上也就是我们所要估计的可能误差的范围。因此，在研究区间估计之前有必要先研究可能误差。

统计误差有两类：一类是由于工作责任、计算错误及数据传输等工作质量原因造成的，称登记性误差或责任性误差，应当采取预防措施避免发生；另一类是随机误差，指由抽样推断系统产生的代表性误差，即由于从总体中抽取样本时有多种多样的可能，当取得一个样本时，只要被抽中样本的内部结构与被研究总体的结构有所出入，就会出现或大或小的偶然性的代表性误差，也称抽样误差，它是无法消除的。抽样误差是抽样推断所固有的，虽然它无法避免，但是可以控制。我们可从以下几个角度分析抽样误差。

一、抽样误差的含义

（一）实际抽样误差

在抽样推断统计中，确定的样本统计量与总体被估计的真实指标之间的误差是客观存在的，我们把这种推断中客观存在的代表性误差，称为实际抽样误差。实际抽样误差随样本的随机性也表现为随机变量，有多少种可能的样本就有多少种可能的实际抽样误差。因此，在抽样

推断中要结合所有可能的样本研究所有可能的实际抽样误差。但是在现实的抽样推断中,估计量的实际误差是不可能得到的,我们只能通过数理关系推算出可能的误差范围,而这一可能的误差范围是以抽样平均误差为基础获得的。所以我们先要研究抽样平均误差问题。

(二)抽样平均误差

所谓抽样平均误差,是指所有可能出现的样本指标(平均数或成数)的标准差,也可以理解为一个抽样方案的所有可能样本的某统计量与总体相应指标的离差的平均值,用以反映抽样误差的一般水平。抽样平均误差的计算与抽样方法和抽样组织形式有直接的关系,不同的抽样方法和抽样组织形式计算抽样平均误差的公式是不同的。

二、抽样平均误差的计算

抽样平均误差是指以全部可能样本指标为变量,以总体指标为平均数计算得到的标准差,以符号 μ 表示,通常以 $\mu_{\bar{x}}$ 代表平均数的抽样平均误差,以 μ_p 代表成数的抽样平均误差,以 m 代表可能组成的样本总数。

(一)计算抽样平均误差的理论公式

根据抽样平均误差的概念可得一般计算公式:

$$\mu=\sqrt{\frac{\sum(\text{样本指标}-\text{总体指标})^2}{\text{可能组成的样本数目}}}$$

抽样平均数的平均误差:$\mu_{\bar{x}}=\sqrt{\frac{\sum(\bar{x}-\bar{X})^2}{M}}$

抽样成数的平均误差:$\mu_p=\sqrt{\frac{\sum(p-P)^2}{M}}$

【统计实例 7—1】 假设有 A、B、C 三名工人,其每日产量为 3、5、7 件,从中随机抽取两个工人为样本,求抽样平均误差。

解:根据已知的数据计算总体平均数:

$$\bar{X}=\frac{\sum X}{N}=\frac{3+5+7}{3}=5(\text{件})$$

若采取重复抽样法,可能组成的样本数目及相应指标的计算如表 6—2 所示。

表 6—2 重复抽样的抽样平均误差计算

样本序号	样本代号	样本变量 x	样本平均数 $\bar{x}$	离差 $\bar{x}-\bar{X}$	离差平方 $(\bar{x}-\bar{X})^2$
1	AA	3,3	3	−2	4
2	AB	3,5	4	−1	1
3	AC	3,7	5	0	0
4	BA	5,3	4	−1	1
5	BB	5,5	5	0	0
6	BC	5,7	6	1	1
7	CA	7,3	5	0	0
8	CB	7,5	6	1	1
9	CC	7,7	7	2	4
			45	0	12

全部可能组成的样本平均数($\bar{x}$)的平均数会等于总体平均数($\bar{X}$),可得:

$$\bar{x}=\frac{\sum \bar{x}_i}{m}=\frac{45}{9}=5\text{ 件}=\bar{X}$$

全部可能组成的样本的标准差为：

$$\mu_{\bar{x}}=\sqrt{\frac{\sum(\bar{x}-\bar{X})^2}{M}}=\sqrt{\frac{12}{9}}=1.15(\text{件})$$

1.15 件是 9 个可能配合的样本平均数的标准差，称为抽样平均误差。

若采用不重复抽样法，可能配合的样本数及相应的计算如表 6—3 所示。

表 6—3　　不重复抽样的抽样平均误差计算

样本序号	样本代号	样本变量 x	样本平均数 $\bar{x}$	离差 $\bar{x}-\bar{X}$	离差平方$(\bar{x}-\bar{X})^2$
1	AB	3,5	4	−1	1
2	AC	3,7	5	0	0
3	BA	5,3	4	−1	1
4	BC	5,7	6	1	1
5	CA	7,3	5	0	0
6	CB	7,5	6	1	1
			30	0	4

$$\bar{x}=\frac{\sum \bar{x}_i}{m}=\frac{30}{6}=5(\text{件})=\bar{X}$$

$$\mu_{\bar{x}}=\sqrt{\frac{\sum(\bar{x}-\bar{X})^2}{M}}=\sqrt{\frac{4}{6}}=0.82(\text{件})$$

0.82 件是 6 个可能配合的样本平均数的标准差，即抽样平均误差。它比重复抽样的平均误差要小。

上式只表明了抽样平均误差的含义，并不能作为计算公式。

因为在现实的抽样中，我们只能取得一个样本，不可能也没必要获得全部所有可能样本，所以抽样平均误差也不可能通过所有样本直接计算。但从统计量的分布规律中我们已经知道，统计量是以总体相应指标为期望值，抽样平均误差实质上就是该统计量在其概率分布中的标准差。

◎情景思考

抽样误差是(　　)。

(1)由样本数目过少引起的

(2)由观察、测量、计算的失误引起的

(3)由抽样过程中的偶然因素引起的

(4)指抽样调查中产生的系统性误差

(二)抽样平均误差的计算

数理统计证明，在纯随机抽样方式下，抽样平均误差可以采用下面的公式计算。

1. 抽样平均数的平均误差

在重复抽样条件下：

$$\mu_{\bar{x}}=\sqrt{\frac{\sigma^2}{n}}=\frac{\sigma}{\sqrt{n}}$$

在不重复抽样条件下：

$$\mu_{\bar{x}}=\sqrt{\frac{\sigma^2}{n}\left(\frac{N-n}{N-1}\right)}$$

上式中，N 代表总体单位数，n 代表样本单位数，$\frac{N-n}{N-1}$称为修正系数，

当 N 较大时，公式近似成 $\mu_{\bar{x}}=\sqrt{\frac{\sigma^2}{n}\left(1-\frac{n}{N}\right)}$。

◎温馨提醒

(1)若 σ^2 无法获取，可用样本方差 S^2 代替($n>30$)。

(2)在实际工作中，在没有掌握总体单位数的情况下或者总体单位数 N 很大时，一般均用重复抽样平均误差公式计算不重复抽样的平均误差。

2. 抽样成数的平均误差

在重复抽样条件下：$\mu_p=\sqrt{\frac{P(1-P)}{n}}$

不重复抽样条件下：$\mu_p=\sqrt{\frac{P(1-P)}{n}\left(\frac{N-n}{N-1}\right)}$

当 N 很大时，$\mu_p=\sqrt{\frac{P(1-P)}{n}\left(1-\frac{n}{N}\right)}$。

◎温馨提醒

当总体成数未知时，通常用以下几种方法来解决：

(1)用过去调查所得到的资料。可以用全面调查的资料，也可以用抽样调查的资料，如果有几个不同的总体方差的资料，则应该用数值较大的。

(2)用样本方差的资料代替总体方差。

(3)用小规模调查资料代替。

(4)用估计的材料代替。

(5)由于成数方差 $P(1-P)\leqslant 0.25$，故若方差未知，可用 0.25 代替。

◎情景思考

假定抽样单位数增加 2 倍、0.5 倍时，抽样平均误差怎样变化？

【统计实例 6-2】 随机抽选某校学生 100 人，调查他们的体重。他们的平均体重为 58 千克，标准差为 10 千克。问抽样推断的平均误差是多少？

解：已知：$n=100$，$\bar{x}=58$，$\sigma=10$

则：$\mu_{\bar{x}}=\frac{\sigma}{\sqrt{n}}=\frac{10}{\sqrt{100}}=1$(千克)

即当根据样本学生的平均体重估计全部学生的平均体重时，抽样平均误差为 1 千克。

【统计实例 6—3】 某灯泡厂对 10 000 个产品进行使用寿命检验，随机抽取 2%样本进行测试，所得资料如表 6—4 所示。

表 6—4　　抽样产品使用寿命资料

使用时间(小时)	抽样检查电灯泡数(个)	使用时间(小时)	抽样检查电灯泡数(个)
900 以下	2	1 050～1 100	84
900～950	4	1 100～1 150	18
950～1 000	11	1 150～1 200	7
1 000～1 050	71	1 200 以上	3
		合　计	200

按照质量规定，电灯泡使用寿命在 1 000 小时以上者为合格品，可按以上资料计算抽样平均误差。

解：电灯泡平均使用寿命 $\bar{x}=1\ 057$ 小时

电灯泡合格率 $p=91.5\%$

电灯泡平均使用时间标准差 $S=53.65$ 小时

电灯泡使用时间抽样平均误差：

重复抽样：$\mu_{\bar{x}}=\sqrt{\dfrac{\sigma^2}{n}}=\dfrac{\sigma}{\sqrt{n}}=\dfrac{S}{\sqrt{n}}=\dfrac{53.63}{\sqrt{200}}=\pm 3.792\ 2$(小时)

不重复抽样：

$$\mu_{\bar{x}}=\sqrt{\frac{\sigma^2}{n}(1-\frac{n}{N})}=\sqrt{\frac{S^2}{n}(1-\frac{n}{N})}=\sqrt{\frac{(53.63)^2}{200}\times(1-\frac{200}{10\ 000})}=3.754\ 1(\text{小时})$$

灯泡合格率的抽样平均误差：

重复抽样：$\mu_p=\sqrt{\dfrac{P(1-P)}{n}}=\sqrt{\dfrac{p(1-p)}{n}}=\sqrt{\dfrac{0.915\times 0.085}{200}}\times 100\%=1.972\%$

不重复抽样：$\mu_p=\sqrt{\dfrac{P(1-P)}{n}(1-\dfrac{n}{N})}=\sqrt{\dfrac{0.915\times 0.085}{200}(1-\dfrac{200}{10\ 000})}\times 100\%=1.952\%$

【统计实例 6—4】 某县调查 10 万名学生近视率，随机抽取 100 名，近视 15 人，求抽样误差。

解：$p=\dfrac{15}{100}=0.15\quad \sigma^2=p(1-p)=0.15\times 0.85=0.127\ 5$

重复抽样：$\mu_p=\sqrt{\dfrac{0.127\ 5}{100}}=0.035\ 7$

不重复抽样：$\mu_p=\sqrt{\dfrac{0.127\ 5}{100}(1-\dfrac{100}{10\ 0000})}=0.035\ 7$

三、影响抽样误差的因素

抽样误差在抽样推断中虽然不可避免，但是可以根据需要对其加以控制，以便使之达到要求的精确程度。为了有针对性地解决问题，达到预期的目的，首先应了解哪些因素会引起抽样误差。

(1)总体被研究标志变异程度的大小。在其他条件不变的情况下,所研究总体的标志变异程度越小,说明总体各单位标志值之间的差异越小,这样抽样指标与总体指标之间的误差也就越小。假如总体各单位标志值之间没有差异,则抽样指标和总体指标就会相等,因而也就不存在抽样误差了。

(2)样本单位数的多少。根据大数定律和抽样推断的一致性要求,抽样误差的大小与样本容量呈反方向变化。抽样单位数越多,抽样误差就越小;反之,抽样单位数越小,则抽样误差就越大。这是因为随着样本单位数的扩大,样本的结构就越能反映总体的结构,样本指标就越能代替总体相应的数量特征。如果进一步把抽样单位数扩大到接近于总体,此时的抽样调查也就近于全面调查了,抽样误差就会缩小到几乎完全消失的程度。

(3)抽样方法。在同一总体和相同样本容量的要求下,不重复抽样比重复抽样所产生的误差要小些。这是因为在不重复抽样时,避免了总体单位的重复选中,因而更能反映总体结构,故抽样误差会较小些。

(4)抽样调查的组织形式。抽样调查可以有不同的组织形式,所抽出的样本对于总体的代表性也不相同,因此抽样组织方式影响抽样误差的大小。

四、抽样极限误差(允许误差)

抽样极限误差是从另一个角度考虑抽样误差问题。以样本的抽样指标来估计总体指标。要达到完全准确毫无误差,这几乎是不可能的。所以在估计总体指标的同时就必须考虑估计误差的大小。我们不希望误差太大,误差越大,样本的价值便越小。但也不是误差越小越好,因为在一定限度之后减少抽样误差势必增加很多费用。所以在做抽样估计时,应该根据所研究对象的变异程度和分析任务的要求确定可允许的误差范围,在这个范围内的数字都算是有效的。我们把这种可允许的误差范围称为抽样极限误差。它等于样本指标可允许变动的上限或下限与总体指标之差的绝对值。

设 $\Delta_{\bar{x}}$ 和 Δ_p 分别表示抽样平均数极限误差和抽样成数极限误差。则允许误差的计算公式为:

$$|\bar{x}-\bar{X}|\leqslant\Delta_{\bar{x}} \qquad |p-P|\leqslant\Delta_p$$

上面的不等式可以变换为下列不等式关系:

$$\bar{x}-\Delta_{\bar{x}}\leqslant\bar{X}\leqslant\bar{x}+\Delta_{\bar{x}} \qquad p-\Delta_p\leqslant P\leqslant p+\Delta_p$$

上面第一个不等式表示被估计的总体平均数以抽样平均数为中心,被包含在 $\bar{x}-\Delta_{\bar{x}}$ 至 $\bar{x}+\Delta_{\bar{x}}$ 之间,区间$(\bar{x}-\Delta_{\bar{x}},\bar{x}+\Delta_{\bar{x}})$称为平均数的估计区间或称平均数的置信区间。同样,区间$(p-\Delta_p,p+\Delta_p)$称为成数的估计区间或称成数的置信区间。

五、抽样误差的概率度

由于抽样指标值随样本的变动而变动,它本身是个随机变量,因而抽样指标和总体指标的误差仍然是个随机变量,并不能保证误差不超过一定范围是必然的,而只能给予一定程度的概率保证。抽样估计的概率度也称抽样推断的置信度,就是表明抽样指标和总体指标的误差不超过一定范围的概率保证程度。

所谓概率,就是指在对随机事件进行的大量试验中,某种事件出现的可能性大小,它通常可以用某种事件出现的频率表示。抽样估计要求的保证程度就是指抽样误差不超过一定范围的概率大小。

抽样极限误差是指抽样推断中依一定概率保证下的误差的最大范围，所以也称为允许误差（记作 Δ）。极限误差表现为某置信度的临界值乘以抽样平均误差。即：

极限误差＝临界值×抽样平均误差

这里的临界值因统计量的分布不同而有区别，它用符号 z 表示，z 表示误差范围为抽样平均误差的若干倍，是测量估计可靠程度的一个参数，称为抽样平均误差的概率度。公式为：

$$z=\frac{\Delta}{\mu}$$

概率度 z 的大小要根据对推断结果要求的把握程度确定，即根据概率保证程度的大小确定。概率论和数理统计证明，概率度 z 与概率保证程度 $F(z)$ 之间存在一定的函数关系。给定 z 值，就可以计算出 $F(z)$ 来；相反，给出一定的概率保证程度 $F(z)$，则可以根据总体的分布，获得对应的 z 值。在实际应用中，因为我们所研究的总体大部分为正态总体，对于正态总体而言，为了应用的方便，编有“正态分布概率表”。根据“正态分布概率表”，已知概率度 z 可查得相应的概率保证程度 $F(z)$；相反，已知概率保证程度 $F(z)$ 也可查得相应的概率度 z。现将几个常用的对应数值列于表 6—5 中。

表 6—5　　常用概率度与概率保证程度

概率度 z	概率保证程度 $F(z)$（%）
1.00	68.27
2.00	95.45
3.00	99.73
1.64	90.00
1.96	95.00
2.58	99.00

从抽样极限误差的计算公式来看，抽样极限误差 Δ 与概率度 z 和抽样平均误差 μ 三者之间存在如下关系。

（1）在 μ 值保持不变的情况下，增大 z 值，抽样极限误差 Δ 也随之扩大，这时估计的精确度将降低；反之，要提高估计的精确度，就要缩小 z 值，此时概率保证程度也会相应降低。

（2）在 z 值保持不变的情况下，如果 μ 值小，则抽样极限误差 Δ 就小，估计的精确度就高；反之，如果 u 值大，抽样极限误差 Δ 就大，估计的精确度就低。

由此可见，估计的精确度与概率保证程度是一对矛盾，抽样估计必须在两者之间慎重选择。

◎知识拓展

均值与比例抽样分布的一些结论

1. 对于多数总体分布来说，不论其形态如何，如果样本观察值超过 30 个，那么均值的抽样分布将近似于正态分布。

2. 如果总体是正态分布的，则不管样本大小如何，均值的抽样分布一定是正态分布的。

3. 当样本容量小于 30，而且总体标准差未知时，可以使用 t 分布。

4. 在比例推断的多数场合，样本容量很大，即 np 和 $n(1-p)$ 至少都等于 5 时，样本比例近似服从正态分布。

◎情景思考

在一定的误差范围要求下，(　　)。

(1)概率度大，要求可靠性低，样本数目相应要多

(2)概率度大，要求可靠性高，样本数目相应要多

(3)概率度小，要求可靠性低，样本数目相应要少

(4)概率度小，要求可靠性高，样本数目相应要少

(5)概率度小，要求可靠性低，样本数目相应要多

任务三　抽样估计的方法

抽样推断就是指利用实际调查计算的样本指标值估计相应的总体指标的数值，即总体平均数 $\overline{X}$、总体成数 P 的推断估计。由于总体指标是表明总体数量特征的参数，因此也称参数估计。总体参数估计有点估计和区间估计两种。以下分别加以介绍。

一、点估计

点估计也称定值估计，直接把抽样指标视为总体指标的估计值，如以样本平均数的实际值作为相应总体平均数的估计值，以样本成数的实际值作为相应总体成数的估计值等。例如，在某校学生体重的调查中，获知抽取的 400 名学生的平均体重为 58 千克，则说该校 8 000 名学生的平均体重也是 58 千克。这种推断就是对总体平均数做了点估计。

点估计的优点是原理直观、计算简便，在实际工作中经常采用。例如，推销部门对某种产品估计出全年销售额数值，并分出每月销售额，便可传递给生产部门作为制订生产计划的依据，而生产部门又可将每月产量计划传递给采购部门作为制订原材料采购计划的依据等。点估计也有不足之处，它没有考虑到抽样估计误差，更没有指明误差在一定范围内的概率保证程度。因此，当抽样误差较小，或抽样误差即使较大也不妨碍对问题的认识和判断时，才可以使用这种方法。

二、区间估计

(一)区间估计的概念

区间估计的基本特点是，根据给定的概率保证程度 $F(z)$ 的要求，利用实际样本资料，给出总体指标估计值的上限和下限，即指出可能覆盖总体指标的区间范围。

也就是说，区间估计要解决两个问题：

1. 根据样本指标和误差范围估计出一个可能包括总体指标的区间，即确定出估计区间的上限和下限

2. 确定出估计区间覆盖总体未知参数的概率保证程度

总体参数区间估计必须同时具备样本估计值、抽样误差范围和概率保证程度三要素。区间估计的内容包括总体平均数和总体成数的估计，以及在此基础上对总量指标的估计。

一般来说，对总体平均数进行区间估计的公式为：$\bar{x}\pm\Delta_{\bar{x}}$，即 $\bar{X}$ 置信区间为：$\bar{x}-z\mu_{\bar{x}}\leqslant\bar{X}\leqslant\bar{x}+z\mu_{\bar{x}}$。同理，对总体成数进行区间估计的公式为：$p\pm\Delta_p$；即 P 的置信区间为：$p-z\mu_p\leqslant P\leqslant p+z\mu_p$。

(二)抽样推断的两种模式

在区间估计时，根据所给定条件的不同，总体平均数和总体成数的估计有两套模式可供选择使用。

1. 根据给定的概率保证程度，估计抽样极限误差的可能范围，并进行估计区间

抽样推断的具体步骤如下：(1)计算抽样平均误差；(2)给定概率保证程度，查表得概率度；(3)计算抽样极限误差；(4)估计总体参数的区间。

【统计实例 6—5】 某农场进行小麦产量抽样调查，小麦播种总面积为 10 000 公顷，采用不重复简单随机抽样，从中抽选了 100 公顷作为样本进行实割实测，测得样本平均每公顷产量 10 500 千克，方差 400 千克。试以 95%的可靠性推断该农场小麦平均每公顷产量可能在多少千克之间？

解：已知 $N=10\ 000$，$n=100$

$\bar{x}=10\ 500$，$\sigma^2=400$，$F(z)=95\%$

①计算抽样平均误差：

$$\mu_{\bar{x}}=\sqrt{\frac{\sigma^2}{n}\left(1-\frac{n}{N}\right)}=\sqrt{\frac{400}{100}\left(1-\frac{100}{10\ 000}\right)}=1.99(\text{千克})$$

②$F(z)=95\%$，查表得 $z=1.96$。

③计算抽样极限误差：

$$\Delta_{\bar{x}}=z\mu_{\bar{x}}=1.96\times1.99=3.90(\text{千克})$$

④计算总体平均数的置信区间：

上限：$\bar{x}+\Delta_{\bar{x}}=10\ 500+3.90=10\ 503.90$(千克)

下限：$\bar{x}-\Delta_{\bar{x}}=10\ 500-3.90=10\ 496.10$(千克)

即以 95%的可靠性估计该农场小麦平均每公顷产量在 10 496.10～10 503.90 千克。

【统计实例 6—6】 某乡有 10 000 户农户，按随机原则从中抽取 100 户，测得户均月收入 3 000 元，标准差为 400 元，其中有 20 户的户均月收入在 6 000 元以上。若以 95.45%的概率保证程度，用不重复抽样分别估计该乡：(1)全部农户户均月收入的范围；(2)全部农户中，户均月收入在 6 000 元以上的户数所占比重的范围。

解：已知：$N=10\ 000$ 户，$n=100$ 户，$\bar{x}=3\ 000$ 元，$\sigma=400$ 元，$F(z)=95.45\%$

(1)①计算抽样平均误差：

$$\mu_{\bar{x}}=\frac{\sigma}{\sqrt{n}}\sqrt{\left(1-\frac{n}{N}\right)}=\frac{400}{\sqrt{100}}\times\sqrt{1-\frac{100}{10\ 000}}=39.80(\text{元})$$

②$F(z)=95.45\%$，查表得 $z=2$。

③计算抽样极限误差：$\Delta_{\bar{x}}=z\times\mu_{\bar{x}}=2\times39.80=79.6$(元)

④计算总体平均数的置信区间：$\bar{x}-z\mu_{\bar{x}}\leqslant\bar{X}\leqslant\bar{x}+z\mu_{\bar{x}}$

上限：3 000+79.6=3 079.6(元)

下限：3 000−79.6=2 920.4(元)

(2)①计算抽样平均误差：

$$p=\frac{n_1}{n}=\frac{20}{100}=20\%$$

$$u_p=\sqrt{\frac{p(1-p)}{n}(1-\frac{n}{N})}=\sqrt{\frac{20\%(1-20\%)}{100}(1-\frac{100}{10\ 000})}=3.98\%$$

②计算抽样极限误差：$\Delta p=Z\times u_p=2\times3.98\%=7.96\%$

③计算总体成数的置信区间：$p-\Delta p\leqslant P\leqslant p+\Delta p$

下限：20%−7.96%=12.04%

上限：20%+7.96%=27.96%

即以95.45%的可靠性估计全部农户户均月收入在2 029.4～3 079.6元，全部农户中，户均月收入在6 000元以上的户数所占比重在12.04%～27.96%。

2. 根据给定的抽样极限误差范围Δ，求出概率保证程度，并进行区间估计

抽样推断的具体步骤如下：(1)计算抽样平均误差；(2)根据给定的抽样极限误差，估计总体指标的上限和下限；(3)将抽样极限误差除以抽样平均误差，求出概率度t，再根据t值查“正态分布概率表”，求出相应的概率保证程度。

【统计实例6−7】 检测某一型号的电子产品的耐用性能，用重复抽样方法选取其中100件产品检验，其结果如下：平均耐用时数$\bar{x}=1\ 050$小时，标准差$\sigma=50$小时。要求耐用时数的误差范围不超过10小时，试估计这批产品的平均耐用时数的区间。

解：①计算平均数的平均误差：

$$\mu_{\bar{x}}=\sqrt{\frac{\sigma^2}{n}}=\sqrt{\frac{50^2}{100}}=5(\text{小时})$$

②估计总体指标的区间。

根据给定的抽样极限误差$\Delta_{\bar{x}}=10$小时，计算总体平均数的上下限：

下限=1 050−10=1 040(小时)

上限=1 050+10=1 060(小时)

③求概率度：

$$z=\frac{\Delta_{\bar{x}}}{\mu_{\bar{x}}}=\frac{10}{5}=2$$

根据概率度查表得，概率保证程度$F(z)=95.45\%$。

计算结果表明，该批电子产品的平均耐用时数在1 040～1 060小时，其概率保证程度为95.45%。

【统计实例6−8】 从某校学生中，随机重复抽取100名学生，其中戴眼镜者有48人。要求误差范围不超过5%，要求估计该校学生中戴眼镜者所占比重的区间。

解：①计算样本比率和平均误差：

$$p=\frac{n_1}{n}=\frac{48}{100}=48\%$$

$$\mu_p=\sqrt{\frac{P(1-P)}{n}}=\sqrt{\frac{0.48\times(1-0.48)}{100}}=5\%$$

②估计总体指标的区间：

下限＝48%－5%＝43%　　上限＝48%＋5%＝53%

③求概率度：

$$z=\frac{\Delta_p}{\mu_p}=\frac{5\%}{5\%}=1$$

根据概率度查表得，概率保证程度 $F(z)=68.27\%$。

计算结果表明，该校学生中戴眼镜者所占的比重在 43%～53%，其概率保证程度为 68.27%。

◎案例分析

学生每天上网时间的区间估计

某大学为了解学生每天上网的时间，在全校 7 500 名学生中采取不重复抽样方法随机抽取 36 人，调查他们每天上网的时间（单位：小时），得到下面的数据。要求协助学校估计该校大学生平均上网时间的置信区间，置信概率为 90%。并根据调查资料对该校服务网络提出好的建议。

上网时间调查数据（小时）：

3.3，4.4，2.1，4.7，3.1，2，1.9，1.4，6.2，5.4，1.2，1.2，5.8，2.6，5.1，2.9，2.3，6.4，4.3，3.5，4.1，1.8，4.2，2.4，5.4，3.5，3.6，0.5，4.5，5.7，0.8，3.6，3.2，2.3，1.5，2.5

资料分析：根据上述资料，可知 $N=7\,500$，$n=36$，$F(z)=90\%$

计算方法及结果如下：

首先计算样本指标：

$$\bar{x}=\frac{\sum x}{n}=\frac{3.3+4.4+2.1+4.7+3.1+\ldots+2.3+1.5+2.5}{36}=3.31$$

$$\sigma=\sqrt{\frac{\sum(x-\bar{x})^2}{n}}=1.61$$

其次计算抽样平均误差：

$$\mu_{\bar{x}}=\sqrt{\frac{\sigma^2}{n}\left(1-\frac{n}{N}\right)}=0.268$$

$F(z)=90\%$，查表得 $z=1.64$。

计算抽样极限误差：

$$\Delta_{\bar{x}}=z\times\mu_{\bar{x}}=1.64\times0.268=0.44$$

计算总体平均数的置信区间 $\bar{x}-z\mu_{\bar{x}}\leqslant\bar{X}\leqslant\bar{x}+z\mu_{\bar{x}}$

上限：3.31＋0.44＝3.45（小时）

下限：3.31－0.44＝2.87（小时）

由此能以 90%的概率保证程度推断该校学生每天上网的时间在 2.87～3.45 小时。

这说明网络已成为大学生最重要的学习、娱乐工具之一。高校应充分利用校园网，为学生提供各种资源和服务，激发他们的学习兴趣。假如每所高校能提供五门课程的课件在网上共享，全国近 3 000 所大专院校就有 15 000 门课程供上网者学习，这对学生和社会其他人士都是巨大的资源。

任务四 抽样设计与组织方式

一、抽样方案设计的基本原则

1. 抽样方案的设计内容

包括如何从总体中抽取样本，说明调查要取得的项目资料内容、资料取得方法、资料精确程度的要求和必要的样本单位数目的确定等。还可以包括调查人员的培训计划、调查的问卷或调查表的设计、调查项目的编码以及汇总表的格式等附件。

2. 抽样设计应遵循两个基本原则：

(1)保证实现抽样随机性原则(常见的问题是按随机原则确定了样本，但实际调查的时候因为样本数值、地理位置或难以调查的原因而发生样本更换的情况)。

(2)保证实现最大的抽样效果原则(以合理的费用达到合理的精度)。

二、必要的样本单位数目的确定

必要的样本容量是指既能够满足抽样推断精确性和可靠性的要求，又不会造成过于浪费的样本单位数目。

根据有关原理，样本容量越大，抽样误差越小，用样本指标推断总体指标的可靠性高。但是，样本容量过大，就会造成不必要的浪费，降低抽样推断的优越性；而样本容量过小，则会造成抽样误差过大或概率保证程度过低，推断结果无法保证足够的精确性和可靠性，会降低抽样推断的应用价值。因此，在实际抽样之前，必须确定一个必要的样本容量。

(一)影响必要样本容量的主要因素

影响必要样本容量的因素主要有以下几种：

(1)总体中各单位标志变异的程度，即总体方差 σ^2 和 $P(1-P)$ 的大小。满足同样的估计精度和可靠程度，总体方差大，抽取的样本单位数目就要多一些；总体方差小，抽取的样本单位数目就可以少一些。

(2)允许的误差范围，即 Δ 值的大小。在其他条件和要求相同的情况下，允许误差范围大，可以少抽一些样本单位；允许误差范围小，则要多抽一些样本单位。

(3)要求的概率保证程度。在其他条件和要求相同的情况下，对推断结果的可靠性要求高，就需要多抽一些样本单位；反之，则可少抽一些样本单位。

(4)抽样方法和抽样组织方式。在同样的条件和要求下，采用重复抽样，样本容量要大些；采用不重复抽样，样本容量要小些。高效率的抽样组织方式使必要的样本容量可以小些，反之，低效率的抽样组织方式使需要的样本容量就大些。

(二)必要的样本容量的计算公式

1. 重复抽样

(1)估计总体平均数的必要样本容量。

由于：$\Delta_{\bar{x}}=z\mu_{\bar{x}}=z\sqrt{\dfrac{\sigma^2}{n}}$ $\quad\quad$ $\Delta_{\bar{x}}^{\ 2}=\dfrac{z^2\sigma^2}{n}$

因此：$n=\frac{z^2\sigma^2}{\Delta_{\bar{x}}^{\ 2}}$

【统计实例 6—9】 某市拟对职工家庭收入状况进行抽样推断，根据历史资料已知本市职工家庭平均每人每月生活费收入的标准差为 100 元，若要求推断的可靠程度为 0.954 5，允许误差范围为 10 元，则需抽取的样本单位数为：

已知 $\sigma=100$，$z=2$，$\Delta_{\bar{x}}=10$，有：

$$n=\frac{z^2\sigma^2}{\Delta_{\bar{x}}^{\ 2}}=\frac{2^2\times100^2}{10^2}=400(\text{户})$$

(2)估计总体成数的必要样本容量：

$$n=\frac{z^2p(1-p)}{\Delta p^2}$$

【统计实例 6—10】 某公司欲对一批产品抽样检验其合格率，已知其过去的合格品率曾有过 99%、97%和 95%三种情况，现在要求推断的极限误差不超过 1%，把握程度为 95%，则需要抽检的产品数量为：

已知 $p(1-p)=0.95\times0.05=0.047\ 5$(取按三种合格品率分别计算方差的最大值)，有：

$$\Delta_p=0.01 \quad z=1.96$$

$$n=\frac{z^2p(1-p)}{\Delta p^2}=\frac{1.96^3\times0.047\ 5}{0.01^2}=1\ 825(\text{件})$$

2. 不重复抽样

(1)估计总体平均数的必要样本容量：

$$n=\frac{z^2N\sigma^2}{\Delta_{\bar{x}}^2N+z^2\sigma^2}$$

(2)估计总体成数的必要样本容量：

$$n=\frac{z^2Np(1-p)}{N\Delta_p^2+z^2p(1-p)}$$

◎情景思考

帮想节约调查费用的广告公司拿主意

某广告公司为了估计某地区收看某一新电视节目的居民人数所占比例，要设计一个简单随机样本的抽样方案。该公司希望有 90%的信心使所估计的比例只有 2 个百分点左右的误差。为了节约调查费用，样本将尽可能小，在这种情况下应该抽取多少样本？

三、抽样组织方式

(一)简单随机抽样

简单随机抽样又称纯随机抽样，是最简单、最普遍的抽样组织方法。它是按照随机性原则直接从总体的全部单位中，抽取若干个单位作为样本单位，保证总体中每个单位在抽选中都有同等被抽中的机会。简单随机抽样在理论上是最符合随机抽样原则的。随机抽选样本单位的具体做法有如下两种：

1. 抽签法

根据抽样框，每个单位都编有 1～N 的唯一的编号。我们可以做 N 个完全一样的分别标上 1～N 的标签，充分地拌匀后逐个抽出 n 个标签，然后根据抽样框找到相应的抽样单位现场调查，从而得到一个简单随机样本。

2. 随机数字表法

随机数字表，是供抽样使用的，由 0～9 这 10 个数码随机排列组成的多位数字表。在使用前，先将总体的全部单位编号，并根据编号的位数确定使用表中数字的列数；然后，从任意一行、任意一列、任意方向开始数，遇到编号范围内的数字就作为样本单位，超过编号范围内的数字就跳过去，直到抽够样本单位数目为止。

（二）分层抽样

分层抽样又称类型抽样或分类抽样，它将总体各单位按照某个标志分成若干组，然后在各组中采用简单随机抽样或等距抽样方式，抽取样本单位。例如，在企业利润调查中，先按经济类型分类，分为公有和非公有，然后在公有中分为国有和集体等，再按所需研究的问题，抽选样本单位。在农产量调查中，可按地形条件的不同，将调查单位分为平原、丘陵、山区三种类型，然后抽取样本单位。

分层抽样实际上是分组法和抽样原理的结合。通过分组把性质比较接近的各个单位归入同一组内，使各组内调查变量的标志值差异缩小，从而减少抽样误差，提高抽样结果的代表性。特别是当总体各单位标志值差异悬殊时，划分类型后，缩小了各类型组内的方差。

另外，在各类型组内，都有一定的单位选入样本，可以取得较好的抽样效果，能用较少的抽样单位数获得较精确的推断结果。

经过划类分组后，确定各类型组抽样单位数，一般有以下两种方法。

（1）各类型组所抽选单位数，按各类型组标志变动程度来确定，变动程度大的多抽一些，变动程度小的少抽一些，没有统一规定的比例关系。这种方法称为类型适宜抽样或一般类型抽样，也称不等比例抽样。

（2）不考虑各类型组标志变动程度，按统一的比例确定各类型组应抽选的单位数。这种方法称为类型比例抽样。

（三）等距抽样

等距抽样又称机械抽样或系统抽样。其方法是将总体各单位按某一标志顺序排列，然后按照一定的间隔抽取样本单位。

设总体共有 N 个单位，现在需要抽选容量为 n 的样本。将总体 N 个单位除以样本单位数 n，求得 $K=\dfrac{N}{n}$个单位，再每隔 k 单位抽一个，直到抽满 n 个单位为止。这种相邻样本单位的间隔相等的抽样方法称为等距抽样法。

等距抽样按照排队时所依据的标志不同，可分为按无关标志排队和按有关标志排队。例如，研究工人的平均收入水平时，将工人按照姓氏笔画顺序排列，就是按照无关标志排队。所谓按有关标志排队，是指用来排队的标志与调查研究的目的有关。例如，研究职工工资收入时按职工平均工资排队。按无关标志排队和按有关标志排队的等距抽样，都是不重复抽样。按无关标志排队其性质接近于简单随机抽样。而按有关标志排队的等距抽样，具有类型抽样的性质。所抽取的样本单位已经不是随机任意抽取的，而是将总体划分为相等的层，从每层中抽取一个单位，抽样构成的样本将优于按无关标志排队的等距抽样。

等距抽样的优点是抽取方式简单，容易实施，所以这种方式在实际工作中常被采用。

由于等距抽样能使抽出的样本均匀地分布在总体中，因此调查的精度高于简单随机抽样。按有关标志排队接近于类型抽样，也常用类型抽样的公式计算等距抽样的误差，但计算出来的误差可能比实际存在的误差小，不利于抽样推断置信度的提高。用简单抽样的公式计算等距抽样（包括按有关标志排队和按无关标志排队）的误差，计算出来的误差比实际存在的误差大，有利于抽样推断置信度的提高。所以，在实际工作中常用简单抽样的误差公式和推断程度，推断等距抽样的误差和估计量。等距抽样没有专门的误差计算公式。

但需要注意，等距抽样的第一个样本单位位置确定以后，其余样本单位的位置也就确定了。因此，要避免由抽样间隔和现象本身的周期性节奏相重合而引起的系统性影响。例如，农产量调查时，农作物的抽样间隔不宜和垄的长度相等；工业产品质量检查时，产品抽取时间不要和上下班的时间相一致，以防止发生系统性误差。

（四）整群抽样

整群抽样就是将总体各单位按一定的标志或要求分成若干群，然后以群为单位，随机抽取几个群，全面调查被抽中的群。这种抽样方式称为整群抽样。

整群抽样时，可以按随机抽样方式抽选，也可以按等距抽样方式抽选。由于整群抽样是在各群之间抽样调查，而被抽中群的内部是全面调查，因此整群抽样的误差大小取决于群间方差的大小和抽样数目的多少，各群间的平均变异程度越小，则抽样结果就越趋精确，而群内方差是不会影响整群抽样的误差的。整群抽样将分解总体时，必须遵循同一群体内的各单位其统计特征值相差大一些；群与群之间的统计特征值相差小一些的原则。这两点刚好和类型抽样相反。

整群抽样的优点是：抽选的单位比较集中，调查较为方便，可以节省人力、物力和财力，尤其是当总体中包括的单位数很多，且缺乏可靠的登记资料时，直接对这些单位进行抽样调查将有很大困难。例如，调查农民的人均收入，不容易获得可靠的登记资料，在这种情况下，可以将总体按某种标志分为许多群，如农村的乡、村、户等，然后进行整群抽样。所以整群抽样一般适宜在总体单位缺少可以利用的表册和名单的场合，有的虽可编造名册，但由于费用太高或不宜编出名册的场合，以及有一些小的抽样单位，因界限不易区分，容易造成偏误推算的场合应用。

上机实训　用 Excel 进行抽样推断

上机实训课件

用Excel进行抽样推断

上机实训统计资料项目六

一、总体均值的区间估计

1. 某商店随机调查了 40 名顾客的满意度，得分情况如下：

7,5,5,6,8,7,6,7,10,7,9,5,5,8,8,6,7,8,7,5,

5,5,5,5,2,5,8,7, 6,6,4,6,6,5,6,7,8,9,5,4

求在概率 90%的保证下，顾客满意度得分的估计区间。

操作步骤：启动 Excel 2013，新建一个工作簿 Book1。

第一步，在工作表 Sheet1 上将 40 名顾客的满意度数据资料输入 A2:A41 单元格。

第二步，在 C2 中输入公式“COUNT（A2：A41）”；C3 中输入“AVERAGE（A2：A41）”；在 C4 中输入“STDEV（A2：A41）”；在 C5 中输入“＝C4/SQRT（C2）”；在 C6 中输入“0.90”；在 C7 中输入“NORMSINV(C6＋(1－ C6)/2)”；在 C8 中输入“C7＊ C5”；在 C9 中输入“C3－C8”；在 C10 中输入“C3＋C8”。在输入每一个公式回车后，便可得到结果。从结果可知，顾客平均满意度的置信下限为 5.83，置信上限为 6.67（如图 6—1 所示）。

授课视频

项目六
总体均值区间估计（一）

	A	B	C	D
1	满意度得分	指标	数值	
2	7	样本数据个数	40	
3	5	样本均值	6.25	
4	5	样本标准差	1.60	
5	6	抽样平均误差	0.25	
6	8	置信度	0.9	
7	7	z值	1.64	
8	6	极限误差	0.42	
9	7	置信下限	5.83	
10	10	置信上限	6.67	

图 6—1 均值区间估计

2. 用 CONFIDENCE 函数进行总体均值置信区间估计

假定某零件的长度服从正态分布，现从一批产品中随机抽取 9 件，测得其平均长度为 21.4 毫米，已知总体标准差为 0.15 毫米，要求按置信概率 0.95 估计该批产品平均长度的置信区间。

首先，单击“常用”工具栏中的“fx”按钮，从弹出的“粘贴函数”对话框中选择“统计”类的“CONFIDENCE”函数（总体均值置信区间函数），回车进入该函数的对话框（如图 6—2 所示）。

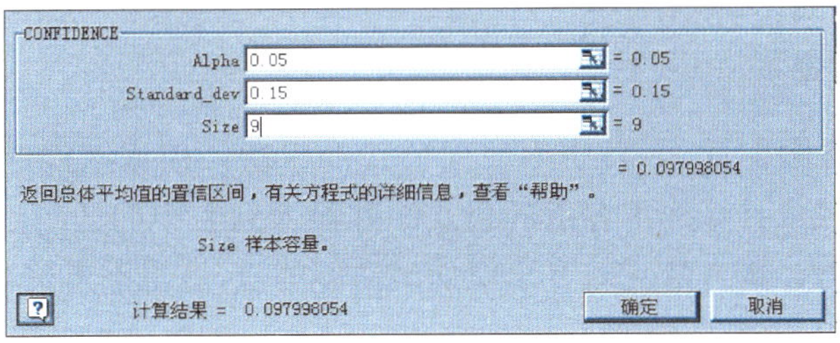

图 6—2 CONFIDENCE 对话框图

其次，在 CONFIDENCE 对话框中，完成以下操作：

在 Alpha 框中输入设定置信概率的显著水平，本例为 0.05；

在 Standard_dev 框中输入总体标准差，本例为 0.15；

在 Size 框中输入样本容量，本例为 9。

完成以上操作后，即在对话框底部给出计算结果，本例为 0.098（这是允许误差）。若事先选定了放置数据的单元格，则回车确认就可以将 0.098 放入选定的单元格。

授课视频

项目六
总体均值区间估计（二）

以上操作还可以用输入函数公式的方法完成。方法是：单击任空单元格，输入“＝CON-

FIDENCE(0.05,0.15,9)”,回车确认,即可得出同样的结果。

最后,将样本均值 21.4 加上 0.098 得 21.498(毫米),减去 0.098 得 21.302(毫米),这表明有 95%的把握推断该批零件的平均长度在 21.302～21.498 毫米,这就是总体均值的估计区间。

非正态分布的总体如果样本容量大于 30,也可以使用 CONFIDENCE 函数对总体的均值进行区间估计。

二、总体比率(成数)的区间估计

授课视频

项目六
总体比率的
区间估计

某企业调查其产品在消费者中的满意情况,在抽选的 200 人中,有 140 人回答对产品的外包装不满意,现要求以 95%的概率保证程度估计全体市民中不满意产品外包装的人数比例。

首先求出样本比例:$p=140/200=0.7$,$1-p=1-0.7=0.3$;其次按显著水平查正态分布表,得 z 值为 1.96;然后单击任一空单元格,输入“=1.96 * SQRT(0.7 * 0.3/200)”,回车确认,即得出允许误差为 0.064;最后,计算 0.7±0.064,得到以 95%的概率保证估计的全体市民中不满意产品外包装的人数比例在 63.6%～76.4%(如图 6—3 所示)。

A	B	C	D	E	F
样本数据			置信区间		
样本容量n	200		置信度	0.95	
样本比例Pi	0.7	=112/350	Z值	1.96	=NORMSINV(E2+(1-E2)/2)
抽样平均误差	0.032403703	=SQRT((B3*(1-B3)/B2))	标准极限误差	0.0635113	=E3*B4
			置信下限	0.6364887	=B3-E4
			置信上限	0.7635113	=B3+E4

图 6—3 总体比例区间估计

三、样本容量的确定

在 Excel 中确定样本容量,主要使用输入公式的方法。根据已经掌握的概率度、总体方差、抽样误差,将数据代入计算样本容量的公式中并输入到表中的任一空单元格,回车确认就得到所需要的样本容量。输入公式的方法以前多次叙述过,这里不再赘述。

◎知识归纳

1. 抽样推断是在抽样调查的基础上,利用样本的实际资料计算样本指标,并据以推断总体相应数量特征的一种统计分析方法。它主要用于不能够、不适应和不必要进行全面调查的情况,也用于对全面调查资料的修正。抽样推断的基本概念有总体和样本、总体指标、样本指标、样本个数、重复抽样和不重复抽样。

2. 抽样误差是指由于随机抽样的偶然因素,使样本各单位的结构不足以代表总体结构,而引起抽样指标和总体指标之间的绝对离差。

3. 抽样估计就是利用实际调查计算的样本指标估计相应的总体指标数值,抽样估计有点估计和区间估计两种。点估计的基本特点是根据总体指标的结构形式设计样本指标作为总体参数的估计量,并以样本指标的实际值作为相应的总体参数的估计值。参数区间估计是指被估计参数的可能范围，同时对参数落在这一范围内给定相应的概率保证程度。

4. 确定从总体中抽取多少个样本单位是制定抽样调查方案中一个重要的问题。要适度，其原则是在保证抽样推断能达到预期的可靠程度和精度的要求下，确定抽取样本单位的数目。

5. 抽样的组织方式有简单随机抽样、分层抽样、等距抽样、整群抽样等。简单随机抽样是基础，其他方式都是以它的原则为依据形成的。

◎知识图表

- 抽样调查与参数估计
  - 统计抽样概述
    - 抽样推断的概念和特点
    - 抽样推断的作用
    - 抽样推断中的基本概念
    - 抽样推断的主要内容
  - 抽样误差
    - 抽样误差的含义
    - 抽样平均误差的计算
    - 影响抽样误差的因素
    - 抽样极限误差(允许误差)
    - 抽样误差的概率度
  - 抽样估计的方法
    - 点估计
    - 区间估计
  - 抽样设计与组织方式
    - 抽样方案设计的基本原则
    - 必要的样本单位数目的确定
    - 抽样组织方式

◎关键词汇

抽样推断　抽样平均误差　抽样极限误差　概率度　必要的样本单位数　区间估计　点估计

◎独立思考

1. 统计抽样推断具有哪些特点?
2. 抽样调查的作用是什么?
3. 什么是总体? 什么是样本? 两者有何异同?
4. 什么是抽样平均误差? 影响的因素有哪些?
5. 影响必要样本容量的因素有哪些?

◎基本训练

一、单项选择题

1. 抽样平均误差是(　　)。

A. 抽样指标的标准差　　B. 总体参数的标准差
C. 样本变量的函数　　D. 总体变量的函数

2. 抽样调查所必须遵循的基本原则是(　　)。

A. 准确性原则　　B. 随机性原则
C. 可靠性原则　　D. 灵活性原则

3. 在简单随机重复抽样条件下,当抽样平均误差缩小为原来的 1/2 时,则样本单位数为原来的(　　)。

A. 2 倍　　B. 3 倍
C. 4 倍　　D. 1/4 倍

4. 按随机原则直接从总体 N 个单位中抽取 n 个单位作为样本,这种抽样组织形式是(　　)。

A. 简单随机抽样　　B. 类型抽样
C. 等距抽样　　D. 整群抽样

5. 事先将总体各单位按某一标志排列,然后依排列顺序和按相同的间隔来抽选调查单位的抽样称为(　　)。

A. 简单随机抽样　　B. 类型抽样
C. 等距抽样　　D. 整群抽样

6. 反映样本指标与总体指标之间的平均误差程度的指标是(　　)。

A. 平均数离差　　B. 概率度
C. 抽样平均误差　　D. 抽样极限误差

7. 在其他条件不变的情况下,提高估计的概率保证程度,其估计的精确程度(　　)。

A. 随之扩大　　B. 随之缩小
C. 保持不变　　D. 无法确定

8. 检验某种连续生产的产品质量,要求每隔 1 小时抽出 10 分钟的产品检验,这种抽查方式是(　　)。

A. 简单随机抽样　　B. 类型抽样
C. 等距抽样　　D. 整群抽样

9. 按地理区域划片,并以片为单位的抽样属于(　　)。

A. 简单随机抽样　　B. 等距抽样
C. 整群抽样　　D. 类型抽样

10. 抽样误差是指(　　)。

A. 调查中所产生的登记性误差　　B. 调查中所产生的系统性误差
C. 随机的代表性误差　　D. 计算过程中产生的误差

二、多项选择题

1. 抽样推断的特点是(　　)。

A. 由推算认识总体的一种认识方法　　B. 按随机原则抽取样本单位
C. 运用概率估计的方法　　D. 可以计算,但不能控制抽样误差
E. 可以计算并控制抽样误差

2. 抽样估计中的抽样误差(　　)。
A. 是不可避免要产生的　　B. 可以通过改进调查方式来消除
C. 是可以事先计算出来的　　D. 只能在调查结束后才能计算
E. 其大小是可控制的

3. 总体参数区间估计必须具备的三个要素是(　　)。
A. 样本单位数　　B. 样本指标
C. 全及指标　　D. 抽样误差范围
E. 抽样估计的置信度

4. 要增大抽样估计的概率保证程度,可采用的方法有(　　)。
A. 增加样本容量　　B. 缩小抽样误差范围
C. 扩大抽样误差范围　　D. 提高估计精度
E. 降低估计精度

5. 简单随机抽样(　　)。
A. 适用于总体各单位呈均匀分布的总体　B. 适用于总体各单位标志变异较大的总体
C. 在抽样之前要求对总体各单位加以编号 D. 最符合随机原则
E. 是各种抽样组织形式中最基本、最简单的一种形式

◎实战演练一

【目标】 能组织开展小型抽样调查,会根据收集整理的资料,进行均值和比例的区间估计。

【内容】 根据“项目一　统计数据整理”的“实战演练”中整理的某高校 90 名学生的月生活费支出情况数据表,进行平均数和比率的区间估计。

【步骤】

(1)收集 90 名学生的月生活费支出。

(2)形成学生月生活费支出次数分布表。

(3)以 95.45%的概率估计该校学生平均月生活费支出。

(4)以 95.45%的概率估计月生活费在 1 500 元以上学生的比例。

◎实战演练二

1. 某食品厂生产一批袋装钙奶,抽样检验结果如表 6—6 所示。

表 6—6　　某食品厂袋装钙奶抽样检验结果

每袋重量(克)	数量(袋)
148～149	10
149～150	20
150～151	50
151～152	20
合　计	100

已知:这种袋奶的标准重量每袋为 150 克,以 0.997 3 的概率:

(1)确定平均每袋重量的极限误差。

(2)估计这批袋奶平均每袋的重量范围,确定是否达到规定重量的要求。

(3)若以每袋重 150 克为合格,推算这批袋奶的合格率。

2. 某乡有 5 000 个农户,按随机原则重复抽取 100 户调查,得到平均每户年纯收入 12 000 元,标准差 2 000 元。

要求:

(1)以 95%的概率($t=1.96$)估计全乡平均每户年纯收入的区间。

(2)以同样概率估计全乡农户年纯收入总额的区间范围。

3. 对一批成品按重复抽样方法抽选 100 件,其中废品 4 件,当概率为 95.45%($t=2$)时,可否认为这批产品的废品率不超过 6%?

4. 从某年级学生中按简单随机抽样方式抽取 50 名学生,检查思想政治理论课的考试成绩,得知其平均分数为 75.6 分,样本标准差 10 分,试以 95.45%的概率保证程度推断全年级学生考试成绩的区间范围。如果其他条件不变,将允许误差缩小一半,应抽取多少名学生?

5. 某电视台要了解某一电视节目的收视率,随机抽取 500 户城乡居民作为样本,调查结果是其中有 160 户城乡居民收视该电视节目,试以 95.45%的概率保证程度:

(1)推断该电视节目收视率的区间范围。

(2)如果使收视率的抽样极限误差缩小为原来的 1/2,下次抽样调查时需要抽取多少样本单位数?

项目七　相关与回归分析

知识目标

- 掌握相关分析和回归分析的概念
- 掌握回归分析方法，特别是简单直线回归，能够用最小平方法求回归方程，并正确计算估计标准误差
- 相关分析与回归分析的区别和联系

能力目标

- 一元线性回归方程的求解与应用
- 能运用 Excel 求解回归方程，并有一定的应用分析能力

思政目标

- 培养用联系和发展的观点分析问题
- 树立追求真理的科学精神

重点难点

- 进行相关分析与回归分析应注意的问题
- 现实生活中能用相关与回归分析方法分析问题

任务引入

一家汽车销售商的经理认为，汽车的销售量与投入的广告费用的多少有着密切的关系。为研究它们之间的关系，这名经理收集了过去 10 年的数据(如表 7—1 所示)，散点图如图 7—1 所示。

表 7—1　　汽车销售量与广告费用

年份	汽车销售量(辆)	广告费用(万元)	年份	汽车销售量(辆)	广告费用(万元)
2013	1 100	385	2018	1 500	602
2014	1 250	420	2019	1 720	651
2015	1 280	406	2020	1 800	735
2016	1 360	490	2021	1 890	721
2017	1 480	525	2022	2 100	840

据此，请回答：

1. 你认为汽车销售量与广告费相关吗。
2. 根据散点图判断，你认为汽车销售量与广告费是什么关系？
3. 若 2023 年广告费用投入 1 000 万元，汽车销售量可能为多少？

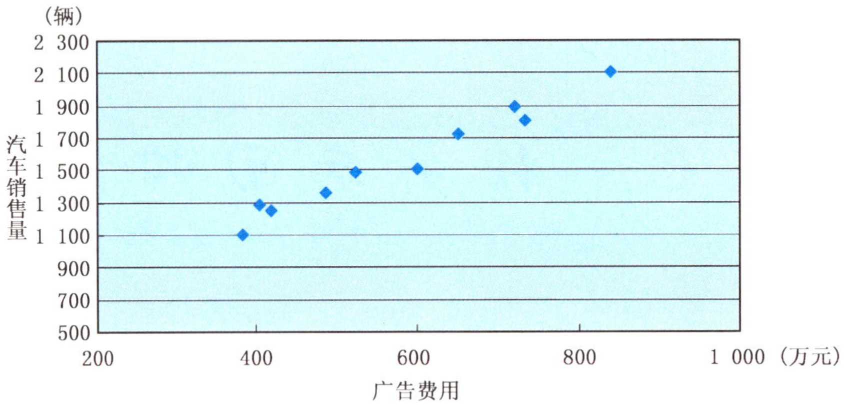

图 7—1　汽车销售量与广告费用

社会现象、经济现象和各种自然、生态现象都是在互相联系、互相制约中存在并不断发展变化的。一个现象的存在和发展，往往影响其他现象的发生和发展。众多事物此消彼长的变化，又会影响一些事物特定的发展变化。现象整体的发展受制于整体内部各个因素的彼此关联与变化推动，也受到整体外部环境及相关条件的制约与影响，这已是众所周知的事实。相关与回归分析正是研究和解释现象与现象、事物与事物彼此之间依存度、关联度和因果关系的统计方法。

任务一　相关分析

一、相关分析的概念

现实世界中的各种现象之间相互联系、相互制约、相互依存，某些现象发生变化时，另一现象也随之发生变化。如商品价格的变化会刺激或抑制商品销售量的变化；劳动力素质的高低会影响企业的效益；直接材料、直接人工的价格变化对产品销售成本有直接的影响，居民收入的高低会影响对该企业产品的需求量等。研究这些现象之间的依存关系，找出它们之间的变化规律，经收集、整理过的统计数据进行数据分析，为客观、科学地统计提供依据。

现象间的依存关系大致可以分成两种类型：一类是函数关系，另一类是相关关系。

1. 函数关系

函数是指变量之间客观存在确定性的数量对应关系。在函数关系中，当一变量发生取一定值时，与之相对应的另一变量也随之确定。例如，银行的 1 年期存款利率为年息 1.5%，存入的本金用 x 表示，到期本息用 y 表示，则 $y=x+1.5\%x$。

2. 相关关系

相关关系是指客观现象之间确实存在的，但数量上不是严格对应的依存关系。在这种关系中，对于某一现象的每一数值，可以有另一现象的若干数值与之相对应。例如成本的高低与利润的多少有密切关系，但某一确定的成本与相对应的利润却是不确定的。这是因为影响利润的因素除了成本外，还有价格、供求平衡、消费嗜好等因素以及其他偶然因素；再如，生育率与人均 GDP 的关系也属于典型的相关关系：人均 GDP 高的国家，生育率往往较低，但二者没有唯一确定的关系，这是因为除了经济因素外，生育水平还受到受教育水平、城市化水平以及不易测量的民族风俗、宗教和其他随机因素的共同影响。

具有相关关系的某些现象可表现为因果关系，即某一或若干现象的变化是引起另一现象变化的原因，它是可以控制给定的值，将其称为自变量；另一个现象的变化是自变量变化的结果，它是不确定的值，将其称为因变量。如资金投入与产值之间，前者为自变量，后者为因变量。但具有相关关系的现象并不都表现为因果关系，如人们在研究时发现中国的经济增长速度与印度的人口存在共变关系，而这种关系只能称为相关关系，而不能称为因果关系。这是由于相关关系比因果关系包括的范围更广泛。

◎温馨提醒

相关关系和函数关系既有区别，又有联系。有些函数关系往往因为有观察或测量误差以及各种随机因素的干扰等原因，在实际中常常通过相关关系表现出来；而在研究相关关系时，其数量间的规律性了解得越深刻的时候，则相关关系越有可能转化为函数关系或借助函数关系表现。

二、相关关系的类型

现象之间的相关关系从不同的角度可以区分为不同类型。

（一）按照相关因素的多少分为单相关和复相关

1. 单相关

单相关又称一元相关，是指两个变量之间的相关关系，如广告费支出与产品销售量之间的相关关系。

2. 复相关

复相关又称多元相关，是指三个或三个以上变量之间的相关关系，即因素变量不止一个，而是有两个或两个以上，研究一个因变量与多个自变量之间的相关关系。如商品销售额与居民收入、商品价格之间的相关关系。

（二）按照相关形式不同分为线性相关和非线性相关

1. 线性相关

线性相关又称直线相关，是指当一个变量变动时，另一变量随之发生大致均等的变动，从图形上看，其观察点的分布近似地表现为一条直线。例如，人均消费水平与人均收入水平通常呈线性关系。

2. 非线性相关

非线性相关是指一个变量变动时，另一变量也随之发生变动，但这种变动不是均等的，从图形上看，其观察点的分布近似地表现为一条曲线，如抛物线、指数曲线等，因此也称曲线相关。例如，工人加班加点在一定数量界限内，产量增加，但一旦超过一定限度，产量反而可能下降，这就是一种非线性关系。

（三）按照相关现象变化的方向不同分为正相关和负相关

1. 正相关

正相关是指当一个变量的值增加或减少,另一个变量的值也随之增加或减少。例如,工人劳动生产率提高,产品产量也随之增加;居民的消费水平随个人所支配收入的增加而增加。

2. 负相关

负相关是指当一个变量的值增加或减少时,另一变量的值反而减少或增加。例如,商品流转额越大,商品流通费用越低;利润随单位成本的降低而增加。

(四)按相关程度分为完全相关、不相关和不完全相关

1. 完全相关

当一个变量的数量完全由另一个变量的数量变化所确定时,二者之间即为完全相关。例如,在价格不变的条件下,销售额与销售量之间的正比例函数关系即为完全相关,此时相关关系便成为函数关系,因此也可以说函数关系是相关关系的一个特例。

2. 不相关

当变量之间彼此互不影响,其数量变化各自独立时,则变量之间为不相关。例如,股票价格的高低与气温的高低一般情况下是不相关的。

3. 不完全相关

如果两个变量的关系介于完全相关和不相关之间,称为不完全相关。由于完全相关和不相关的数量关系是确定的或相互独立的,因此统计学中相关分析的主要研究对象是不完全相关。

相关关系分类示意图如图 7—2 所示。

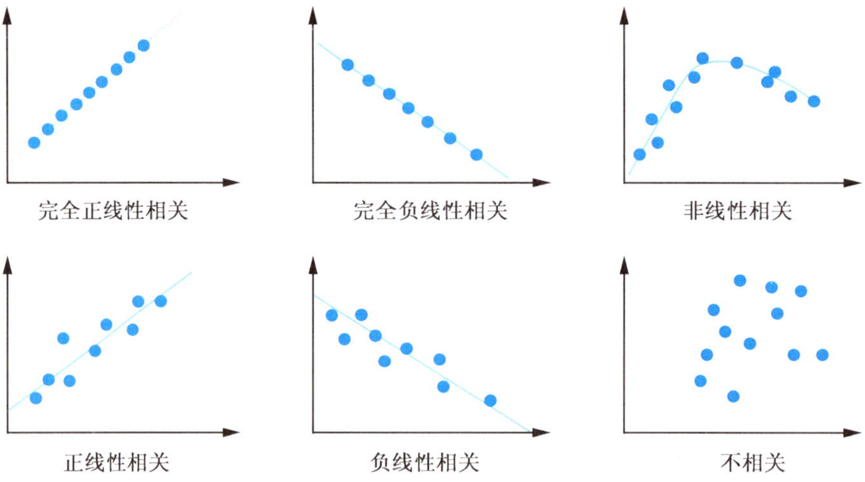

图 7—2 相关关系分类示意图

任务二 相关关系的测定方法

要判别现象之间有无相关关系,我们可以进行定性分析和定量分析。定性分析是依据研究者的理论知识、专业知识和实践经验,对客观现象之间是否存在相关关系,以及有何种相关

关系做出判断。并可在定性认识的基础上，编制相关表、绘制相关图，以便直观地判断现象之间相关的方向、形态及大致的密切程度。

一、相关表

相关表是一种统计表。它是直接根据现象之间的原始资料，将一变量的若干变量值按从小到大的顺序排列，并将另一变量的值与之对应排列形成的统计表。

【统计实例 7—1】 某财务软件公司在全国有许多代理商，为研究它的财务软件产品的广告投入与销售额的关系，统计人员随机选择 10 家代理商进行观察，收集到年广告投入费和月平均销售额的数据，并编制成表 7—2。

表 7—2 广告费与月平均销售额相关情况 单位：万元

年广告费投入	月均销售额
12.5	21.2
15.3	23.9
23.2	32.9
26.4	34.1
33.5	42.5
34.4	43.2
39.4	49.0
45.2	52.8
55.4	59.4
60.9	63.5

从表 7—2 中可以直观地看出，随着广告投入的增加，销售量增加，两者之间存在一定的正相关关系。

二、相关图

相关图又称散点图，它是用直角坐标系的 x 轴代表自变量，y 轴代表因变量，将两个变量间相对应的变量值用坐标点的形式描绘出来，用以表明相关点分布状况的图形。根据表 7—2 的资料可以绘制相关图 7—3。

从相关图可以直观地看出，年广告费投入与月平均销售额之间关系密切，且有线性正相关关系。

三、相关系数

相关表和相关图可反映两个变量之间的相互关系及其相关方向，但无法确切地表明两个变量之间相关的程度。著名统计学家卡尔·皮尔逊设计了统计指标——相关系数。相关系数是用以反映变量之间相关关系密切程度的统计指标。依据相关现象之间的不同特征，其统计指标的名称有所不同。如将反映两变量间线性相关关系的统计指标称为相关系数（相关系数的平方称为判定系数）；将反映两变量间曲线相关关系的统计指标称为非线性相关系数、非线

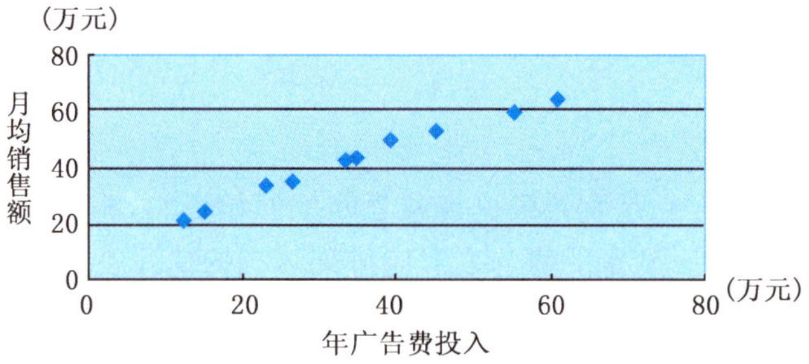

图 7—3 广告投入与销售额的相关

性判定系数;将反映多元线性相关关系的统计指标称为复相关系数、复判定系数等。这里只介绍相关系数。

相关系数用 r 表示,它的基本公式为:

$$r=\frac{\sum(x-\bar{x})(y-\bar{y})}{\sqrt{\sum(x-\bar{x})^2 \cdot \sum(y-\bar{y})^2}}$$

相关系数的值介于−1 与+1 之间,即 $-1 \leqslant r \leqslant +1$。其性质如下:

(1)当 $r>0$ 时,表示两变量正相关;$r<0$ 时,两变量为负相关。

(2)当 $|r|=1$ 时,表示两变量为完全线性相关,即为函数关系。

(3)当 $r=0$ 时,表示两变量间无线性相关关系。

(4)当 $0<|r|<1$ 时,表示两变量存在一定程度的线性相关,且 $|r|$ 越接近 1,两变量间线性关系越密切;$|r|$ 越接近于 0,表示两变量的线性关系越弱(如图 7—4 所示)。

(5)一般可按三级划分:$|r|<0.4$ 为低度线性相关;$0.4 \leqslant |r|<0.8$ 为显著性相关;$0.8 \leqslant |r|<1$ 为高度线性相关。

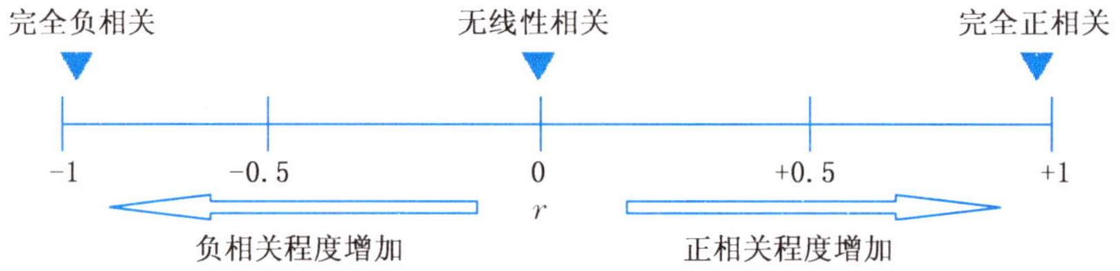

图 7—4 相关程度示意图

◎温馨提醒

需要特别强调的是:相关系数 r 仅仅表述 x 和 y 之间直线相关关系的密切程度,而不能衡量其他非直线关系的密切程度。

【统计实例 7—2】 根据表 7—2 的资料,计算相关系数。

解:根据资料,列出表 7—3。

表 7—3 相关系数计算

序号	年广告费投入 x	月均销售额 y	$x-\bar{x}$	$(x-\bar{x})^2$	$y-\bar{y}$	$(y-\bar{y})^2$	$(x-\bar{x})(y-\bar{y})$
1	12.5	21.2	−22.12	489.294 4	−21.05	443.102 5	465.626
2	15.3	23.9	−19.32	373.262 4	−18.35	336.722 5	354.522
3	23.2	32.9	−11.42	130.416 4	−9.35	87.422 5	106.777
4	26.4	34.1	−8.22	67.568 4	−8.15	66.422 5	66.993
5	33.5	42.5	−1.12	1.254 4	0.25	0.062 5	−0.28
6	34.4	43.2	−0.22	0.048 4	0.95	0.902 5	−0.209
7	39.4	49	4.78	22.848 4	6.75	45.562 5	32.265
8	45.2	52.8	10.58	111.936 4	10.55	111.302 5	111.619
9	55.4	59.4	20.78	431.8084	17.15	294.122 5	356.377
10	60.9	63.5	26.28	690.638 4	21.25	451.562 5	558.45
合计	346.2	422.5	0	2 319.076	0	1 837.185	2 052.14

$$\bar{x}=\frac{346.2}{10}=34.62 \quad \bar{y}=\frac{422.5}{10}=42.25$$

$$r=\frac{\sum(x-\bar{x})(y-\bar{y})}{\sqrt{\sum(x-\bar{x})^2\cdot\sum(y-\bar{y})^2}}$$

$$=\frac{2\ 052.14}{\sqrt{2\ 319.076\times 1\ 837.185}}$$

$$=0.994\ 2$$

相关系数为 0.994 2,说明广告投入费与月平均销售额之间有高度的线性正相关关系。

注意:上式 r 的计算有以下的简化公式:

$$r=\frac{n\sum xy-\sum x\sum y}{\sqrt{n\sum x^2-(\sum x)^2}\sqrt{n\sum y^2-(\sum y)^2}}$$

【统计实例 7—3】 根据表 7—2 的资料,运用上述简化公式计算相关系数。

解:根据资料,列出表 7—4。

表 7—4 相关系数计算

序号	广告投入 x(万元)	月均销售额 y(万元)	x^2	y^2	xy
1	12.5	21.2	156.25	449.44	265.00
2	15.3	23.9	234.09	571.21	365.67
3	23.2	32.9	538.24	1 082.41	763.28
4	26.4	34.1	696.96	1 162.81	900.24
5	33.5	42.5	1 122.25	1 806.25	1 423.75
6	34.4	43.2	1 183.36	1 866.24	1 486.08
7	39.4	49.0	1 552.36	2 401.00	1 930.60
8	45.2	52.8	2 043.04	2 787.84	2 386.56
9	55.4	59.4	3 069.16	3 528.36	3 290.76
10	60.9	63.5	3 708.81	4 032.25	3 867.15
合计	346.2	422.5	14 304.52	19 687.81	16 679.09

$$r=\frac{n\sum xy-\sum x\sum y}{\sqrt{n\sum x^2-(\sum x)^2}\sqrt{n\sum y^2-(\sum y)^2}}$$
$$=\frac{10\times 16\ 679.09-346.2\times 422.5}{\sqrt{10\times 14\ 304.52-346.2^2}\sqrt{10\times 19\ 687.81-422.5^2}}$$
$$=0.994\ 2$$

相关系数为 0.994 2，说明广告投入费与月平均销售额之间有高度的线性正相关关系。

◎温馨提醒

这里需要指出的是，相关系数有一个明显的缺点，即它接近于 1 的程度与数据组数 n 相关，这容易给人一种假象。因为，当 n 较小时，相关系数的波动较大，对有些样本相关系数的绝对值易接近于 1；当 n 较大时，相关系数的绝对值容易偏小。特别是当 $n=2$ 时，相关系数的绝对值总为 1。因此在样本容量 n 较小时，我们仅凭相关系数较大就判定变量 x 与 y 之间有密切的线性关系是不妥当的。

四、相关分析中应注意的问题

（一）相关系数不能解释两变量间的因果关系

相关系数只是表明两个变量间互相影响的程度和方向，它并不能说明两变量间是否有因果关系，以及何为因，何为果，即使在相关系数非常大时，也并不意味着两变量间具有显著的因果关系。例如，根据一些人的研究，发现抽烟与学习成绩有负相关关系，但不能由此推断是抽烟导致了成绩差。

因与果在很多情况下是可以互换的。如研究发现收入水平与股票的持有额正相关，并且可以用收入水平作为解释股票持有额的因素，但是否存在这样的情况，你赚的钱越多，买的股票也越多，而买的股票越多，赚的钱也就越多，何为因？何为果？众所周知，经济增长与人口增长相关，可是究竟是经济增长引起人口增长，还是人口增长引起经济增长呢？不能从相关系数中得出结论。

（二）警惕虚假相关导致的错误结论

有时两变量之间并不存在相关关系，却可能出现较高的相关系数。

如存在另一个共同影响两变量的因素。在时间序列资料中往往就会出现这种情况，有人曾对教师薪金的提高和酒价的上涨做了相关分析，计算得到一个较大的相关系数，这是否表明教师薪金提高导致酒的消费量增加，从而导致酒价上涨呢？经分析，事实是由于经济繁荣导致教师薪金和酒价的上涨，而教师薪金增长和酒价之间并没有什么直接关系。

原因的混杂也可能导致错误的结论。如有人做过计算，发现在美国获得经济学专业学位越高的人，收入越低，笼统地计算学位与收入之间的相关系数会得到负值。但分别对大学、政府机构、企业各类别计算学位与收入之间的相关系数得到的则是正值，即对同一行业而言，学位高，收入也高。

另外，注意不要在相关关系据以成立的数据范围以外，推论这种相关关系仍然保持。雨下得多，农作物长得好，尤其在缺水地区，久旱逢甘雨令人欣喜，但雨量太大，却可能损坏庄稼。又如，广告投入多，销售额上涨，利润增加，但盲目加大广告投入，却未必使销售额再增长，利润还可能减少。正相关达到某个极限，就可能变成负相关。这个道理似乎人人都明白，但在分析问题时却容易被忽视。

◎知识拓展

直线相关系数 r 的统计检验

统计实例7—3中相关系数是基于样本计算的，是对总体相关系数的估计。因此需要对相关系数的显著性进行统计检验。检验的内容包括两部分：一是总体线性相关的存在性检验，即检验总体线性相关系数是否为零；二是总体线性相关差异性检验，检验某一总体线性相关程度是否等于(或者单侧检验大于或小于)某一指定值，以及检验两个相关系数是否来自同一相关总体。本任务只讨论第一种情况。

设随机变量(x,y)服从于正态分布。总体相关系数记为ρ。则对于由样本资料$(x_i,y_i)(i=1,2,\dots,n)$计算的相关系数r，需要检验以下原假设与备择假设：

$$H_0:\rho=0$$

$$H_1:\rho\neq0$$

在H_0成立情况之下，有以下t统计量：

$$t=\frac{r\sqrt{n-2}}{\sqrt{1-r^2}}\sim t(n-2)$$

在给定显著性水平之下，当$t>t_{\frac{\alpha}{2}}(n-2)$，即表示总体线性相关系数显著不等于零，即线性相关关系(在一定程度上)是存在的。

◎知识链接

这部分内容具体看上机实训：用Excel进行相关和回归分析中的相关系数的检验。

任务三　一元线性回归分析

一、回归分析的概念和类型

(一)回归分析的概念

通过相关分析，我们可以判定变量之间是否存在相关关系以及相关的密切程度，但它不能根据一个变量的值，估计推算出另一个变量的值。也就是说，它不能说明两个变量之间的一般数量关系。而回归分析的基本思想恰恰是：虽然自变量和因变量之间没有严格的、确定性的函数关系，但可以设法找出最能代表它们之间关系的数学表达形式。

回归分析是指对具有相关关系的两个或多个变量之间的数量变化进行数量测定，配合一定的数学方程(模型)，以便由自变量的数值估计或预测因变量的可能值的一种统计分析方法。根据数学模型绘出的几何图称为回归线，根据回归分析方法得出的数学表达式称为回归方程。

在回归分析中，变量之间存在一定的数量关系，但又不呈现函数关系，即观察值不是全落在回归线上，而是散布在回归线周围。离回归线越近，观察值越多；偏离较远的则观察值极少。

◎知识拓展

“回归”一词是由英国生物学家 F. 高尔顿(F. Galton)在研究人体身高的遗传问题时首先提出的。根据遗传学的观点，子辈的身高受父辈影响，以 X 记父辈身高，Y 记子辈身高。虽然子辈身高一般受父辈影响，但同样身高的父亲，其子身高并不一致，因此，X 和 Y 之间存在一种相关关系。高尔顿搜集了 1 078 对父亲及其儿子的身高数据，他发现这些数据的散点大致呈直线状态，也就是说，总的趋势是父亲的身高增加时，儿子的身高也倾向于增加。

但是，高尔顿对试验数据进行了深入的分析，发现了一个很有趣的现象——回归效应。因为当父亲高于平均身高时，他们儿子身高比他更高的概率要小于比他更矮的概率；父亲矮于平均身高时，他们儿子身高比他矮的概率要小于比他更高的概率。它反映了一个规律，即这两种身高父亲的儿子的身高，有向他们父辈的平均身高回归的趋势。

对于这个一般结论的解释是：大自然具有一种约束力，使人类身高的分布相对稳定而不产生两极分化，这就是所谓的回归效应。即当父亲身高很高时，他儿子的身高一般不会比父亲身高更高。同样，如果父亲很矮，他儿子也一般不会比父亲更矮，而会向一般人的均值靠拢。当时这位英国遗传学家将这种现象称为回归。高尔顿还利用试验数据推算出儿子身高与父亲身高的关系式。它代表的是一条直线，这条直线称为回归直线，并把相应的统计分析称为回归分析。

(二)回归分析的类型

1. 一元回归和多元回归

根据自变量的个数不同，可将回归分析分为一元回归分析和多元回归分析。只有一个自变量的回归分析称为一元回归分析，又称简单回归。有两个或两个以上自变量的回归分析称为多元回归分析，或称复回归。

2. 线性回归和非线性回归

根据回归线的形状不同，可将回归分析分为线性回归分析和非线性回归分析。线性回归分析是指变量之间关系的形态呈直线趋势，故可用直线方程来描述它们之间的数量关系。若变量之间是非线性相关关系，可通过建立非线性回归方程来反映它们之间的数量关系，即非线性回归分析。

将以上两种分类方式结合起来，就会有一元线性回归分析和多元线性回归分析、一元非线性回归分析和多元非线性回归分析。本项目将重点介绍一元线性回归分析。

二、回归分析的基本内容

(一)确定相关关系的数学表达式

为了测定相关现象之间数量变化的一般关系，可以通过建立函数关系的近似表达式即回归方程，作为相关关系的数学表达式。如果现象之间表现为直线相关，则可以用配合直线方程的方法；如果表现为曲线相关，则采用配合曲线方程的方法。这是判断、推算、预测的依据。

(二)依据回归方程进行回归估计或预测

由于回归方程反映了变量之间的一般性数量关系，因此当自变量数值发生变化后，可依据回归方程估计出因变量可能发生相应变化的数值。因变量的回归估计值虽然不是一个必然的对应值，但它至少可以从一般性角度或平均意义角度反映因变量可能发生的数量变化。

(三)确定因变量估计误差的程度

用配合直线或曲线方程的方法，可以求得反映变量之间数量变化的关系式，从而计算出许多因变量的估计值。但是，根据这个直线或曲线方程而得到的因变量的估计值与实际值是有差异的。这就要计算反映因变量估计值与观察值之间差异程度的指标——估计标准误差。差异小表示估计值比较准确，差异大说明估计值不够准确。统计预测需要掌握这一准确度的大小。

三、回归分析与相关分析的关系

回归分析和相关分析是研究变量之间相互联系的两种统计方法，完整地分析两个变量间的关系应该包含这两种方法。它们既有密切的联系又有区别。

（一）联系

1. 相关分析是回归分析的基础和前提

如果缺少相关分析，没有从定性上证明现象间是否具有相关关系，没有对相关关系的密切程度做出判断，就不能进行回归分析；即使勉强进行了回归分析，也毫无意义。

2. 回归分析是相关分析的深入和继续

相关分析需要回归分析来表明现象数量关系的具体形式。因此，只有进行回归分析，拟合了回归方程，才可能进行有关分析和预测，相关分析才有实际意义。

（二）区别

（1）相关分析所研究的两个变量是对等关系，即不必确定两个变量中哪个是自变量、哪个是因变量，改变两个变量的地位并不影响相关系数的数值。回归分析所研究的两个变量之间的关系是不对等的，必须根据研究的目的，确定哪个是自变量、哪个是因变量。

（2）对两个变量 x 和 y 来说，相关分析只能计算出一个反映两个变量之间相关密切程度的相关系数，计算中改变 x 和 y 的地位不影响相关系数的数值。回归分析可根据研究目的的不同分别建立两个不同的回归方程：一个是以 x 为自变量、y 为因变量，可以得出 y 对 x 的回归方程；另一个是以 y 为自变量、x 为因变量，可以得出 x 对 y 的回归方程。若要画出图来，就是两条斜率不同的回归直线。

（3）相关分析计算的相关系数是一个绝对值在 0～1 的抽象系数，其数值大小反映变量之间相关关系的程度。回归分析建立的回归方程，反映的是变量之间变动的内在联系和比例关系，不是抽象系数。根据回归方程，利用自变量的给定值，可以估计或推算因变量的数值，估计出来的参数都是有实际经济含义的数值。

（4）相关分析对资料的要求是，两个变量都必须是随机变量，各自受随机因素的影响。而回归分析对资料的要求是，因变量是随机的，而自变量则可以不是随机的，是给定的数值。

◎案例分析

宝丽来公司的回归分析

1947 年，宝丽来公司创始人埃德文·兰德博士（Dr. Edwin Land）宣布，他们在研究即时显像的技术方面迈出了新的一步，这使得一分钟成像成为可能。紧接着，公司开始拓展用于大众摄影的业务。宝丽来的第一台相机和第一卷胶卷诞生于 1949 年。在那之后，公司不断地在化学、光学和电子学方面进行试验和发展，以生产具有更高品质、更高可靠性和更为便利的摄影系统。

宝丽来公司的另一项主要业务是为技术和工业提供产品,使即时显像技术在现代可视的通信环境下,成为成像系统中的关键部分。为此,宝丽来公司推出了多种可进行即时显像的产品,以供专业摄影、工业、科学和医学之用。除此之外,公司还在磁学、太阳镜、工业偏震镜、化工、传统涂料和全息摄影的研制和生产方面有自己的业务。

用于衡量摄影材料感光度的测光计,可以提供许多关于胶片特性的信息,比如它的曝光时间范围。在宝丽来中心感光实验室中,科学家们把即时显像胶片置于一定的温度和湿度下,使之近似于消费者购买后的保存条件,然后再对其进行系统的抽样检验和分析。他们选择专业彩色摄影胶卷,抽取了分别已保存1~13个月不等的胶卷,以便研究它们保存时间和感光速率之间的联系、数据显示,感光速率随保存时间的延长而下降,他们之间相应变动的关系可用一条直线或线性关系近似表示。

运用回归分析,宝丽来公司建立起一个方程式,它能反映出胶卷保存时间长短对感光速率的影响。

$$y=-19.8-7.6x$$

上式中,y 表示胶卷感光率的变动;x 表示胶卷保存时间(月)。

从这一方程式可以看出,胶卷的感光速率平均每月下降7.6个单位。此分析得到的信息有助于宝丽来公司把消费者的购买和使用结合起来考虑,调整生产,提供顾客需要的胶卷。

在这一项目中,我们将学习如何运用回归分析法建立起具有两个变量的方程式,例如在宝丽来公司的案例中,建立以胶卷感光速率和保存时间为变量的方程式。在后面的项目中,我们还将把这一概念扩展到具有两个以上变量的情形。

思考题:本案例中运用的回归分析法起到了什么作用?

四、一元线性回归分析

(一)建立回归方程

一元线性回归分析又称简单线性回归分析。它是一种分析具有显著直线相关的两个变量间的数量变化,确定回归方程,以预测估计因变量数值的方法。分析时所建立的回归方程称为一元线性回归方程,也称直线方程。它是分析一个自变量 x 与一个因变量 y 之间线性关系的数学方程。其回归方程的基本形式是:

$$y_c=a+bx$$

上式中,y_c 表示因变量 y 的估计值,或称回归值、理论值。α 表示直线与纵轴的交点,数学上称为截距,即当自变量等于零时,因变量的起点值。b 表示直线与横轴间夹角的正切值,数学上称为斜率,回归分析中称为回归系数,即自变量 x 每变动一个单位时,因变量 y 的平均变动量。当 b 的符号为正时,自变量和因变量按相同方向变动;当 b 的符号为负时,自变量和因变量按相反方向变动。

(二)确定回归方程中的参数

α 和 b 是回归方程中的两个待定参数,而它们一旦被确定,这条直线便被唯一确定了。但用于描述这 n 组数据的直线有许多条,究竟用哪条直线来代表两个变量之间的关系,则需要有一个明确的原则。必须选择距离各散点最近的一条直线来表示变量 x 与 y 之间的关系。根据这一思想确定直线中未知常数 a、b 的方法称为最小平方法(最小二乘法)。利用这种方法得到的直线方程,可以使得推算的估计值 y_c 与实际值 y 的离差平方和达到最小。用公式表示为:

$$\sum(y-y_c)^2=\sum(y-a-bx)^2=\text{最小值}$$

设 $Q=\sum(y-y_c)^2$，则 Q 是两个待定参数 a 和 b 的函数。根据微积分中求极值的原理，需分别对 a 和 b 求偏导数，并令其等于零。经过整理，得到由下列两个方程式组成的标准方程组：

$$\begin{cases}\sum y=na+b\sum x\\ \sum xy=a\sum x+b\sum x^2\end{cases}$$

解这个方程组得

$$b=\frac{\sum(x-\bar{x})(y-\bar{y})}{\sum(x-\bar{x})^2}=\frac{n\sum xy-\sum x\sum y}{n\sum x^2-(\sum x)^2}$$

$$a=\frac{\sum y}{n}-b\frac{\sum x}{n}=\bar{y}-b\bar{x}$$

a、b 的值确定后，即可求出 y 关于 x 的回归方程 $y=\alpha+bx$。

配合线性回归方程的前提条件是，两个变量之间确实存在显著的直线相关关系。否则，配合直线回归方程将毫无意义。因此，在回归分析之前，可以通过相关图及计算相关系数的方法，在确定其相关程度显著的条件下，再配合直线回归方程。

【统计实例 7—4】 某医院在 2022 年调查医用设备的使用年限和维修费支出情况，调查结果如表 7—5 所示，要求建立医用设备的使用年限与年维修费用的线性回归方程。

表 7—5　　医用设备使用年限与维修费资料

序号	设备使用年限(年)	年维修费(万元)	序号	设备使用年限(年)	年维修费(万元)
1	2	400	7	5	800
2	2	540	8	6	700
3	3	520	9	6	760
4	4	640	10	6	900
5	4	740	11	8	840
6	5	600	12	9	1 080

解：通过计算可得相关系数 0.891 3(如表 7—6 所示)，已知设备使用年限 x 和年维修费用 y 这两个变量有高度的线性相关关系。虽然各散点并不在一条直线上，但可配合一条直线，近似地表达现象变动的一般规律。

表 7—6　　医用设备使用年限与维修费资料计算

序号	年限 x(年)	年维修费 y(万元)	x^2	y^2	xy
1	2	400	4	16 0000	800
2	2	540	4	291 600	1 080
3	3	520	9	270 400	1 560
4	4	640	16	409 600	2 560

续表

序号	年限 x(年)	年维修费 y(万元)	x^2	y^2	xy
5	4	740	16	547 600	2 960
6	5	600	25	360 000	3 000
7	5	800	25	640 000	4 000
8	6	700	36	490 000	4 200
9	6	760	36	577 600	4 560
10	6	900	36	810 000	5 400
11	8	840	64	705 600	6 720
12	9	1080	81	1 166 400	9 720
合计	60	8 520	352	6 428 800	46 560

从表 7—6 知：

$\sum x=60,\sum y=8\ 520,n=112,\sum x^2=352,\sum y^2=6\ 428\ 800,\sum xy=46\ 560$

将表 7—5 中的资料代入回归方程式标准方程，得：

$$b=\frac{\sum(x-\bar{x})(y-\bar{y})}{\sum(x-\bar{x})^2}=\frac{n\sum xy-\sum x\sum y}{n\sum x^2-(\sum x)^2}=\frac{12\times 46\ 560-60\times 8\ 520}{12\times 352-60^2}\approx 76.15$$

$$a=\frac{\sum y}{n}-b\frac{\sum x}{n}=\bar{y}-b\bar{x}=\frac{8\ 520}{12}-76.15\times\frac{60}{12}\approx 329.25$$

将 a 和 b 的数值代入方程式 $y_c=a+bx$，求得直线回归方程为：

$$y_c=329.25+76.15x$$

在上式中，$a=329.25$ 是回归直线在 y 轴上的截距，表示年维修费用的理论起点值；回归系数 $b=76.15$ 表示设备使用年限每增加一年，年维修费用平均增加 76.15 万元。

(三)利用回归方程进行预测

利用所求的回归方程，只需把自变量的值代入上述回归直线方程，就可以得到对应的因变量的预测值。在[统计实例 7—4]当使用年限 $x=8$ 年时，年维修费用的估计值为：

$$y_c=329.25+76.15\times 8=938.45(万元)$$

通过回归方程不仅可以推出已知值的估计值，而且可以预测超出现有数据范围的未知值。例如，当使用年限 $x=10$ 年时，维修费用的估计值为：

$$y_c=329.25+76.15\times 10=1\ 090.75(万元)$$

◎温馨提醒

需要注意的是，预测超出现有数据的范围有时是靠不住的。

例如，施肥量和农作物生产量只在一定范围内才具有正相关关系。施肥量超过一定限度，产量不但不会增加，反而会减少。其他许多现象也是如此。因此，用相关分析和回归方程分析方法推算和预测时要注意它的作用范围。

五、估计标准误差

(一)估计标准误差的概念

根据直线回归方程,按给定的自变量数值,就可以推算出相应的因变量的估计值。由于在研究社会经济现象的变动时,不可能把影响现象变动的各种因素都考虑到,因此,因变量的每一个实际值 y 和与其对应的估计值 y_c 并不完全相等。因此,需要对估计值的代表性进行评价,通常采用计算估计标准误差的方法。

估计标准误差是指因变量的实际值 y 与估计值 y_c 的平均离差,是用来说明回归方程代表性大小的一个统计分析指标,同时也可用来构造估计值的置信区间。

(二)估计标准误差的作用

(1)说明以回归直线为中心的所有相关点的离散程度。估计标准误差数值大,则说明平均误差大,相关点与回归直线的离散程度大;反之,则说明离散程度小。这个数值的大小,反映了利用回归直线估计或预测的准确程度。

(2)说明回归直线的代表性大小。估计标准误差大,则回归直线的代表性小,它的实用价值也小;估计标准误差小,则回归直线的代表性大,它的实用价值也大。

从上述作用来看,估计标准误差和相关系数一样,也具有说明相关关系密切程度的作用。不同的是,相关系数越大越好,估计标准误差越小越好。相关系数用相对数表现,密切程度的概念比较明确;估计标准误差用绝对数表现,关系密切的程度表示得不那么明显,它也不能说明是正相关还是负相关。

(3)在抽样调查条件下,是计算回归抽样误差的一个根据。就像总体方差是计算平均指标抽样误差的根据一样,计算回归抽样误差时应该使用总体的估计标准误差。但总体的材料常常是没有的,要用样本的估计标准误差来代替。

(三)估计标准误差的计算

估计标准误差的计算原理与标准差基本相同,其定义公式为:

$$S_y=\sqrt{\frac{\sum(y-y_c)^2}{n-2}}$$

上式中,S_y 表示估计标准误差;y 表示因变量实际观察;y_c 表示根据回归方程推算出的因变量的估计值;$n-2$ 表示自由度。

S_y 数值的大小说明回归估计值的准确程度和回归方程的代表性。S_y 值越大,说明估计值的准确程度越低,回归方程的代表性越小;S_y 值越小,说明估计值的准确程度也越高,回归方程的代表性越大;若 $S_y=0$,说明实际观察值 y 与估计值 y_c 没有差异,也就是说,变量之间的关系就是回归方程所表现出来的那种函数关系,相关图中显示实际观察值全部落在直线上。

【统计实例 7—5】 下面仍以表 7—6 中的资料及其所建立的设备使用年限和维修费用的回归方程为例,通过列表来说明估计标准误差的计算过程(如表 7—7 所示)。

表 7—7 估计标准误差计算

序号	使用年限 x(年)	年维修费 y(万元)	y_c	$y-y_c$	$(y-y_c)^2$
1	2	400	481.55	−81.55	6 650.402 5
2	2	540	481.55	58.45	3 416.402 5

续表

序号	使用年限 x(年)	年维修费 y(万元)	y_c	$y-y_c$	$(y-y_c)^2$
3	3	520	557.7	−37.7	1 421.29
4	4	640	633.85	6.15	37.822 5
5	4	740	633.85	106.15	11 267.822 5
6	5	600	710	−110	12 100
7	5	800	710	90	8 100
8	6	700	786.15	−86.15	7 421.822 5
9	6	760	786.15	−26.15	683.822 5
10	6	900	786.15	113.85	12 961.822 5
11	8	840	938.45	−98.45	9 692.402 5
12	9	1080	1014.6	65.4	4 277.16
合计	60	8 520	8 520	—	78 030.77

将表 7—7 中的有关计算结果代入计算公式，得到：

$$S_y=\sqrt{\frac{\sum(y-y_c)^2}{n-2}}=\sqrt{\frac{78\ 030.77}{12-2}}=88.335$$

计算结果表明，维修费用的实际值与估计值是有差距的，平均差距为 88.335 万元。为了判断估计标准误差所表明的平均离差的大小，可计算离散系数：

$$v=\frac{S_y}{\bar{y}}=\frac{88.335}{710}=0.124\ 4$$

这表明回归直线与所给点(x,y)间的配合精度相当高，以回归值 y_c 估计相应的实际值 y 所产生的误差相当小。只有在估计标准误差较小的情况下，用回归方程作估计或预测才具有实用价值。

实际工作中，使用定义公式计算估计标准误差，计算比较麻烦。为了直接利用计算相关系数的有关数据，根据已经建立的回归方程 $y_c=a+bx$，可采用简化法计算估计标准误差。其计算公式为：

$$S_y=\sqrt{\frac{\sum y^2-a\sum y-b\sum xy}{n-2}}$$

下面根据表 7—6 中的资料及其所建立的设备使用年限和维修费用的回归方程，用简化法计算估计标准误差，结果为：

$$S_y=\sqrt{\frac{6\ 428\ 800-329.25\times 8\ 520-76.15\times 46\ 560}{12-2}}\approx 88.344$$

用定义公式和简化公式计算估计标准误差，从理论上讲，其计算结果应该是相等的。两个式子的计算结果相差 0.009 万元，这是由参数值计算过程中四舍五入所引起的，对我们分析问题影响不大。

上机实训 用 Excel 进行相关和回归分析

上机实训课件

相关与回归分析

上机实训统计资料

项目七

一、简单相关分析

(一)相关系数的计算

【统计实例 7—6】 一家百货公司在 10 个地区设有经销分公司。公司认为商品销售额与该地区的人口数和月人均收入有关，并希望建立它们之间的数量关系式，以预测销售额。有关数据如表 7—8 所示。试确定销售额对人口数和月人均收入的线性回归方程，并分析回归方程的拟合程度，对线性关系和回归系数进行显著性检测($\alpha=0.5$)，并预测：如果该地区人口达到 500 万，人均月收入为 4 500 元，那么预测销售额为多少？

表 7—8 销售额、人口数和月人均收入数据

地区编号	销售额(万元)y	人口数(万人)x_1	月人均收入(元)x_2
1	36	300	2 600
2	45	380	3 050
3	27	250	2 050
4	32	350	2 210
5	33	352	2 310
6	73.1	620	4 120
7	65	450	3 690
8	32	290	2 120
9	42	300	2 920
10	39	280	2 870

授课视频

项目七

相关系数计算与检验

【分析】 现在假定只要计算销售数和销售额的相关系数。利用 Excel 自带的分析工具计算。

(1)从“工具”菜单中选中“数据分析”命令(如图 7—5 所示)。

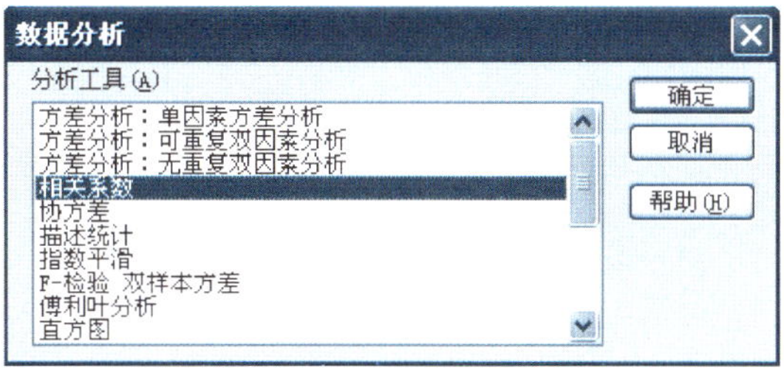

图 7—5 数据分析对话框

（2）在“数据分析”列表中选择“相关系数”，单击“确定”按钮进入后续操作。

（3）在“相关系数”对话框中设定各参数。在此注意，因为选择“输入区域”时，选中了数据标题栏，所以要在“标志第一行”前的方框内打“√”。设定结果如图 7—6 所示。

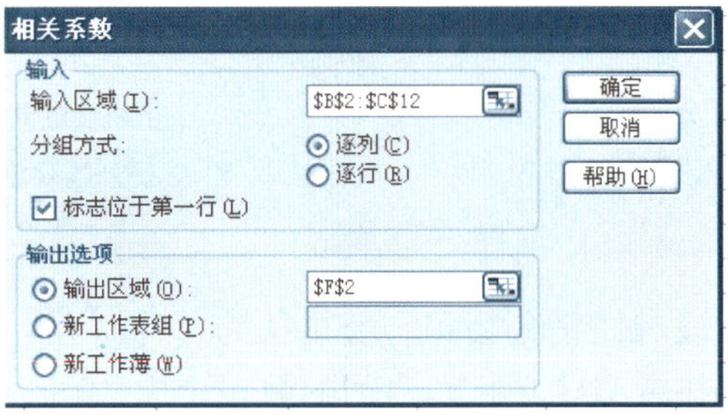

图 7—6　相关系数对话框

F	G	H
	销售额（万元）y	人口数(万人) x1
销售额（万元）y	1	
人口数(万人) x1	0.90126367	1

图 7—7　分析结果

（4）单击“确定”按钮后，即得到如图 7—7 所示的相关系数分析结果。

从图 7—6 中，可以得到销售额和人口数的相关系数 $r=0.901\ 263\ 67$，这表明销售额和人口数两个变量间存在强的线性相关关系。

如果要计算销售额、人口数和月人均收入间的二元相关系数，则其操作步骤和简单相关系数的计算过程相同，只是在“相关系数”对话框中的“输入区域”中选择该三列的数据区域。具体如图 7—8 和图 7—9 所示。

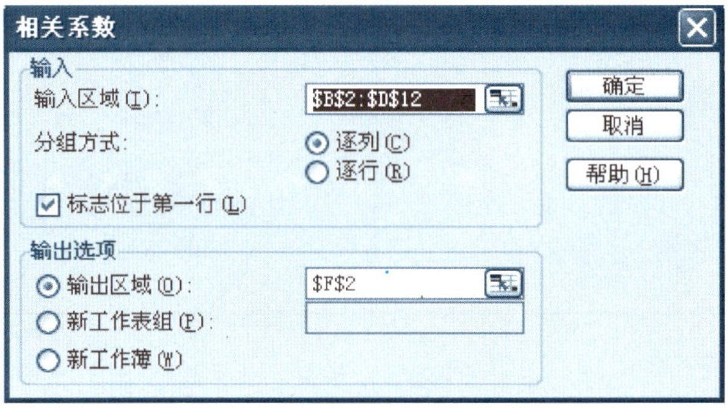

图 7—8　相关系数对话框

F	G	H	I
	销售额（万元）y	人口数(万人) x1	月人均收入(元)x2
销售额（万元）	1		
人口数(万人)	0.90126367	1	
月人均收入(元	0.978577234	0.840145639	1

图 7—9　计算结果

（二）相关系数的检验

对相关系数的显著性检验可分为两类：一类是检验总体相关系数是否等于零；另一类是检验总体相关系数是否等于某个不等于零的特定数值。这里只介绍常用的总体相关系数是否等于零的显著性检验。

在 X 和 Y 的相关联合分布为二元正态分布且 $\rho=0$ 在假定下，r 的抽样分布是对称的，近似服从正态分布，因此可利用 t 检验确定 r 的显著性。

【统计实例 7—7】 对表 7—8 中的数据进行 95%显著性水平的检验。

1. 计算临界值

在统计函数中选择 TINV 函数，输入参数后，可求得 $t_{\alpha/2}(n-2)$。过程如图 7—10、图 7—11 所示。

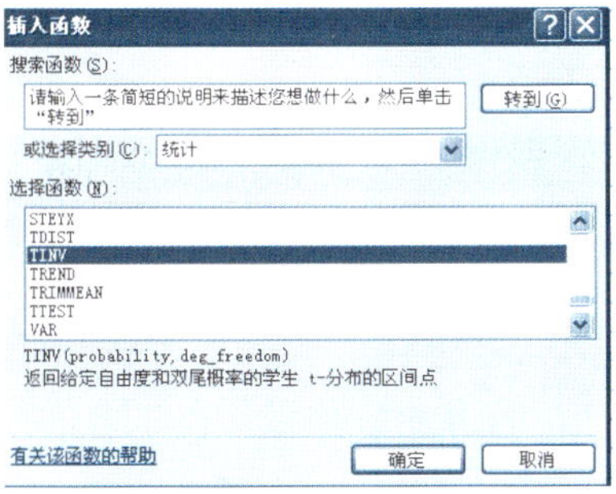

图 7—10 选择 TINV 函数

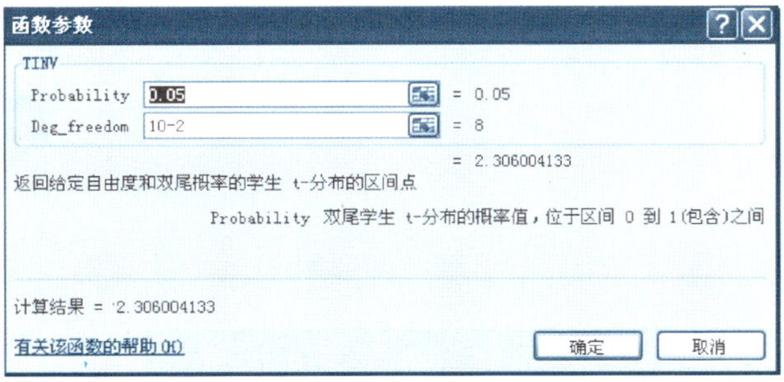

图 7—11 TINV 函数对话框

所得结果如图 7—12 所示。

=TINV(0.05,10-2)

	C	D	E	F	G	H
人均收入数据表						
元) y	人口数(万人) x1	月人均收入(元)x2			销售额(万元) y	人口数(万人) x1
36	300	2600		销售额(万元) y	1	
45	380	3050		人口数(万人) x1	0.90126367	1
27	250	2050				
32	350	2210		临界值	2.306004133	

图 7—12 计算结果

2. 计算 t 统计量

在计算 t 统计量时，直接输入公式即可，其结果如图 7—13 所示。

=G4*SQRT(10-2)/SQRT(1-G4*G4)

	C	D	E	F	G	H
人均收入数据表						
元) y	人口数(万人) x1	月人均收入(元)x2			销售额(万元) y	人口数(万人) x1
36	300	2600		销售额(万元) y	1	
45	380	3050		人口数(万人) x1	0.90126367	1
27	250	2050				
32	350	2210		临界值	2.306004133	
33	352	2310		t统计量	5.883519453	

图 7—13 计算结果

从图 7—14 中可以看到 t 统计量 5.883 519 453 大于临界值 2.306 004 133，表明经销商数与销售额的相关系数是显著的。

多元相关系数的显著性检验和简单相关系数的显著性检验是相同的。在此不再重复。

二、线性回归分析

授课视频

项目七 回归

因为表 7—8 的相关系数计算表明人口数、月人均收入和销售额之间存在较强的线性相关关系，所以仍以此例说明如何通过 Excel 进行回归分析。

【统计实例 7—8】 以表 7—8 所示的数据为基础，分析影响公司销售额情况的两个因素。

其分析过程如下：

(1)在“数据”菜单中选择“数据分析”命令，在弹出对话框中选中“回归”(如图 7—14 所示)。

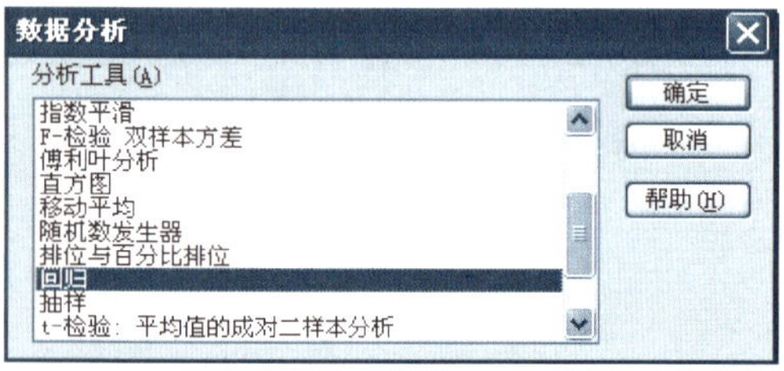

图 7—14 数据分析对话框

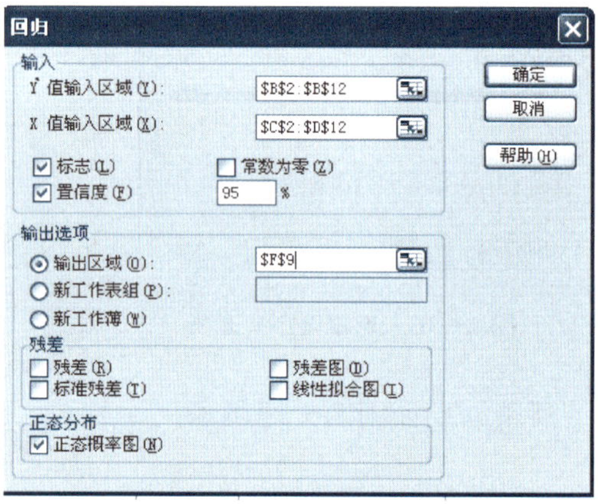

图 7—15 回归分析对话框

(2)在“回归”对话框中设置回归参数。结果如图 7—15 所示。

(3)单击“确定”按钮后，就可以得到回归分析结果。

主要回归数据如图 7—16 所示。

SUMMARY OUTPUT								
回归统计								
Multiple R	0.989390007							
R Square	0.978892586							
Adjusted R Squar	0.972861897							
标准误差	2.48899847							
观测值	10							
方差分析								
	df	SS	MS	F	gnificance F			
回归分析	2	2011.163206	1005.582	162.3185	1.37E-06			
残差	7	43.36579368	6.195113					
总计	9	2054.529						
	Coefficients	标准误差	t Stat	P-value	Lower 95%	Upper 95%	下限 95.0%	上限 95.0%
Intercept	-17.04649379	3.462218398	-4.92358	0.001707	-25.2333	-8.85965	-25.233	[illegible]
人口数(万人) x1	0.03730688	0.014043648	2.656495	0.032633	0.004099	0.070515	0.004099	0.070515
月人均收入(元)x2	0.01651055	0.002221116	7.433449	0.000145	0.011258	0.021763	0.011258	0.021763

图 7—16 主要回归数据

	A	B
1	汽车销售量（辆）y	广告费用（万元）x
2	1100	385
3	1250	420
4	1280	406
5	1360	490
6	1480	525
7	1500	602
8	1720	651
9	1800	735
10	1890	721
11	2100	840
12		

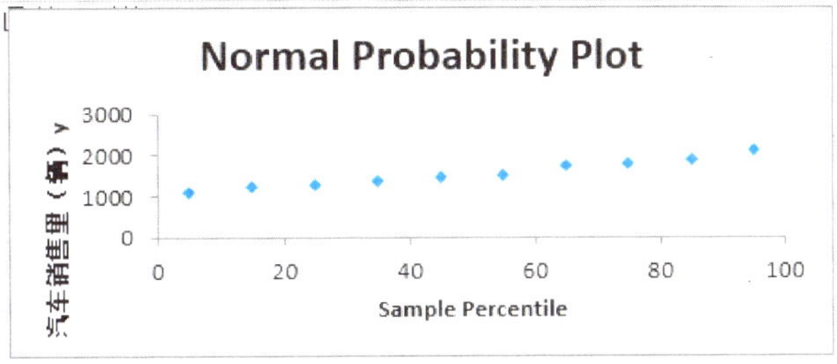

图 7—17　某汽车销售公司广告费与销售量数据

从图 7—17 中得到销售额与人口数和月人均收入的二元回归方程为：

$$y_c = -17.04 + 0.037\,3x_1 + 0.016\,5x_2$$

(4)由图中调整后的判定系数 Adjusted R Square=0.972 862 接近 1，故方程通过拟合优度检验。

(5)回归系数的显著性检验。

各系数检验的概率值 *P-value* 均小于 0.05，系数均通过检验。

(6)方程 $y_c = -17.04 + 0.037\,3x_1 + 0.016\,5x_2$ 中系数的经济意义：

在月人均收入不变的情况下，每增加 1 万人，销售额就会增加 0.037 3 万元。

在人口不变的情况下，每增加 1 元的月人均收入，销售额就会增加 0.016 5 万元。

(7)将 $x_1 = 500$(万人)、$x_2 = 4\,500$(元)代入方程：

$$\begin{aligned} y_c &= -17.04 + 0.037\,3x_1 + 0.016\,5x_2 \\ &= -17.04 + 0.037\,3\times 500 + 0.016\,5\times 4\,500 \\ &= 75.86(\text{万元}) \end{aligned}$$

所以，如果该地区人口达到 500 万，人均月收入为 4 500 元，则预测销售额为 75.86 万元。

三、回归函数预测

授课视频

项目七
回归函数预测
forecast+
trend

Excel 提供了较多的基于回归分析的函数，常用的是 FORECAST、TREND 和 LINEST 等函数。

【统计实例 7—9】 由于回归预测主要还是通过数据分析工具来完成，因此在此以某公司广告费与销售量数据为例(见图 7—17)，对线性回归函数 FORECAST、TREND、LINEST 做简单介绍。

(一)FORECAST 函数

FORECAST 函数根据已有的数值，利用线性回归估计未来值(但不显示回归方程式内容)，一般用于未来销售额、库存需求或消费趋势的预测。

该函数的表达形式是"=FORECAST(x，known_y′s，known_x′s)"。其中，x 表示需要预测的数据点；known_y′s 表示因变量数组或数据区域；known_x′s 表示自变量数组或数据区域。

(1)选中 C2 单元格，选择统计函数对话框中的 FORECAST(如图 7—18 所示)。

(2)设置相应参数(如图 7—19 所示)。

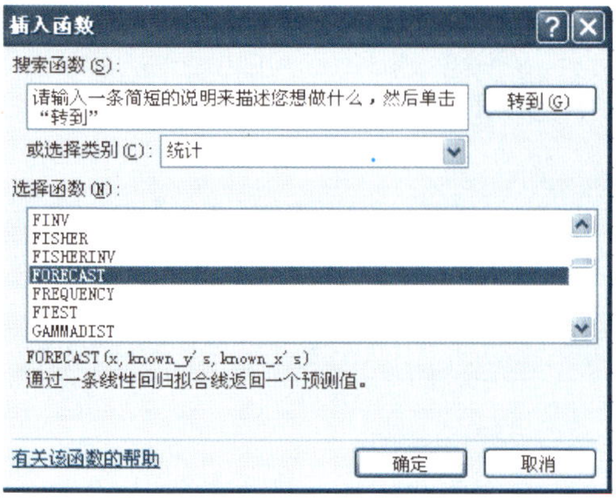

图 7—18 选择 FORECAST 函数

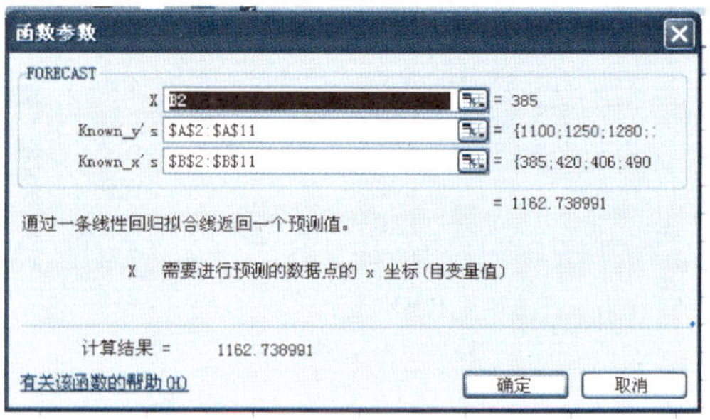

图 7—19 FORECAST 对话框

(3)单击“确定”按钮后，得如图 7—20 所示的结果。

当然，此操作也可以通过在编辑栏中输入“=FORECAST(B2，$A$2:$A$11，$B$2:$B$11)”来完成。

汽车销售量（辆）y	广告费用（万元）x	函数预测值
1100	385	1162.738991

图 7—20 计算结果

汽车销售量（辆）y	广告费用（万元）x	函数预测值
1100	385	1162.738991
1250	420	1232.786447
1280	406	1204.767465
1360	490	1372.88136
1480	525	1442.928816
1500	602	1597.033219
1720	651	1695.099658
1800	735	1863.213553
1890	721	1835.19457
2100	840	2073.355921

图 7—21 计算各值

(4)利用填充柄功能，复制公式，求得其他预测值(如图 7—21 所示)。

(5)为检验该函数值预测是否准确，可将其与根据趋势图得出的回归方程式计算的估计值比较。

选中 D2，在编辑栏输入“=392.216 974+B2＊2.001 356”，计算出第一个对照值。利用自动填充，计算出其余对照值(如图 7—22 所示)。

	A	B	C	D
1	汽车销售量（辆）y	广告费用（万元）x	函数预测值	回归方程预测值
2	1100	385	1162.738991	1162.738991
3	1250	420	1232.786447	1232.786447
4	1280	406	1204.767465	1204.767465
5	1360	490	1372.88136	1372.88136
6	1480	525	1442.928816	1442.928816
7	1500	602	1597.033219	1597.033219
8	1720	651	1695.099658	1695.099658
9	1800	735	1863.213553	1863.213553
10	1890	721	1835.19457	1835.19457
11	2100	840	2073.355921	2073.355921
12				

图 7—22 检验结果

对照两种不同方式计算出的预测值，可确定均保留一位小数，则两者的结果完全相同。

（二）TREND 函数

TREND 函数利用回归最小二乘法，用已知数据点，计算线性回归方程式（但不显示回归方程式内容），以此求出估计值的一种函数。

该函数的表达形式是：=TREND(known_y's，known_x's，new_x's，const)。其中，know_y's 表示因变量数组或数据区域；known_x's 表示自变量数组或数据区域；new_x's 表示新 x 区域；const 用于指定是否将截距 b 强制设为零，若为 TRUE，表示要计算 b 值，若为 FALSE，表示 b 为零。

仍以广告费与销售量数据为例。

（1）选中 C2 单元格，选择统计函数对话框中的 TREND，设置相应参数（如图 7—23 所示）。

（2）按确定后，得如图 7—24 所示的结果。

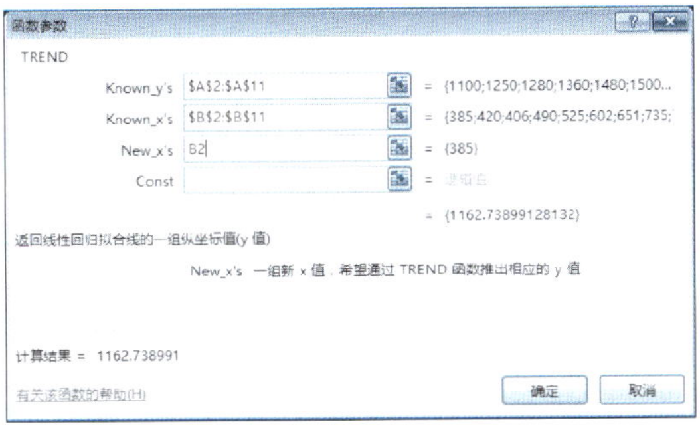

图 7—23 TREND 函数

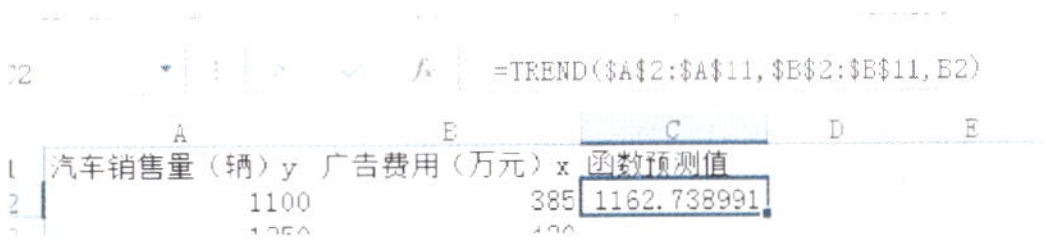

图 7—24 计算结果

（3）当然此操作也可以通过在编辑栏中输入“=TREND($A$2:$A$11,$B$2:$B$11,B2)”来完成。

（4）利用填充柄功能，复制公式，求得其他预测值（如图 7—25 所示）。

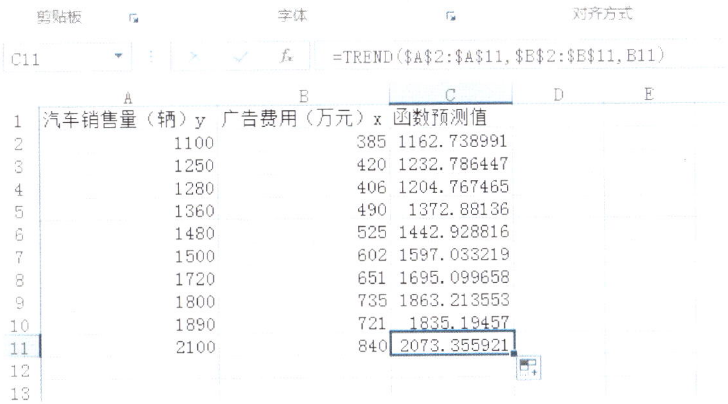

	A	B	C
1	汽车销售量（辆）y	广告费用（万元）x	函数预测值
2	1100	385	1162.738991
3	1250	420	1232.786447
4	1280	406	1204.767465
5	1360	490	1372.88136
6	1480	525	1442.928816
7	1500	602	1597.033219
8	1720	651	1695.099658
9	1800	735	1863.213553
10	1890	721	1835.19457
11	2100	840	2073.355921

图 7—25 计算各值

（5）为检验该函数值预测是否准确，将其与根据趋势图得出的回归方程式计算的估计值比较（如图 7—26 所示）。

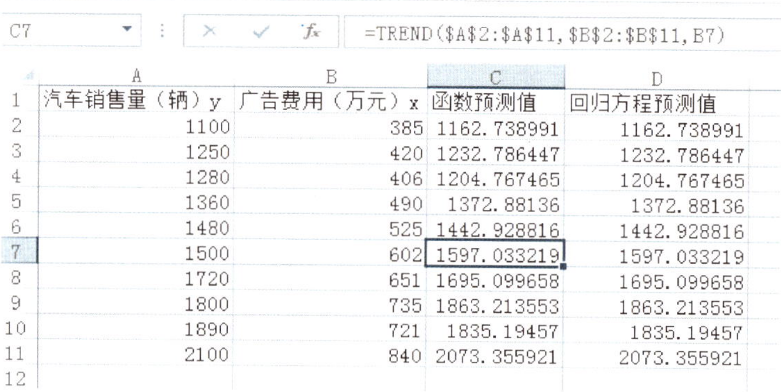

C7 =TREND($A$2:$A$11,$B$2:$B$11,B7)

	A	B	C	D
1	汽车销售量（辆）y	广告费用（万元）x	函数预测值	回归方程预测值
2	1100	385	1162.738991	1162.738991
3	1250	420	1232.786447	1232.786447
4	1280	406	1204.767465	1204.767465
5	1360	490	1372.88136	1372.88136
6	1480	525	1442.928816	1442.928816
7	1500	602	1597.033219	1597.033219
8	1720	651	1695.099658	1695.099658
9	1800	735	1863.213553	1863.213553
10	1890	721	1835.19457	1835.19457
11	2100	840	2073.355921	2073.355921
12				

图 7—26　检验结果

对照两种不同方式计算出的预测值，可确定均保留一位小数，则两者的结果完全相同。

（三）LINEST 函数

授课视频

项目七
回归函数预测
linest

该函数的表达形式是"＝LINEST(known_y′s，known_x′s，const，stats)"。其中，known_y′s 表示因变量数组或数据区域；known_x′s 表示自变量数组或数据区域；const 用于指定是否将截距 b 强制设为零，若为 TRUE，表示要计算 b 值，若为 FALSE，表示 b 为零；stats 也是一逻辑值，指定是否返回附加回归统计值，如果 stats 为 TRUE，则 LINEST 函数返回附加回归统计值，如果 stats 为 FALSE 或省略，LINEST 函数只返回系数 b 和常量 a（注意 Excel 系统默认的是 LINEST 函数只返回系数 m 和常量 b）。

仍以广告费与销售量数据为例。

(1)由于所求对象是单一参数，因此函数输出结果将是 5×2 的数组，选中 D3：E7 单元格，选择统计函数对话框中的 LINEST，设置相应参数（如图 7—27 所示）。

图 7—27　LINEST 函数对话框

(2)按 Ctrl＋Shift＋Enter 后，得如图 7—28 所示的结果。

当然此操作也可以通过在编辑栏中输入"＝LINEST(A2：A11，B2：B11，，TRUE)"来完成。

	A	B	C	D	E
1	汽车销售量（辆）y	广告费用（万元）x			
2	1100	385			
3	1250	420		2.001355889	392.2169738
4	1280	406		0.128176563	76.44587114
5	1360	490		0.96822859	60.39204405
6	1480	525		243.7987102	8
7	1500	602		889182.4081	29177.59188
8	1720	651			
9	1800	735			
10	1890	721			
11	2100	840			
12					

图 7—28 计算结果

(3)根据如图 7—29 的参数解释,得出回归方程:

$$y=2.001\ 355\ 889x+392.216\ 973\ 8$$

系数b	2.001355889	392.2169738	常数a
标准误差b	0.128176563	76.44587114	标准误差a
判定系数	0.96822859	60.39204405	对y估计值的标准误差
F统计值	243.7987102	8	F检定之自由度
回归平方	889182.4081	29177.59188	残差平方

图 7—29 回归分析结果

(4)为检验该函数值预测是否准确,将其与根据趋势图得出的回归方程 $y=2.001\ 355\ 889x+392.216\ 973\ 8$ 比较。对照两种不同方式计算出的预测值,可确定两者的结果完全相同。

◎知识归纳

1. 相关关系是指客观现象之间确实存在的,但数量上不是严格对应的依存关系。在这种关系中,对于某一现象的每一数值,可以有另一现象的若干数值与之相对应。

2. 相关表是一种统计表。它是直接根据现象之间的原始资料,将一变量的若干变量值按从小到大的顺序排列,并将另一变量的值与之对应排列形成的统计表。

3. 相关图又称散点图,它是用直角坐标系的 x 轴代表自变量,y 轴代表因变量,将两个变量间相对应的变量值用坐标点的形式描绘出来,用以表明相关点分布状况的图形。

4. 相关系数是用以反映变量之间相关关系密切程度的统计指标。

5. 回归分析是指对具有相关关系的两个或多个变量之间的数量变化进行数量测定,配合一定的数学方程(模型),以便由自变量的数值估计或预测因变量的可能值的一种统计分析方法。根据数学模型绘出的几何图称为回归线,根据回归分析方法得出的数学表达式称为回归方程。

6. 一元线性回归分析又称简单线性回归分析。它是一种分析具有显著直线相关的两个变量间的数量变化,确定回归方程,以预测估计因变量数值的方法。

7. 估计标准误差是指因变量的实际值 y 与估计值 y_c 的平均离差,是用来说明回归方程代表性大小的一个统计分析指标,同时也可用来构造估计值的置信区间。

◎知识图表

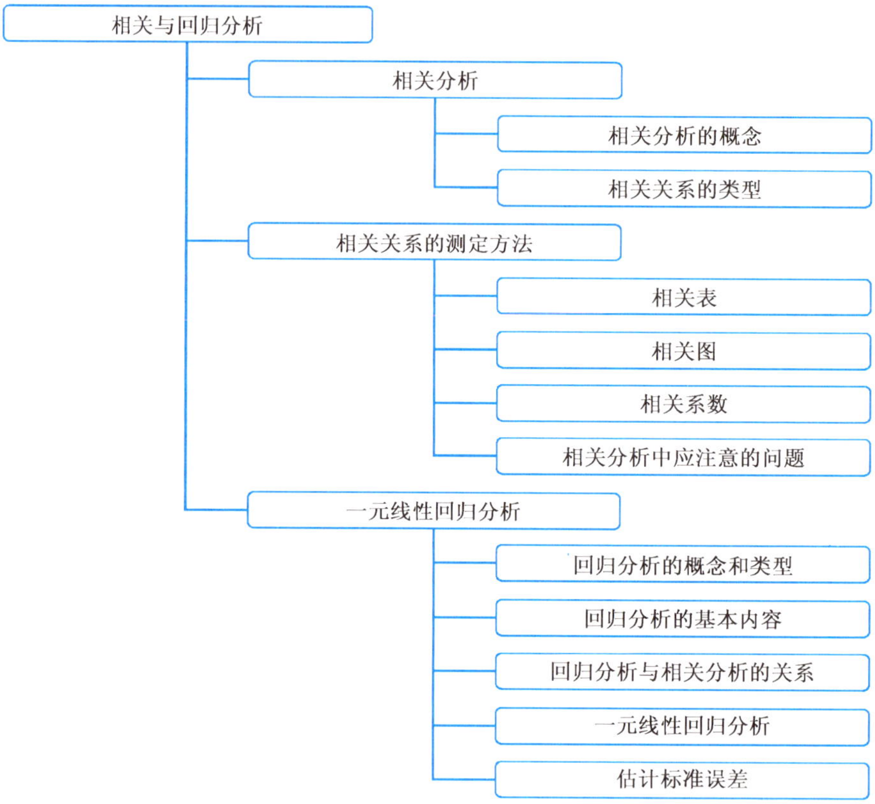

◎关键词汇

相关关系　正相关　负相关　相关表　相关图　回归分析　回归方程　一元线性回归分析　估计标准误差

◎独立思考

1. 简述相关分析与回归分析的区别和联系。
2. 简述相关关系与函数关系的区别与联系。
3. 简述应用相关与回归分析应注意的问题。
4. 什么是正相关和负相关？举例说明。
5. 什么是线性相关和非线性相关？举例说明。

◎基本训练

一、单项选择题

1. 当自变量的数值确定后，因变量的数值也随之完全确定，这种关系属于(　　)。

A. 相关关系　　B. 函数关系　　C. 回归关系　　D. 随机关系

2. 现象之间的相互关系可以归纳为两种类型，即(　　)。

A. 相关关系和函数关系　　B. 相关关系和因果关系

C. 相关关系和随机关系　　D. 函数关系和因果关系

3. 相关系数的取值范围是(　　)。

A. $0<r<1$　　B. $-1<r<1$

C. $-1\leqslant r\leqslant 1$　　D. $-1\leqslant r\leqslant 0$

4. 现象之间线性依存关系的程度越低，则相关系数(　　)。

A. 越接近于-1　　B. 越接近于1　　C. 越接近于0　　D. 在0.5和0.8之间

5. 若物价上涨，商品的需求量相应减少，则物价与商品需求量之间的关系为(　　)。

A. 不相关　　B. 负相关　　C. 正相关　　D. 复相关

6. 现象之间线性相关关系的程度越高，则相关系数(　　)。

A. 越接受于0　　B. 越接近于1　　C. 越接近于-1　　D. 越接近于$+1$和-1

7. 如果变量x和变量y之间的相关系数为±1，则说明两变量之间(　　)。

A. 不存在相关关系　　B. 相关程度很低　　C. 相关程度显著　　D. 完全相关

8. 当变量x值增加时，变量y值随之下降，变量x与变量y之间存在(　　)。

A. 直线相关关系　　B. 正相关关系　　C. 负相关关系　　D. 曲线相关关系

9. 下列两个变量之间相关程度高的是(　　)。

A. 商品销售额和商品销售量的相关系数是0.9

B. 商品销售额与商业利润率的相关系数是0.84

C. 平均流通费用率与商业利润率的相关系数是-0.94

D. 商品销售价格与销售量的相关系数是-0.91

10. 回归分析中的两个变量(　　)。

A. 都是随机变量　　B. 关系是对等的

C. 都是给定的量　　D. 一个是自变量，一个是因变量

二、多项选择题

1. 测定现象之间有无相关关系的方法有(　　)。

A. 对现象做定性分析　　B. 编制相关表

C. 绘制相关图　　D. 计算相关系数

E. 计算估计标准误差

2. 下列属于正相关的现象有(　　)。

A. 家庭收入越多，其消费支出也越多

B. 某产品产量随工人劳动生产率的提高而增加

C. 流通费用率随商品销售额的增加而减少

D. 生产单位产品所耗工时随劳动生产率的提高而减少

E. 总生产费用随产品产量的增加而增加

3. 下列属于负相关的现象有(　　)。

A. 商品流转的规模越大，流通费用水平越低

B. 流通费用率随商品销售额的增加而减少

C. 国内生产总值随投资额的增加而增长

D. 生产单位产品所耗工时随劳动生产率的提高而减少

E. 产品产量随工人劳动生产率的提高而增加

4. 变量x值按一定数量增加时，变量y也按一定数量随之增加；反之亦然，则x和y之间存在(　　)。

A. 正相关关系　　B. 直线相关关系　　C. 负相关关系　　D. 曲线相关关系

E. 非线性相关关系

5. 设产品的单位成本(元)对产量(百件)的直线回归方程为$y_c=76-1.85x$，这表示(　　)。

A. 产量每增加100件，单位成本平均下降1.85元

B. 产量每减少 100 件，单位成本平均下降 1.85 元
C. 产量与单位成本按相反方向变动
D. 产量与单位成本按相同方向变动
E. 当产量为 200 件时，单位成本为 72.3 元

◎实战演练一

【目标】 回归分析是指对具有相关关系的两个或多个变量之间的数量变化进行数量测定。学生通过上机实训对相关和回归分析的计算、方法的选择和应用的介绍，帮助其巩固理解相关与回归分析的相关知识。

【内容】 请收集某一具体企业某一产品销售情况，分析该企业该产品销售情况，并分析企业销售量受到哪些因素的影响，这些因素与销售额间是否存在相关性，能否构建回归模型。

【步骤】

(1)收集资料，整理好分析表。

(2)建立关于各产品的销售额变动表，并分析影响此销售额的因素。

(3)分析各因素与销售额间的相关性。

(4)对通过上述分析得到的相关因素和销售额进行回归分析，构建回归模型。

◎实战演练二

设从某年某地区高考试卷中，用随机重复抽样方式抽取 40 名考生的外语和数学试卷，各科成绩如表 7—9 所示。

表 7—9　　某年某地区高考成绩

考生编号	成绩		考生编号	成绩	
	外语	数学		外语	数学
1	77	20	21	68	65
2	15	20	22	70	65
3	20	25	23	60	67
4	70	28	24	60	67
5	75	30	25	80	70
6	25	30	26	50	70
7	60	34	27	55	70
8	40	36	28	54	72
9	28	40	29	50	74
10	32	40	30	72	76
11	60	43	31	80	76
12	80	45	32	54	79
13	46	48	33	85	80
14	79	50	34	70	80
15	70	55	35	78	83
16	64	55	36	45	85
17	75	58	37	65	86
18	82	60	38	70	83
19	85	66	39	62	80
20	50	62	40	60	95

要求：

(1)画出原资料的散点图，并观察相关的趋势。

(2)求数学成绩和外语成绩的相关系数。

(3)运用相关统计知识合理分析表7—9的数据。

◎实战演练三

1. 某地高校教育经费(x)与高校学生人数(y)连续6年的统计资料如表7—10所示。

表7—10　某地高校教育经费(x)与高校学生人数(y)

教育经费 x(万元)	316	343	373	393	418	455
在校学生数 y(万人)	11	16	18	20	22	25

要求:

(1)建立回归直线方程。

(2)估计教育经费为500万元的在校学生数。

2. 在其他条件不变的情况下,某种商品的需求量(y)与该商品的价格(x)有关,现对给定时期内的价格与需求量进行观察,得到表7—11所示的一组数据。

表7—11　某种商品的需求量(y)与该商品的价格

价格 x(元)	10	6	8	9	12	11	9	10	12	7
需求量 y(吨)	60	72	70	56	55	57	57	53	54	70

要求:

(1)计算价格与需求量之间的简单相关系数。

(2)拟合需求量对价格的回归直线。

(3)确定当价格为15元时,需求量的估计值。

3. 某公司所属8个企业的产品销售资料如表7—12所示。

表7—12　产品销售资料

企业编号	产品销售额(万元)	销售利润(万元)
1	170	8.1
2	220	12.5
3	390	18.0
4	430	22.0
5	480	26.5
6	650	40.0
7	950	64.0
8	1 000	69.0

要求:

(1)计算产品销售额与利润额之间的相关系数。

(2)确定利润额对产品销售额的直线回归方程。

(3)确定产品销售额为1 200万元时利润额的估计值。

参考文献

[1]罗洪群,王青华等.新编统计学[M].3 版．北京:清华大学出版社,2019 年.

[2]陈英乾,刘伟娜.统计学基础[M].2 版．南京:南京大学出版社,2019 年.

[3]贾俊平,何晓群,金勇进.统计学[M].7 版．北京：中国人民大学出版社,2018 年.

[4]张举刚. 统计学基础[M].3 版．重庆：重庆大学出版社,2018 年.

[5]宋建萍. 统计学原理[M]. 天津:天津大学出版社,2007 年.

[6]曾艳英. 应用统计基础[M]. 北京:机械工业出版社,2010 年.

[7]曹尔黎. 基础统计与应用[M]. 北京:机械工业出版社,2008 年.

[8]曾五一. 统计学[M]. 北京:北京大学出版社,2006 年.

[9]孙允午. 统计学[M]. 上海:上海财经大学出版社,2006 年.

[10]樊培名. 实用统计[M]. 北京:机械工业出版社,2009 年.

[11]于洪彦,刘金星,张洪利. Excel 统计分析与决策[M]. 北京:高等教育出版社,2009 年.

[12]兰炜,宋粉鲜. 统计学基础[M]. 北京:首都经济贸易大学出版社,2010 年.

[13]刘树,赵玉莲,姜燕. 统计学[M]. 北京:清华大学出版社,2010 年.

[14]周恩荣. 应用统计学[M]. 北京:北京交通大学出版社,2007 年.

[15]余群英. 现代统计技术[M]. 北京:机械工业出版社,2008 年.

[16]卜小玲,李洁. 统计学原理与实务[M]. 北京:清华大学出版社,2010 年.

[17]梁烨,柏芳. Excel 统计分析与应用[M]. 北京:机械工业出版社,2009 年.

[18]朱胜. 统计学原理[M]. 北京:中国统计出版社,2009 年.

[19]张海平. 统计学原理[M]. 北京:机械工业出版社,2008 年.

[20]徐国祥. 统计学[M].上海:上海人民出版社,2008 年.

[21]陈平. 应用统计方法[M].广州:中山大学出版社,2008 年.

[22]赵轶. 市场调查与分析[M].北京:北京交通大学出版社,2008 年.